高校生のための
現代思想ベーシック

ちくま評論入門【二訂版】

岩間輝生
太田瑞穂
坂口浩一
関口隆一
編

筑摩書房

はじめに

この本は、自分の頭で考えようとする若い人々のために、その思考を豊かで確かな場所に導くことを願って編んだものである。幸いにして多くの若い読者に迎えられたが、改訂の機会を得て、収録評論を大幅に入れ替え、別冊解答編にも新たな工夫を試みた。人間は、自己と世界を深く考えることで、自由になる。この本が、若い人々の思考が目覚める場となれば、編者たちのよろこびはそこに尽きる。

評論とは何だろうか。およそ言葉というものは、対象を、描くか、歌うか、論じるか、に大別できる。小説は描く、詩は歌う、評論は論じるのである。評論は、その主題を分析することによって読者に、それを我がものとして考えさせる文章である。評論は耳に訴えるのではなく、目に訴える。目をとおして頭に訴え、そうして初めて、心にはたらく文章である。頭とは、理非曲直を見分ける判断力、あるいは理性である。評論は、主題の理解に関わらない雄弁や美的な装飾を嫌う。評論は、感情ではなく理性に訴えるから、読者を考える人間に返す。この世界で必要とされる資質は、自分の頭で考えようとする意欲と、自由な人間であることを恐れない勇気である。

評論は、また公共的な表現である。私的な世界にとどまるものではない。だれひとりとして、言葉を自分自身で作りはしない。長い歴史と多くの人々の経験のなかで育ってきた言葉で、私たちは考え、表現する。私的な言語は存在しない。それゆえに、自分のなかで思考することは自分を相手とした対話であり、その考えを他者に向けて表現することは公共的な対話となる。この対話を成立させるためには、言葉の通用範囲をきちんと定義し、だれにでも納得できる普遍的な論理で主題を分析し、分析された要素のつながりを明確にしなければならない。私的な言語は存在しないが、私的に用いられない言語も存在しない。言語の私的限界を意識しない評論は、単なる独断である。他者の理解を得るために、言葉を吟味し、問題の正確な解明と豊かな結論をめざして紆余曲折《うよきょくせつ》する。そこに、評論の生命がある。

評論はまた、危機の表現である。評論文は事物の批評であるが、“Critical”という形容詞には、「批評の」と「危機的な」という意味がある。人が世界に向けて語りかけようとするとき、そこには強い危機意識がある。世界に解明と解決とを必要とする危機がある、という認識が、強く深い動機となり、評論という表現行為を促す。危機意識に貫かれていない評論は、つまらない文章である。この本に集められた評論は、いまここにある危機を解明しようとする意欲に貫かれている。危機の理解はきみたちの中に、新しい認識を育てるだろう。

最後に、評論は、人の置かれた様々な制約を超えて、理性による合意を深め、友情を求める声であることを強調しよう。世界は、その現実が危機的であるほど、友情と共感を求めている。この本は、友情を求める様々な声でできているのである。

高校生のための現代思想ベーシック
ちくま評論入門【二訂版】

目次

この本の構成と使い方

◉第一部

評論文を読むうえでのスキルがまとめて示してある。まずさっと一読し、「第二部」に入ってからも、必要に応じて読み返してほしい。スキルの意味は、実践のなかでなければわからない。

◉第二部

(1)**本文**　主題によって類別された評論文が、その難易度に準じて並べてある。一四歳から利用しうる平易さと、近代日本の諸問題を包括しうるような柔軟さを、素材選択に生かそうと努めた。

(2)**リード**　本文を読むにあたって理解してほしい問題意識・背景などを記した。

(3)**段落番号**　形式段落ごとに番号（1 2 3…）を付した。

(4)**脚注**　難解な語句・外来語・固有名詞には脚注を付した。

(5)**脚問**　本文中に◆で示してある。文脈を追ううえで押さえておきたい語句の意味や、指示語の内容などを問いとした。

(6)**読解**　文末に、全体を一読したうえでつかみとりたい本文の内容を問いとした。

(7)**重要語**　今後さまざまな評論文を読むうえで理解しておきたい特に重要な語句について本文中に＊で示し、文末で、単なる辞書的な意味にとどまらない、歴史的・思想的背景から解説した。

(8)第一、三、六、七章の章末で、その章に通底する思考方法を解説した。

◉解答編（別冊）

「解答編」は、以下の構成となっている。

【本文解説】　本文が、どのような思想的・時代的背景、価値観等をもとに書かれた評論かを解説した。

【読解の視点】　段落関係や、構成・特徴的な表現などを、段落番号を示しながら解説した。

▼**キーワード**　読解するうえで着目すべき語を抜き出した。

▼**中心段落**　筆者の言いたいことが最もよく表れている段落を示した。

▼**主題**　本文の考察の対象を示した。

▼**論点**　本文の中心的な問題意識を示した。

▼**結論**　論点に対する解答を示した。

▼**要旨**　本文の要旨を二〇〇字以内でまとめた。

【脚問解答】　本文に付した脚問の解答例を示した。

【読解　解答・解説】　本文に付した「読解」の解答および解答が導かれる根拠を解説した。

【読書案内】　教材への理解を助ける書籍を紹介した。

【論の構成】　本文の論の流れや段落関係を図解し、全体の構成をわかりやすく示した。

第一部

評論への招待

評論への招待

今まで諸君は、**物語文**や**説明文**など様々なタイプの文章を読み、その読み方を学んできているはずだ。日常の読書とは異なり、徹底的に一つ一つのことばにこだわりながら**語の意味・文の意味・文章の意味**を考えながら読む、文章を線状的に読むのではなく、時には立ち止まり、何度も前後しながら、その意味をとらえようとする行為は、単に読むというよりは**「読解」**ということばの方がふさわしいかも知れない。**評論文**を読む行為も基本的にはそれらと変わりはない。ただいくつか注意して欲しい点がある。

●何を読解するのか？

「評論文とは何か」を厳密に定義することは困難であるが、大まかに言えば、**様々な事象について筆者が自分の考えを論理的に述べた文章**のことである。評論文で読解すべきことは次の二点。

❶何が書かれているのか――筆者の主張を理解する。

これは文章の意味内容をとらえるということである。文章を読む最終的な目標はここにある。しかし、もう一つ忘れてはならないことがある。

❷どのように書かれているか――論の構造を理解する。

どのようなタイプの文章にも、筆者には**「自分の考え＝言いたいこ**

〈主な文章構成の型〉

①序論・本論・結論型

▼尾括型（帰納型）＝（序論→）本論→結論

最も一般的な型。説明の後に結論を示す型。

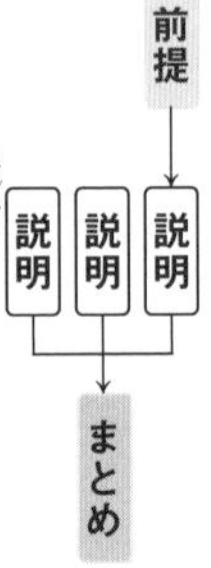

▼頭括型（演繹《えんえき》型）＝結論→本論

最初に結論を示し、説明が続く型。

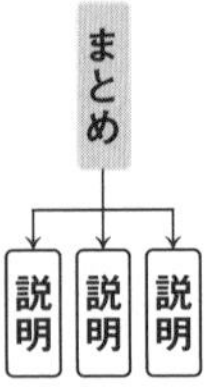

▼双括型＝結論→本論→結論

最初と最後に結論を示す型。最初に示される結論は、仮説として主張されることが多い。

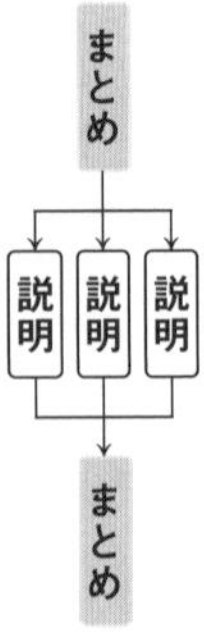

②起承転結型

と」がある。それを**「論理的」**に書くという点に評論文の特徴がある。筆者は自分の主張を読み手に伝えるだけではなく、読み手に納得してもらおうとして文章を構成する。その**文章の構成＝論の構造**を読解することが必要なのである。

●どのように読解するのか？

よく「文章の意味が分からない」という話を聞く。文章の意味が分からないとはどのようなことだろう。文章というものを要素に分解すれば、**文章→文→文節→単語**となる。

これを逆にたどり、どのレベルで分からなくなるのかを考えてみよう。**単語**の意味が分からないというレベルは辞書を引くことでほとんど解決できる。単語が組み合わさったものが**文節**であり、**文**であるから、単語の意味が分かれば文の意味は分かるはずだが、そうはいかない。個々の単語の意味は分かるが、文の意味が分からないというときは、**文節相互の関係**や、**文脈の中での単語の意味**が分からないということだ。これを分かるためには、その文節が**文の成分**としてどのような働きをしているか、また、その単語の文脈の中での意味を明らかにする必要がある。文の構造から文節・単語の意味を確定し、それを基に文の意味を理解するということだ。

さて、文の意味は分かったとしても、**文章**の意味が分からない場合もある。それは、**文と文との関係・段落相互の関係**が分からないということだ。そこで、文章の構造を考えることが必要になる。どの一文も他の文との関係において存在する。その関係を明確にすることが、文章の意味を分かる

▼起 話題を起こす。
▼承 話題の展開。
▼転 話題の転換。
▼結 話題の結び。

京の五条の糸屋の娘
姉は十七、妹は十五
諸国大名は弓矢で殺す
糸屋の娘は目で殺す

〈序論・本論・結論〉

▼序論 評論文の**導入**部分。問題を提議する。
▼本論 評論文の**中心**部分。提議した問題を分析・検討し、説明する。
▼結論 評論文の**まとめ**部分。結論を述べる。

〈演繹と帰納〉

▼演繹 一般的な理論から、個々の事柄へと押し広めて説明すること。三段論法が代表例。
例 魚は卵から生まれる。→イワシは魚である。→ゆえにイワシは卵から生まれる。

▼帰納 個々の事柄から、一般的な理論を導き出すこと。
例 イワシもマグロもアジも卵から生まれる。→あらゆる魚は卵から生まれる。

〈文・文・文節・単語と文の成分〉

文節	修飾語	被修飾語〈主語〉		修飾語	被修飾語〈修飾語〉	被修飾語〈述語〉
文	赤い	夕日が		とても	きれいに	見えた。
単語	形容詞	名詞	助詞	副詞	形容動詞	動詞 助動詞
文の成分	連文節・主部			連文節・修飾部		述部

うえでは不可欠なことなのである。

❶筆者の主張をとらえる

評論文の場合、まず筆者の主張を大づかみにとらえることから始めよう。この段階では文章全体をすべて理解する必要はない。次の三段階に沿って文章を読解してみよう。

ア　主題　何について書かれた文章なのかを考える。

注目すべきはその文章の**題名**だ。多くの場合、それはその文章の内容に対する筆者の要約である。また、**繰り返し用いられる語・特別な符号が付けられている語（＝キーワード）**にも着目する。その文章に**「～について」**という形で一〇字程度の題名をつけてみる。そして、そうすることによって、その文章の考察の対象が明確になる。

イ　問題提起　主題に対する問題設定を読み取る。

筆者がその主題に対してどのような問題設定を行っているのかは、**問題提起**という形ではっきりと明示されている場合が多い。そうでない場合は、内容から疑問形の一文を作って問題点を明確にしておこう。

ウ　結論　問題に対する解答を読み取る。

「つまり」「まとめて言えば」などの接続語や**「～にちがいない。」「～と言える。」**などの文末表現に注目して、筆者が**問題に対してどのように解答しているかを二〇字程度でまとめてみる。**

最後に以上のア～ウを踏まえて、**三〇字程度で筆者の主張をまとめてみよう。**この段階では、具体例や反対意見などの部分は無視して、とにかくその文章の核だけを的確につかむことを意識する。

〈主な指示語（こそあど言葉）〉

▼近　称（こ）
- **物事**＝これ（名詞）・この（連体詞）
- **場所**＝ここ（名詞）
- **方角**＝こちら・こっち（名詞）
- **性質・状態**＝こう（副詞）／こんなだ（形容動詞）

▼中　称（そ）
- **物事**＝それ（名詞）・その（連体詞）
- **場所**＝そこ（名詞）
- **方角**＝そちら・そっち（名詞）
- **性質・状態**＝そう（副詞）／そんなだ（形容動詞）

▼遠　称（あ）
- **物事**＝あれ（名詞）・あの（連体詞）
- **場所**＝あそこ（名詞）
- **方角**＝あちら・あっち（名詞）
- **性質・状態**＝ああ（副詞）／あんなだ（形容動詞）

▼不定称（ど）
- **物事**＝どれ（名詞）・どの（連体詞）
- **場所**＝どこ（名詞）
- **方角**＝どちら・どっち（名詞）
- **性質・状態**＝どう（副詞）／どんなだ（形容動詞）

〈主な接続語〉　＊（　）内は接続関係を示す記号例。

①**転換**（↰）　新しい話題を持ち出して、今までの話題を変える。

語例　さて・では・ところで・話は変わるが

②**逆接**（↕）　前の内容を打ち消したり、反対の内容を述べる。

❷論の構造をとらえる

次に筆者の主張がどのような形で展開されているかをとらえる。その際に注目すべき点を三点挙げる。

ア　指示語

日本語の文章には、**指示語（こそあど言葉）**が多く用いられる。指示語は、**語**を指すこともあるし、その**前文**を、またはそれまで述べた**全体**を指すことまでもある。それが文章を分かりにくくしている場合もある。指示語が出てきたら読み飛ばさずに、その都度、**指示語の内容を確認しよう**。それが文の意味や、文と文との関係を明らかにする。

イ　接続語

文と文とのつながりを示す**接続語**をおさえることは、文の関係を理解するためのポイントになる。接続語に注目し、その働きをとらえながら文章を読もう。解説関係を示す**「換言の接続語」**には注目したい。

ウ　形式段落

多くの文章は、いくつかの**形式段落**から構成されている。これは恣《し》意《い》的なものではなく、筆者がその段落をひとつのまとまりとして意識していることを意味している。文と文章をつなぐまとまりとしての形式段落をおさえることで、文章の構造が見えてくる。

以上の三点をおさえたうえで、**論の構造**を読解してみよう。次に評論を読み進めるときの視点として重要な四点について解説する。

❶段落相互の関係　❷対比　❸具体と抽象　❹レトリック（比喩《ひゆ》）

語例　しかし・けれども・ところが・だが・が・しかるに・とはいうものの・しかしながら・もっとも

③**対比**（↔）　前後の二つの言葉や文を対比させて、違いを際立たせる。

語例　それに対して・～とくらべて・Aは～、一方（他方）Bは～・それとも・あるいは～か

④**追加**（＋）　前の内容に情報を付け加える。

語例　また・そして・それに・あるいは・～も・～と・ともに・と同時に・さらに・そのうえ・しかも・のみならず・それに加えて・まして・もう一つ・とすると

⑤**順接**（↓）　前の内容を前提・原因として受けて、結論・結果を述べる。

語例　したがって・だから・ゆえに・それゆえ・～すれば・すると・そこで・結局・ひっきょう（畢竟）

⑥**補足**（↲）　前で言い足りなかったことを補う。

語例　なぜなら・～から・というのは・ただし・なお・もちろん・むろん・確かに

⑦**換言**（＝）　前の内容を要約したり、別の言葉で言い換える。

語例　つまり・すなわち・要するに・たとえば・言い換えれば・いわば・というよりも・むしろ・いずれにしても

1 段落相互の関係

形式段落は、筆者が意識的に文章を区切ったことを示す。それは、**思考**や**論理内容**のまとまりであり、このまとまりとしての段落は、他の段落と接続することで、論理を生み出す。**主題**を提示し、**具体例**をあげ、予想される**反論**を示し、**再反論**を行う……、というように、段落相互が接続することで、より説得力の高い文章となる。

❶段落内容の把握

段落相互の関係を把握するには、各段落の内容を捉えなければならない。各段落の中心となる**言葉（キーワード）**や**文（キーセンテンス）**を押さえることが重要である。

❷段落関係のとらえ方

キーワードや**キーセンテンス**は、何回も繰り返し出現し、**指示語**や他の表現で言い換えられることもある。このように複数の段落にまたがって出現する言葉をとらえることによって、段落相互の関係が見えてくる。

主題に対する説明や定義の段落は、**「○○とは〜」**などの表現に注目する。また、より詳しい説明のために**具体例**の段落には**「たとえば〜」**などの表現が見つけられる。

また、**「しかし」**ではじまる段落は**反論**だけでなく、**筆者の主張**や**結論**が現れることが多く、重要である。では、文章を読みながら、段落相互の関係を分析していこう。

第一次的現実

外山滋比古《とやましげひこ》

1 現実に二つある、と言ったら笑われるであろうが、知恵という〝禁断の木の実〟を食った人間には、現実は決してひとつではない。

2 われわれがじかに接している外界、物理的世界が現実であるが、知的活動によって、頭の中にもうひとつの現実世界をつくり上げている。はじめの物理的現実を第一次的現実と呼ぶならば、後者の頭の中の現実

外山滋比古 一九二三–二〇二〇年。英文学者・言語学者・評論家・エッセイスト。愛知県生まれ。専攻の英文学のみならず、幅広い分野で活躍している。本文は『思考の整理学』（ちくま文庫）によった。

◆主な著書 『日本語の論理』（中公文庫）、『知的創造のヒント』（ちくま学芸文庫）など。

は**第二次的現実**と言ってよいであろう。

3　第二次的現実は、第一次的現実についての情報、さらには、第二次的現実についての情報によってつくり上げられる観念上の世界であるが、知的活動のために、いつしか、しっかりした現実感をおびるようになる。ときとしては、第一次的現実以上にリアルであるかもしれない。知識とか学問に深くかかわった人間が、しばしば第一次的現実を否定して、第二次的現実の中にのみ生きようとするのは、このことを裏付ける。

「第二次的現実」が「第一次的現実」以上にリアルであること。

4　かつては、主として、読書によって、第二次的現実をつくり上げた。読書人が一般に観念的であるのは、外界にじかに接するかわりに、知識によって間接に触れているからである。

5　思索も外界を遮断するところにおいて深化させられることがあり、やはり、第二次的世界を築き上げる。

6　しかし、大部分の人間は、ほとんど第一次的現実によってのみ生きていた。それでは本当に現実に生きることにならないのも早くから気付かれていて、哲学への志向が生まれた。人間の営為はすべて、第二次的現実の形成に向けられていたと考えてよいほどである。第一次的現実をはっきり認識するためには、それを超越した第二次的現実の立場が必要である。

（↕）学問にかかわる人や読書人が第二次的現実を築き上げることとの対比を示す。

1 **主題提示**

▼**主題**＝二つの現実がある。

＊意外な考え方から論を展開する。

23 **展開1**

▼主題の**説明・定義**。

2 **第一次的現実**＝物理的世界。

3 **第二次的現実**＝観念上の世界。

第一次的現実→リアル

↔ **対比**

第二次的現実→よりリアル

（例：学問にかかわった人間が第一次的現実を否定する。）

4567 **展開2**

▼二種の現実の**歴史的説明**。

45 かつての第二次的現実を説明。

＝**第二次的現実**は、**読書**や**思索**によって成立し、外界との関係を遮断することによって深化する。

6 第一次的現実との関係を説明。

＝ほとんどの人間は第一次的現実

7 従来の第二次的現実は、ほとんど文字と読書によって組み立てられた世界であった。ところが、ここ三十年の間に新しい第二次的現実が大量にあらわれている。そのことがなお、充分はっきりとは気付かれていない。テレビである。テレビは真に迫っている。本当よりもいっそう本当らしく見える。茶の間にいながらにして、世界のはてまで行くことができる。旅行したような気持ちになれる。そして、そのうちにそれが、第二次的現実であることを忘れてしまう。（中略）

ところが → (↕) 前段を「従来」と受けて、「ところが」以後では時間が異なることを示す。
世界のはて → テレビに映される世界。

8 思考の問題を考えるに当たっても、この二種の現実の違いを無視することは許されないであろう。従来、ものを考えるといえば、まず、第二次的現実の次元であった。これまでに読んだ先人の業績との対話から新しい思考が生まれる。そのかわり第一次的現実とのかかわりはあいまいであった。むしろ、低次の現実から絶縁することで、いっそう高い思考への飛翔ができると考えた。

この二種の現実 → 「第一次的現実」と「第二次的現実」の二種の現実。
むしろ → (＝) 前の部分を言い換えている。

9 しかし、思考は、第一次的現実、素朴な意味で生きる汗の中からも生まれておかしくはないのである。近代人がこの思考に関心を示さないのは、知の階級制度が確立してしまっているように思われていたからにほかならない。働くものにも思考、思索、知識の創造がなくてはならない。

しかし → (↕)「低次の現実から絶縁することで、いっそう高い思考への飛翔ができる」を否定して、筆者の主張を展開。
この思考 → 「第一次的現実」から生まれる思考。

にのみ生きたが、それを認識するためには、第二次的現実の立場が必要とされた。

7 現代の第二次的現実の具体例。
＝**テレビ**の出現
↓
第二次的現実であることを忘却。
（**11**での主張の根拠となる事例。）

キーワード **第一次的現実・第二次的現実**

8 9 10 **主張**
▼二種の現実の**関係の説明**。
8 第一次的現実から離れることで、高い思考に向かうと考えられた。
↓ **しかし**
9 思考は第一次的現実から生まれてもおかしくないが、排除されていたのは、知の階級制度が確立してしまったと考えられたから。

10 これまでは、〝見るもの〟〝読むもの〟の思想が尊重されたから、〝働くもの〟〝感じるもの〟の思想は価値がないときめつけられてきたのである。しかし、知識と思考は、見るものと読むものとの独占物ではない。額に汗して働くものもまた独自の思考を生み出すことを見のがしてはならない。 （中略）

↓4～7の歴史的な説明の段落を受けて、過去から今までをまとめる。

↓(↕)「これまで」を再び否定し、主張を強化している。

11 現代のように、第二次的現実が第一次的現実を圧倒しているような時代においては、あえて第一次的現実に着目する必要がそれだけ大きいように思われる。人々の考えることに汗のにおいがない。したがって活力に欠ける。意識しないうちに、抽象的になって、ことばの指示する実体があいまいになる傾向がつよくなる。抽象は第二次的現実から生まれる思考の性格である。現代の思想がいかにもなまなましいような装いを見せ、映像によって具体的であるかのような外見をしてはいるけれども、現実性はいちじるしく稀薄《きはく》である。 （中略）

↓7の「テレビ」が出現したことを示す。

前文の理由を受けて、筆者の考えを展開する。この段落の以下の文すべてにかかっている。(↓)↑

12 汗のにおいのする思考がどんどん生まれてこなくてはいけない。それをたんなる着想、思いつきに終わらせないために、システム化を考える。それからさきは、第二次的現実にもとづく思考と異なるところはない。真に創造的な思考が第一次的現実に根ざしたところから生まれうることを現代の人間はとくと肝に銘じる必要があるだろう。

10「見る」「読む」の思想
↕ **対比**
「働く」「感じる」の思想

キーワード **知の階級制度**

11 **12** **結論**
▼第二次的現実が第一次的現実を圧倒している現代では、第一次的現実から出発する思考が重要である。

汗のにおいのない思考
＝
活力の欠落・抽象的・現実性が稀薄
↓
真に創造的な思考は、第一次的現実に根ざしたところから生まれうる。

＊汗のにおい
＝**比喩**《ひゆ》
第一次的現実

2 対比

対比とは、二つのものを比べることである。その目的は、二つのものの**共通点**と**相違点**を明らかにすることによって、それぞれのものの**特性をはっきりとさせる**ことにある。筆者は自らの主張を述べるに際して、それと反する主張を対比させることによって、自らの論の特性を明らかにし、強化する。対比の構造を正確に読み取ることが重要である。

❶対比の見つけ方

対比を見つけるためには、**「一方」「〜と比較して」「ところが」**などの表現に着目しよう。明確にそれが述べられてなくとも、全体の構造から読み取ることが必要である。

❷対比の観点

二つのものを比べるとは、**同じレベルで比べる**ことである。例えば、A君とB君とを比べて「A君は身長が高いが、B君は優しい。」という比べ方は意味がない。どのような観点で対比しているかを捉えることが肝要である。

❸対比の意味

対比は、それ自体が目的ではない。対比することにより、何が明らかになったかを明確にしよう。対比させることにより、どちらか一方を強調する場合もあれば、そこから新たな考えを導き出している場合もある。実際の文章に即して、対比がどう用いられているかを分析してみよう。

知性

内山《うちやま》 節《たかし》

内山 節 一九五〇年―。哲学者。東京都生まれ。山村に生活し、思索を続ける。本文は『戦争という仕事』(信濃毎日新聞社)によった。
◆主な著書 『自然と労働――哲学の旅から』(農山漁村文化協会)、『「里」という思想』(新潮社)など。

1 かつて、群馬県上野村の私の家に、夜になると遊びにくる一匹の野ネズミがいた。自分で開けた壁の穴から暗くなると入ってくる。いろいろな遊びを考案しながら過ごし、朝になると山に帰る生活をしていた。柱をよじのぼり、私の肩に跳び蹴《げ》りをしたことがある。私の煙草《たばこ》を持っていって、吸い方を考えていたこともある。残念ながら火をつけることがわからなかったので、目的は達せなかったのだけれど。

2 何かをたくらんでいるときの表情は面白かった。部屋の隅で、思案しているのである。

3 それを（→野ネズミの思案。）「知性」と呼ぶなら、私は、すべての生き物たちの「知性」のレベルは変わらないと思っている。自分に必要なことはすべて知っているし、新しいたくらみも考案する。人間との違いがあるとすれば、お金がほしいとか、持ち物や財産をふやしたいといった、自然界からはみだした過剰な欲望を持っていないことと、彼らの「知性」は「知性」だけで独立していなくて、身体の動きと一体になっていることだけだ。

4 近代的な思想は、人間が持っている「知性」を絶対視した。（→（＝）「『知性』を絶対視した」と言える根拠を具体的に示す。）たとえば、近代哲学の父とも呼ばれたデカルトが、〈われ思う、ゆえにわれあり。〉と述べたとき、それは（→デカルトの言葉。）、考えている私は確かに存在するという意味であり、私の本質は考えている私に、つまり私の本質は知性にある（→（＝）私の本質としての知性。）ということであった。そして、この知性（→私の本質としての知性。）こそが真理を発見していく力だと考えられた。デカルトは自然科学（→物理学や化学などの自然科学。）の信奉者でもあったけれど、科学がこの世界（→私たちの生きている世界。）の真理を発見し、それらの学問をつくりだしていく力が知性であるという、知性に対する全幅の信頼がデカルトにはあった。

5 とすると（→（十）前段のデカルトの考え方を踏まえた結果の考え方を導く。）、ここで述べられている知性は、やはり人間だけの所有物

---

1 2 **導入**
▼私の家に遊びに来る**野ネズミの様子**。
＊身近な話題から論を始める。

3 4 5 **展開1**
▼**人間**と**野ネズミ**の**対比**。

共通点
自分に必要なことはすべて知っており、新しいたくらみも考案する。

相違点
野ネズミ
「知性」だけで独立していなくて、身体の動きと一体になっている。

↔ **対比**

人間
科学がこの世界の真理を発見し、それらの学問をつくりだしていく力。

キーワード **知性**

だ。なぜなら、上野村の私の家を訪れた野ネズミは、いろいろなことを考え、たくらみを張りめぐらしてはいたけれど、自然科学を深めて真理を発見しようなどとは思っていない。自分の生きる世界こそが真理の世界なのであり、真理は発見する対象ではない。

（→（↲）知性が人間だけの所有物である理由の説明。）

6 ところで、このデカルト的な思考は、仕事のとらえ方にも影響を与えるようになる。

（→（↱）話題の転換。）
（→科学がこの世界の真理を発見し、それらの学問をつくりだしていく力が知性である。）

7 近代的な生産がはじまると人間たちの仕事は、生産システムをつくる仕事と、そのシステムのもとで働く仕事に分かれる傾向を示した。自然科学が発見したものは、生産の場所では生産技術になり、この生産技術を創造する人々と、その技術に従って作業をする人々とに分かれていく。経営システムをつくる人と、その経営システムのもとで働く人。そんな分化が進行した。

（→システムをつくる人と、そのシステムのもとで働く人との分化。）

8 近代以前の労働はそういうものではなかった。職人は設計者でもあり、作業をする人でもあった。商人は、自分の商いのあり方を自分で決めながら、日々の仕事をしていた。仕事のすべての部分が、労働のなかに包みこまれていたのである。

（→分化した仕事。）
（→（↔）近代以前と近代的な生産による労働の変化。）

9 ところが、近代的な生産では、仕事の分化がはじまる。そしてこの動きと、人間の知性を絶対視する思想が結びついた。人間の労働が、知

678 **展開2**

▼近代以前の仕事と近代以後の仕事との対比。

近代以前
仕事のすべての部分が、労働のなかに包み込まれていた。

↔ **対比**

近代以後
生産システムをつくる仕事と、そのシステムのもとで働く仕事とに分かれる。

キーワード 仕事

性を働かせた「知的労働」と「肉体労働」とに分けてとらえられるようになったのである。「知的労働」が人間的な労働であり、「肉体労働」は肉体の消耗にすぎないという考えが、こうして定着していく。

↑「知的労働」が人間的な労働であり、「肉体労働」は肉体の消耗にすぎないという考え。

10 私はこのような考え方が、人間の労働を痩せ細らせていったのではないかと考えている。考えることと身体を動かすこととは、一つの労働の二つの側面にすぎなかったのに、この二つの側面が切り離されてしまった。たとえば、つくりながら考え、考えながらつくる労働が、考える人とつくる人とに分かれてしまったのである。

↑（＝）二つの側面が切り離された具体例。

↑つくりながら考え、考えながらつくる労働が、考える人とつくる人とに分かれてしまったこと。

11 それは、第一に、「肉体労働」をつまらないものにしてしまった。決められた生産システムのもとで同じ作業を繰り返すだけなら、この仕事が面白いはずはない。とともに、「知的労働」も創造性のないものに変えてしまった。もしも「知的労働」が創造的なものであるとするなら、それは仕事の全過程にかかわりながら、考え、工夫をし、研究や開発をするときに生まれてくる。実際、仕事の全過程にかかわることができなくなったとき、「知的労働」は次第に、マニュアルに従って仕事をする方向に向かった。

肉体労働。↑

↑（＋）「第一に」「とともに」で、二つの考えを整理して述べる。

12 近代以降、経済は飛躍的に拡大したが、人間の仕事そのものはこうして痩せ細っていった。

11段の内容。↑

9 10 11 **展開3**

▼**労働**に対する**近代以後の考え方**と**筆者の考え方**との**対比**。

筆者の考え

考えることと身体を動かすことは、一つの労働の二つの側面である。

↔ **対比**

近代以後の考え

労働を**知的労働**と**肉体労働**とに分けて、知的労働が**人間的な労働**であり、肉体労働は**肉体の消耗**にすぎないという考え。

←
＊**肉体労働**＝つまらないものになる。
＊**知的労働**＝マニュアルに従って行うものになる。

キーワード　**労働**

12 **結論**

▼知的労働と肉体労働を分化させたことで、経済は拡大したが、人間の仕事は痩せ細ってしまった。

3 具体と抽象

具体とは、**個々の事物**それぞれのこと。**抽象**とは、具体物の**性質や特徴を抜き出して概念化**することである。この二つの語は**対義語**として用いられる。筆者が議論を組み立てるときには、様々な**具体例**を挙げることで**論を分かりやすく身近なものにする**ことができ、また具体例に共通する特徴を適切にとらえて**抽象化**し、概念として示すことで、**筆者の考え方を示す**ことができる。どのような具体例からどのような抽象化が行われているかを正確に読み取ることが大切である。

❶具体と抽象の見つけ方

具体は**「たとえば」「例として」「〜についていえば」**などの表現から容易に見つけることができる。また**「つまり」「従って」**などの表現で、具体例をもとに議論が**抽象化**へ向かうことも分かる。具体例は抽象化された何らかの概念を説明する文脈で出てくるはずなので、何を説明するための具体例なのかを意識することが重要となる。

❷具体と抽象の観点

具体的な事物から一般的な性質を引き出すのが**抽象化**の働きである。ただし、抽象化されるのは**取り上げられた事物の持つある一面だけ**なので、事物のどんな特徴が抽象化されているかに注意することが必要である。

❸具体と抽象の意味

そのままでは漠然としてとらえがたい現実世界を、具体的な事物をとらえて抽象化し、概念化を試みることで、私たちは世界像を作る糸口とする。**評論**はそれぞれの筆者が**具体的な世界から抽象化された概念を作り、その概念によって今度は再び世界を解釈しようとする試み**なのである。

学校教育はなぜ必要なのか

山崎正和《やまざきまさかず》

1 振り返れば、私が敗戦後の満州で受けた教育には、いくつかの特色、あえていえば、特異な意味がありました。

山崎正和　一九三四―二〇二〇年。劇作家・評論家。京都府生まれ。独自の日本文化論を展開している。本文は『文明としての教育』（新潮新書）によった。
◆**主な著書**　『劇的なる精神』（河出書房新社）、『不機嫌の時代』（講談社学術文庫）など。

2 一つ挙げるとすれば、知識が現実世界から完全に遊離していたことです。その知識が何らかの役に立つということがないばかりか、その知識が扱っている実物にすら触れることがありませんでした。理科がわかりやすい例になるでしょう。物理・化学・生物の三科目を習ったわけですが、実験設備は皆無、いわんや実物が展示してある博物館などはどこにもありません。実験もできなければ、実物に接することもできない以上、生徒たちはただただ文字のうえの知識に集中するほかはなかったのです。

（↓筆者の満州での教育の特色の一例。）
（↓満州の教育で得た知識。）
（↓知識が現実世界から遊離していたこと。）

3 これから詳しく説明しますが、先に結論をいえば、教育とは生徒にたいして経験を拡大させる技術ではなく、生徒にたいして経験の仕方や経験の方法論を教えるものです。この意味でも、いささか逆説的にはなりますが、私は敗戦後の満州で「教育の原点」に触れることができたともいえるでしょう。

（↓「教育は経験の仕方や方法論を教えるもの」という意味。）

4 少し抽象的ないい方になりますが、私たちが「経験」をするためには、意識するとせざるとにかかわらず、経験のための方法ないしは形式をあらかじめ身につけていなければなりません。

（↓(=)「経験」には、あらかじめそのための方法を身につけていなければならないことの具体例を示す。）

5 たとえば、なかなか日常では気づかないことですが、風景を見るとき、私たちは知らず識《し》らず遠近法によって見ています。今日、世界のど

---

1 **2** **導入**

▼筆者が満州で受けた教育の特色・特異な意味。

＊筆者自身の体験から論を始める。

知識が現実世界から完全に遊離していた。

具体例1 ↓満州で受けた教育の具体例。

← **具体例2** 理科がわかりやすい例になる。↓現実世界から遊離した知識の具体例。

＊筆者の考えを示す抽象的・一般的な表現が、段階を追って具体化されている。

キーワード 教育

3 **結論**

▼「教育」とは、「経験」の仕方や方法論を教えるもの。

＊**双括型**の文章構成になっている。

キーワード 経験

の国の人であれ、いわゆる一点消去の遠近法なしには何も見えてきません。ものを見るとは、じつは遠近法を実行していることと同義なのです。もし遠近法を知らない人が風景を見るとすれば、今日の私たちが見ているようには世界は見えてこないはずです。

6 しかし、いうまでもなく、この遠近法とは、十四、五世紀、ルネサンス期のイタリアで発見されたものであって、太古からつづく人類永遠の知恵ではありません。一群の天才たちが発見し、多くの人々がそれに従ってものを見ているうちにいつしか身につき、ものの見方の基本となったのです。

（⇔）今日私たちが遠近法を知らずに身につけていることに対する逆接。
今日私たちが用いている遠近法。
天才たちが発見した遠近法。

7 この場合、遠近法というものの見方は、風景を見るという経験に先んじてあります。擬声語を例にすれば、話はもう少しわかりやすくなるでしょう。世界のどの言語にも擬声語があります。そのさい、たとえば鶏が「コケコッコー」と鳴くか、あるいは「コッカドゥードゥルドゥー」と鳴くかは、じつは文明の中でつくられたものの見方（聞こえ方）にほかなりません。地域によって、文明によって、聞こえ方はそれぞれに異なる。つまり、擬声語は個々の経験に先んじて私たちの体のなかにあるものであって、それを身につけると、不思議なことに、自然の鳥の鳴き声があたかもそのように聞こえてくるという仕掛けなのです。

風景を見るときに遠近法を用いること。
（＝）「経験」にはそのための方法を身につけていなければならない例。
世界のどの言語にもある擬声語。
擬声語の例。（＝）
（＝）地域や文明によって聞こえ方が異なるという具体例を抽象化する。
擬声語。
擬声語の音のように。

4 5 6 7 8 展開

▼「経験」には、あらかじめ経験のための方法を身につけることが必要。

4 **抽象**＝「経験」には、そのための方法が必要。

←どういうことか？

5 6 **具体1**＝「風景を見る」ための「遠近法」。

7 **具体2**＝「自然の鳥の鳴き声を聞く」ための「擬声語」。

8 **具体3**＝「世界を自然科学的に見る」ための「数の関係」。

8 もう一つ次元を高めていえば、たんに経験を積み重ねただけでは、世界を自然科学的に見ることはできません。物理や化学についていえば、すべての現象を数の関係に置き換えて、はじめてそれは可能になります。イタリアのガリレオ・ガリレイ（一五六四〜一六四二）が「自然というものは数で書かれた書物である。」といったように、数の関係を経験に先んじて知っていなければ、物質の世界は自然科学的には見えてこないのです。

（「経験」を積み重ねただけでは、世界を自然科学的に見られないことを物理や化学を具体的な例として挙げる。（＝））

（→世界を自然科学的に見ること。）

（ガリレオの言葉を筆者の主張と同様の具体例として挙げる。（＝））

9 もし教育とは何かと問われれば、遠近法や擬声語や数の関係にとどまらず、経験に先んじてある方法を教える行為だといえるでしょう。べつの表現をすれば、教育は経験を離れる必要があるということなのです。

（→仮説。）

（→教育は「経験」を離れる必要がある。）

10 こう考えてみれば、学校の教室というものが現実の社会から独立した世界、つまり閉じられた世界として存在し、その知識の八、九割までが言葉によって与えられていることの理由は明らかでしょう。もちろん、学校が閉じられた世界となるのは近代に入ってからのことでした。しかしながら、この近代が達成した成果は、じつは長く教育の歴史のなかで用意されていた、あるいは芽生えていたものなのです。

（→（＝）「現実の社会から独立した世界」を抽象的な言葉に言い換える。）

（→学校の教室で得られる知識。）

（学校が閉じられた世界になったのは近代に入ってからであることに対する逆接。（↔））

（→近代の学校が生み出した成果。）

9 **結論1**
▼「教育」とは、「経験」に先んじてある方法を教える行為。「教育」は、「経験」を離れる必要がある。

10 **結論2**
▼「教育」を行う学校が閉じられた世界であるのは当然の結果。
＊**9**で結論づけられた「教育」の意味を、「学校」のあり方に当てはめて得た、もう一つの結論。

キーワード 学校

4 レトリック――比喩の力

レトリックとは、**修辞法・言葉のあや**と訳されるように、文章の表現効果・装飾と思われていて、文章の内容とは無縁であるように見なされがちだ。古代ギリシャ、あるいは中国漢文の長い歴史を通じて、レトリックとは、**説得のために魅力的な表現を作る技術**であった。そのため、文学的文章はレトリックなしでは立ちゆかないが、論理的文章・評論では、レトリックは歓迎されない。事物の客観的分析に基づき、論理的推論に導かれて、普遍的主張を打ちだすのが評論であるからだ。しかし、レトリックは、思考の表現である評論とは無縁のものだろうか。

❶比喩《ひゆ》の機能

評論の主張とは、おおむね抽象的な言葉のつらなりである。抽象的なものが抽象的なだけでは、人間の理解に定着しない。「腑《ふ》に落ちた理解」とはならないのである。人間の理解とは、心身まるごとの全体的なものであって、巧みな比喩は、**頭から心に理解を深める**のである。言葉には具体的指示対象を欠いた抽象的なものがある。抽象的な語は、そのままでは天上に浮遊してしまう。そこで、比喩により地上につなぎ止めるのである。比喩は、だいたい四つの機能を持っている。①**説得する働き**。②**効果的な美しい表現により注目させる働き**。③**新しい認識を生む働き**。④**抵抗の手段**。この中で、評論文において重要なのは、③と④である。

❷比喩の力

比喩とそれによる理解は、人間の思考法の根底を支える原型的概念を形作っていることに注意したい。例えば、時間の表現。「時間をかせぐ」「時間を無駄にする」「時は金なり」。日本語（西欧でも同じだが）では、「時間」が「経済」の比喩で語られることがわかるだろう。まぎれもなく、それはその言葉が使用される社会の原型的な思考を示している。「時間」を、例えば「時が舞う」とか「時間を踊る」というように、「舞踊」の比喩で語る言語があったら、それはずいぶん私たちと異なる社会であるだろうし、そうした社会を思い浮かべることは、私たちの常識を揺るがし、新しい視野を開くことにもなるだろう。**比喩とは新しい認識の創造にほかならない**ので、評論文でも、論旨の決め所に登場してくる。有限の言語で無限の新たな意味を表現しようとするところに、比喩表現が生じる。

❸比喩の形

優れたレトリックは、さまざまな抵抗に打ち克《か》ち、事物の本質を表現しようとする強い表現意欲が生み出すものだ。

切実な内容を読者に伝えようとするには、時と所の狭い制約を超えて、真実の姿を想像させうる形象力と喚起力に満ちた表現の工夫が必要である。そこにレトリックが生まれる。代表的な比喩の種類について確認しておこう。

ア　隠喩　「AはBである。」という形。何らかの類似性による表現。Aは抽象的、Bは具象的である場合が多い。比喩の王様である。

例「人生は芝居だ。」「人間は一本の考える葦《あし》である。」（パスカル）

イ　直喩　「AはBのようだ。」という形。隠喩より衝撃力は弱い。

例「かれはドン・キホーテのようだ。」「法王ボニファキオ八世は、狐《きつね》のようにその地位につき、獅子《しし》のようにその職務をおこない、犬のように死んだ。」（モンテーニュ）

ウ　換喩　物と物との隣接関係の連想によって表現する（赤いずきんの女の子を「赤ずきんちゃん」と呼ぶなど）形。

例「ホワイトハウスは又しても戦争の引き金を引いた。」

エ　擬人法　抽象的観念や無生物に、人間としての性質を与える形。人物の比喩。

例「社会は病んでいる。」「傷ついた自然。」

オ　提喩　「類」と「種」との関係による比喩。上位の「類」で下位の「種」を表す。「種」で「類」を表す場合もある。

例「花見（桜）に行く。」「ごはん（食事）を食べる。」

分類すればまだまだあるが、要は分類を記憶することではない。普通ではない抵抗感のある表現にぶつかったときに、その効果を感じとるセンスを養うことが重要なのだ。

無常ということ

小林秀雄《こばやしひでお》

1　歴史の新しい見方とか新しい解釈とかいう思想からはっきりと逃れるのが、以前にはたいへん難しく思えたものだ。そういう思想は、一見魅力ある様々な手管《てくだ》めいたものを備えて、僕を襲ったから。一方歴史というものは、見れば見るほど動かし難い形と映ってくるばかりであった。

歴史の新しい見方とか新しい解釈。

二つのものを対比する。（↔）

小林秀雄　一九〇二－八三年。評論家。東京都生まれ。文学・芸術などを独創的手法で再検討し、近代批評の地位を確立した。本文は『現代日本文学大系』第六〇巻（筑摩書房）によった。

◆主な著書　『モオツァルト・無常という事』『本居宣長《もとおりのりなが》（上・下）』（以上、新潮文庫）、『考えるヒント（1〜3）』（文春文庫）など。

新しい解釈なぞでびくともするものではない。そんなものにしてやられるような脆弱《ぜいじゃく》なものではない、そういうことをいよいよ合点して、歴史はいよいよ美しく感じられた。晩年の＊鷗外《おうがい》が考証家に堕したというような説は取るに足らぬ。あの膨大な考証を始めるに至って、彼はおそらくやっと歴史の魂に推参したのである。『＊古事記伝』を読んだ時も、同じようなものを感じた。解釈を拒絶して動じないものだけが美しい、これが＊宣長《のりなが》の抱いたいちばん強い思想だ。解釈だらけの現代にはいちばん秘められた思想だ。そんなことをある日考えた。また、ある日、ある考えが突然浮かび、たまたまそばにいた＊川端康成《かわばたやすなり》さんにこんなふうにしゃべったのを思い出す。彼は笑って答えなかったが。「生きている人間などというものは、どうもしかたのない代物だな。何を考えているのやら、何を言い出すのやら、しでかすのやら、自分のことにせよ他人事にせよ、わかったためしがあったのか。鑑賞にも観察にも堪えない。そこにいくと死んでしまった人間というものは大したものだ。なぜ、ああはっきりとしっかりとしてくるんだろう。まさに人間の形をしているよ。してみると、生きている人間とは、人間になりつつある一種の動物かな。」

↑新しい解釈。
↑歴史は新しい解釈に影響されない動かし難いものである。
宣長も歴史の魂に推参した。↑
解釈を拒絶して動じないものだけが美しい。↑
↑ここまでの全体を受ける。
↑（＋）別の考えを並べる。
↑後出の「」内の部分。
死んでしまった人間と生きている人間と対比すると。（↔）↑

2 この一種の動物という考えは、かなり僕の気に入ったが、考えの糸は切れたままでいた。歴史には死人だけしか現れてこない。したがって

歴史と死んでしまった人間をつなげる。（↓）↑

1 **歴史**と**死んでしまった人間**。

▼**歴史の新しい見方**と、**歴史そのもの**とに対する筆者の考え方の対比。

◆**歴史の新しい見方**＝魅力を感じる。

↔ 対比

◆**歴史そのもの**＝動かし難い形。

← 筆者の意見

◆動かし難い歴史を美しく感じる。

← 具体例による根拠

◆森鷗外の時代小説。『古事記伝』。

＊**手管めいたもの**〈擬人法〉 思想が手管を備えると表現することでごまかしというイメージを強くする。

＊**歴史の魂**〈擬人法〉 歴史が単なる記録ではないことをイメージさせる。

▼**死んでしまった人間**と、**生きている人間**とに対する筆者の考え方の対比。

◆**生きている人間**＝絶えず変化

↓鑑賞にも観察にも堪えない

↓**一種の動物**

↔ **対比**

◆**死んでしまった人間**＝はっきりと

のっぴきならぬ人間の相しか現れぬし、動じない美しい形しか現れぬ。思い出となれば、みんな美しく見えるとよく言うが、その意味をみんなが間違えている。（思い出となればみんな美しく見える。）僕らが過去を飾りがちなのではない。過去のほうで僕らに余計な思いをさせないだけなのである。思い出が、僕らを一種の動物であることから救うのだ。記憶するだけではいけないのだろう。思い出さなくてはいけないのだろう。多くの歴史家が、一種の動物にとどまるのは、頭を記憶でいっぱいにしているので、心をむなしくして思い出すことができないからではあるまいか。

3 上手に思い出すことは非常に難しい。だが、それが、（「上手に思い出すことは非常に難しい」に対する逆接。）（上手に思い出すこと。）過去から未来に向かって飴《あめ》のように延びた時間という蒼《あお》ざめた思想（僕にはそれは現代における最大の妄想と思われるが）から逃れる唯一の本当に有効なやり方のように思える。成功の期はあるのだ。この世は無常とは決して仏説というようなものではあるまい。（無常。）それはいついかなる時代でも、人間の置かれる一種の動物的状態である。現代人には、鎌倉《かまくら》時代のどこかの＊なま女房ほどにも、無常ということがわかっていない。常なるものを見失ったからである。

鷗外＝森鷗外（一八六二－一九二二年）。小説家。**古事記伝**＝『古事記』の注釈書。本居宣長著。**宣長**＝本居宣長（一七三〇－一八〇一年）。国学者。**川端康成**＝小説家（一八九九－一九七二年）。**なま女房**＝まだ若い未熟な女性。

しっかりとしている

↓**人間の形**

2 人間にとっての**歴史の意味**。

◆**歴史**＝死んでしまった人間

↓動じない美しい形。

▼**記憶**と**思い出**との対比

◆**記憶**＝人間が外在的な知識として過去を蓄える。

↔ **対比**

◆**思い出**＝人間が過去そのものを現在の自己の生に甦《よみがえ》らせる。

3 人間の生のあり方としての**無常**。

▼**常なるもの**（変わらないもの）と**無常**（変化するもの）との対比。

＊**飴のように延びた時間という蒼ざめた思想**　「飴のように」という直喩の形式に「時間という蒼ざめた思想」という隠喩をはめこんだ形。個個の人生との対比で、一般的な法則を機械的に適用する歴史観を否定。

様々な比喩の力

その他の評論文に現れる比喩についてもいくつか挙げる。

❶対比的に用いられた比喩（対概念の比喩）

日本の社会なり文化なりの一つの型というものを非常に図式化して表現してみたいと思います。私はかりに社会と文化の型を二つにわけて考えることとします。一つは妙な言葉でありますが、ササラ型といい、これに対するもう一つの型をタコツボ型とかりに呼んでおきます。ササラというのは、御承知のように、竹の先を細かくいくつにも割ったものです。手のひらでいえば、元のところが共通していて、そこから指が分かれて出ている、そういう型の文化をササラ型というわけであります。タコツボっていうのは文字通りそれぞれ孤立したタコツボが並列している型であります。近代日本の学問とか文化とか、あるいはいろいろな社会の組織形態というものがササラ型でなくてタコツボ型であるということが、さきほど言ったイメージの巨大な役割（イメージが実質とは関わりなく暴走すること）ということと関係してくるんじゃないかと思うわけです。

（丸山眞男《まるやままさお》『日本の思想』）

＊**丸山眞男**　一九一四－九六年。政治学者・思想史家。大阪府生まれ。本文は、『日本の思想』（岩波新書）によった。

▼西欧の文化・社会と、日本の文化・社会とを具体的なイメージに富んだ「ササラ」と「タコツボ」にたとえることで、対立概念を明確に浮かび上がらせている。「ササラ型」とは、共通の地盤の上に分化する組織、文化の開かれた形を、「タコツボ型」とは、孤立した組織、文化の並列する閉ざされた形を意味する。具象性に富んだ比喩を対立概念に仕上げて、文化や社会、その中での人の生き方の分析を進めている。

❷関係づけられて連なる比喩（連続する比喩）

（太平洋戦争の敗戦によって）名誉ある、犠牲的な行為と信じていたものが、実は、他者を認めない罪悪の行動にすぎなかったこと。この種の反省をしいられるのは、わたしたちにとって、実につらいことだった。こうだと思いつめていた価値が、がらりと逆転し、下落すれば、だれだって驚き迷わずにはいられない。軍部の宣伝を、まるのみに信じていなかった者でも、その命令に従っていれば、どうしても同じ価値判断に陥っていたわけだ。「日本帝国」と呼ぶ竈《かまど》がこわれて、その中で燃えさかっていた、狭苦しい火炎の熱が消えるとともに、「人間世界」と呼ぶ広大な風が、わたしたちの全身を吹きさらしにしたのである。

（武田泰淳《たけだたいじゅん》『限界状況における人間』）

＊**武田泰淳**　一九一二－七六年。小説家・中国文学研究家。東京都生まれ。本文は、『武田泰淳全集』第一三巻（筑摩書房）によった。

▼「竈」「火炎の熱」「広大な風」「吹きさらし」といった一連の関連する比喩を用いて、敗戦の衝撃の意味するものを深く鋭く表現している。敗戦による価値観の崩壊が、新たな人間として再生するという課題をかした、ということを述べている。

5 複数文章の比べ読み

ここからは、複数の評論文を横断して、読み比べることを試みたい。

複数の文章を読むと、全く違う事例を取り扱いながらも方向性が似ている、あるいは、同じような事例を用いているのに全く異なることを主張する文章に出会うだろう。注意しなければならないのは、これまでに学んだように、同じレベルで比較し、**共通点と差異**はどこにあるか考えるということである。「**対比**」や「**具体と抽象**」といった手続きは、複数の文章間でも有効な手がかりである。

何と何を対比させて、主張に結びつけているのか？　具体的な事例を、どのように解釈しているのか？

このように考察しながら複数の文章を読むと、中には矛盾する主張を発見する場合もあるだろう。ドイツの哲学者ヘーゲルは、矛盾する概念をより高い段階で統一し、生かすことを**止揚（アウフヘーベン）**と呼んだ。矛盾した主張でさえ、より高いレベルで活用される可能性があるのだ。

複数の文章を読み比べるということは、これらを理解し、総合的な考え方や、新しい見方を構築する基盤となる作業である。本書に収められた評論文の一節を例にとりながら、具体的に考えてみよう。

❶『「つながり」と「ぬくもり」』（五八ページ）と『交換と贈与』（一二〇ページ）の比べ読み

『「つながり」と「ぬくもり」』の中で、筆者の鷲田《わしだ》清一《きよかず》は次のように「社会」と「個人」を規定する。

じぶんがだれであるかをじぶんで証明できる、あるいは証明しなければならない社会（六〇・3）

自由な個人とは、裏返していえば、みずからコンテクストを選択しつつ自己を構成する個人ということである（六〇・14）

鷲田は、自分の能力を自分で立証する社会の中で、自律して自己を形成しなければならないという前提から出発して、近代社会とは寂しい社会であり、親しさが身近な圏内だけに縮小し、友だちや恋人との「つながり」を強く求めるようになったと語る。

一方、『交換と贈与』で筆者の近内悠太《ちかうちゆうた》は、このような孤立を強いる社会の成立の原因を、次のように分析する。

交換の論理を採用している社会、つまり贈与を失った

> 社会では、誰かに向かって「助けて。」と乞うことが原理的にできなくなる。（一一三・2）

> 誰にも頼ることのできない世界とは、誰からも頼りにされない世界となる。僕らはこの数十年、そんな状態を「自由」と呼んできました。（一一四・14）

贈与（＝与えること）を失い、交換（＝ギブ&テイク）で占められた社会は、何らかの見返りなしには、誰も相手にしてくれず、ゆえに無償の助けを求めるのは不可能となる。そして、この、誰にも頼らず頼りにもされない状態としての「自由」が、鷲田の指摘した「みずからコンテクストを選択しつつ自己を構成する個人」の実態だといえよう。

　このような社会の中で、鷲田は、現代人がスマートフォンの接続／切断にこだわる心性の発生を読み取り、その裏面に「他者との遮断の認識」（六四・7）を見いだす。

　近内は、全てを自分で買わなければならない社会の成立と、あらゆるものが「商品」として流通し、人間が生涯を通して買い続けなければならない社会に追い込まれていると結論づけているのである（むろん近内は本書に所収された以外の部分で、「贈与」の重大性を説いているのだが）。

　この二つの文章は、似通った現代社会に対する認識から出発して、異なる位相へと論を展開していった。

❷『イノセンス』（六五ページ）との比べ読み

　次に、鷲田と近内の評論の先に飛躍してみよう。

　芹沢俊介《せりざわしゅんすけ》は『イノセンス』の中で、「新しい価値」の成立を予感している。電車で席を譲らないという事例を、相手を「年寄り扱いしないのもやさしさ」（六七・5）、つまりは他者を巻き込まないことが、新しいモラルとして成立しているのではないか、というのだ。

　芹沢は、その原因についてまでは言及していないが、内面としては他者にやさしく、外面としては残酷な現象として現れる「新しい価値」は、地域や家族といった現実世界よりも、スマートフォンの情報やSNSにリアリティを見いだす感性から生まれているのではないだろうか？

　この「新しい価値」は、人間の孤立化という状況の先にあって、いずれは自分自身も他者から放置されるであろうことを引き受けねばならない厳しい価値である。

「他者との遮断」、誰からも頼られない「自由」、他者に放置される「新しい価値」。鷲田、近内、芹沢の各評論は、「孤立」というキーワードを軸に、私たちが立ち向かうべき現代社会の課題を多様な角度から浮かび上がらせている。

　複数評論の比べ読みにより、新しい視野を得て現状の課題を発見しつつ、その先へ思考を飛躍させることができる。

第二部

第一章

〈私〉のなかの〈世界〉

●問いかける言葉

私たちは他者に囲まれた世界に、このうえなく弱い存在として、生まれてくる。飲むこと、食べること、身を整えること、すべて愛情と配慮によって、自分とは異なる他者から与えられたものだ。自分が自分である前に、他者のさまざまな力や配慮によって形作られるもの、それが、私。他者の言葉をなぞり、内面を作るもの、それが、最初の私。私とは、世界のもろもろの力と言葉の集積点である。だから、自分を知り、自由になる第一歩は、私のなかに作用している世界の痕跡を見て取ることだ。私とは他者である。

話しかけることば

高橋源一郎《たかはしげんいちろう》

「何のために学ぶのか」。誰もが一度は考えたことがあるはずだ。この問いは学ぶことの意味を問うているように見えて、その裏には「これを学ぶことで自分にどのような得があるのか」という意識が潜んでいる。でも学ぶことは手段ではなくて目的だ。未知なる新しい世界への好奇心こそが真の知性を生み出す。

[1] 少し前に亡くなった加藤典洋《かとうのりひろ》[1]さんの本が出た。

[2] 『大きな字で書くこと』と題されたその本は、加藤さんが最後に書いた本になる。その中に、こんな一節がある。加藤さんが大学生だった、その終わり頃のエピソード[2]だ。大きな大学紛争が終わり、大学には、その経験を持たない新しい、若い学生たちが入学してきた。そのことに、加藤さんは目がくらむような思いをする。そして、未知のフランス人教師の講義を受ける。ブロックさん、という名前の、その講師は、プルースト[3]を専門にする、「温厚な物腰」の女性だった。

[3] その授業で、ブロックさんは、数少ない受講者に、「自分の好きな日本の短編の一部を訳させ、それについて語らせ」たのである。

[4] 「彼女の授業では忘れられないことがある。

高橋源一郎　一九五一年―。小説家。広島県生まれ。ポップ文学の旗手として多くの作品を発表する。二〇一二年、『さよならクリストファー・ロビン』（新潮社）で谷崎潤一郎《たにざきじゅんいちろう》賞受賞。本文は『たのしい知識』（朝日新書）によった。

◆**主な著書**　『さようなら、ギャングたち』（講談社）、『日本文学盛衰史』（講談社）など。

1 **加藤典洋**　一九四八―二〇一九年。思想家・文芸評論家。文学から文化一般まで、近現代日本の幅広い分野を射程に入れた批評を展開した。『大きな字で書くこと』は岩波書店より二〇一九年刊行。

5 学生の一人が、ちょうど一年のフランス留学から帰ってきたところだった。数回授業が進んだあと、その彼が手をあげ、日常会話もまともに話せないような学生に日本の文学を訳させ、それをたどたどしいフランス語で説明させるのは滑稽だ、もう少し、実際的なフランス語会話、作文からやったほうがいい、と発言した。

6 教室は一瞬静まったが、先生がおだやかに尋ね返した。では言ってご覧なさい、あなたの親しい友達が亡くなったとき、あなたはフランス語で何と挨拶しますか。

7 学生が答えに詰まると、そうでしょう。こういうときにどう話すか、というフランス語の言い方は存在しないのです。そういうとき、人は自分の思いを手本のない自分の言葉で話すしかない。ここは大学ですから、会話の授業はやりませんよ。

8 私は、もうだいぶフランス語から遠ざかっていた。卒論準備のためのプルーストの『母への手紙』◆もうっちゃって久しかった。しかし、できればこのあとも、フランス語の近くにいたいとそのとき強く、思った」。

9 この印象的なエピソードを読むと、ぼくは、いろいろと考えてみたくなる。いや、たぶん、みなさんも、だと思う。

10 ずっと前に、詩人の荒川洋治《あらかわようじ》[4]さんは「文学は実学だ」と書いた。つまり、いいかえるなら、文学というものはとても役に立つものだ、ということだ。

2 エピソード ある人や物事にまつわる、ちょっとした話。挿話。［英語］episode

3 プルースト Marcel Proust 一八七一―一九二二年。フランスの小説家。人間の意識や記憶の本質を独自の手法で描写した作品で知られる。主な著作に『失われた時を求めて』などがある。『母への手紙』は、一九五三年にフランスで出版された、プルーストとその母との書簡集。日本では一九七四年に『プルースト・母との書簡――一八八七―一九〇五年』として出版された。

問1 「うっちゃって久しかった」とはどのような意味か。

4 荒川洋治 一九四九年―。現代詩作家。独自の語彙と比喩に彩られた詩作を発表する傍ら、鋭い文芸時評やラジオ番組のコメンテーターとしての活動でも知られる。

11 それは、ふつうは、おかしな意見に聞こえる。つまり、世間や社会がいっていることとは、正反対に聞こえるからだ。

12 文学は役に立たない。趣味みたいなものだ。だから、学校で教える意味なんかない。もっと、「役に立つ」ことを教えろ。多くの人はそういう。世間や社会もそういう。というか、それはどんどん進んでいって、いまや、国語教育に古典なんか必要ないとか、小説を教えるとしたら、一般国語ではない、別の国語の授業にする、という具合に進んでいる。

13 でも、そうだろうか。

14 世間や社会がいっているのは、「あいだ*」なんかいらない、ということだ。フランス語を学ぶ、ということは、フランス語の会話や作文ができる、ということとイコールで結ばれている。

15 フランス語を学ぶ→フランス語の会話・作文ができるようになる。

16 そこには「あいだ」というものがない。

17 けれど、ブロックさんは、その「あいだ」を教える。あるいは、「フランス語を学ぶ」と「フランス語の会話・作文ができるようになる」の「あいだ」に、「日本の文学を訳させ、それをたどたどしいフランス語で説明させる」を挿入するのである。

18 そのとき、その日本人の学生は、実は、フランス語を習っているのではなく、

問2 「それ」とはどのようなことか。

「日本の文学」を習っている。いや、そのことを通して、「ことば」を習っている。

[19] そうだ。ここでの「あいだ」には、社会や世間が、「意味なんかない」と考えているものが含まれている。「親しい友達が亡くなったときの挨拶をフランス語でする」ようなことだ。「フランス語でする」と書いてあるから、目立つけれど、もちろん、ブロックさんは、ぼくたち全員に、

[20]「あなたたちは、友達が亡くなったとき、どんなことばで挨拶しますか?」

[21] と訊《たず》ねているのである。

[22] ぼくは、この、加藤さんが書いたブロックさんのエピソードを、身に沁《し》みるような思いで読んだ。加藤さんが亡くなったとき、ぼくは、追悼文を頼まれて書くことができず、半年以上も過ぎて、やっと書けたからだ。

[23] 親しい友達が亡くなったとき、なにかを書くことは難しい。なにかを書くというとき、たいていのものは、「形式」が決まっている。

[24] 誰かが亡くなると、追悼のことばが必要になる。それが親でも親戚でも、ふつうに親しい人でも、その誰かを追悼する「形式」のことばがある。けれども、それが、ほんとうに親しい人なら、あるいは、ほんとうにかけがえのない人なら、そういう「形式」のことばでは、ダメだ、と感じる。では、なにを書けばいいのか。

[25] そんなときには、知識も常識も役に立たない。なにかきちんとしたことを書き

問3 「身に沁みるような思い」がしたのはなぜか。

たいと思う。けれども、それがどのようなものなのか、わからない。そして、なにかを書くとしても、自分にあるものの中から取り出して書くしかないからだ。

[26] そのためになにをすればいいのか。

[27] もちろん、それは、前もって準備することはできない。親しい友達が亡くなったときの挨拶のための準備などできない。

[28] けれども、それをすることができる場所がある。

[29] ブロックさんという人は、そう考えていたのだと思う。そういう場所が「大学」だと。

[30] 「大学」というところも不思議だ。いったいなんのためにあるのか。

[31] 世間や社会に出る「準備」のため、と思われることも多い。だから、フランス語会話ができる、ことが推奨されたりする。でも、いまは、フランス語会話でさえ、必要ないと思われているかもしれない。必要なのは、グローバル[5]な人材になるための「準備」。だから、覚えるなら、フランス語ではなく英語。

[32] そうではない、と思っている人も多い。ぼくも、そうだ。

[33] 世間や社会に出るための「準備」の場所なのだとしたら、そこでいちばん大切にされているもの、そこでの価値観も、世間や社会と同じものになってしまう。

[34] あらゆる場所がみんな同じ価値観の世界。それはちょっと怖い。そんな世間や社会に生きることは。

5 グローバル 全世界の。地球上の。［英語］global

問4 「そうだ」とはどのようなことか。

[35]そうではなくて、世間や社会とは異なった価値観が生き延びる場所がなければならない。この社会が生きつづけてゆくためには。だから、その場所は、社会にとって「すき間」になる。

[36]稠密《ちゅうみつ》な社会という空間の中に、ぽっかり空いた「穴」のような場所。そこだけはちがった物質でできた世界。社会もまた、ほんとうは均質ではなく、それぞれに「はやく結果を」「役に立つものを」といいながらうごめく、いくつものグループが集まった空間なら、そのどれともちがう空気が流れている場所。「はやさ」と「はやさ」の「あいだ」。そこに、社会とは異なった時間が流れている場所が必要だ。

読解

1 「ブロック」さんはどのような人か、論拠を挙げて説明しなさい。

2 「文学は実学だ」（三三・17）とあるがそれはなぜか、本文に即して説明しなさい。

3 「前もって準備することはできない。……けれども、それをすることができる」（三六・4〜6）とはどのようなことか、わかりやすく説明しなさい。

重要語

あいだ　二つのものにはさまれた部分。隔たりのこと。本文では、文学や大学など、すぐには役に立たない社会の「すき間」、ぽっかり空いた「穴」のような場所を言う。友への追悼のように真にことばの力が問われる場面は、いつとはわからないが必ず訪れるものであり、その時には自分のことばで語るしかない。しかし「役に立つこと」や「はやさ」に価値を置く社会では、そのようなことばを準備できないため、社会とは異なる空気が流れる「あいだ」が、社会存続のためにも不可欠である。それは老荘思想の「無用の用」を想起させる。

ほんとうの「わたし」とは？

松村圭一郎《まつむらけいいちろう》

言語学者のソシュールは、ことばは世界を分節化するもので、その本質は差異にあるとした。ことばは他のことばとの関係の網の目であり、そこに意味が生まれる。同じように人間も、他者と切り・結ぶことによって「わたし」を生成する。

[1] 他者との差異が集団としての一体感や持続性を生み出すように、「わたし」という存在の輪郭も、ひとつの感情や身体経験をひとまとめにしておくために必要とされます。他者と交わることで輪郭が溶け出して交じり合ってしまうからこそ、その輪郭を固める装置が必要とされるのだと言ってもいいかもしれません。

[2] 精神科医の[1]木《き》村《むら》敏《びん》は、統合失調症は「わたしがわたしである」ということに確信を持てなくなったときに生まれる病気だと言います。「わたし」という存在の感覚は、だれにとってもあたりまえに感じられるものではなく、それが失われることもある。私たちはその輪郭を維持しないと、とても生きづらくなるのです。

[3] そもそも「わたし」の経験は外部の世界へと拡張しながら、それらとの交わりをとおして構成されている。私たちの身体的な境界は、つねに外部の「わたし以外のもの」と連動する開かれたものなのです。それでも、ふつうは「わたし」を

松村圭一郎　一九七五（昭和五〇）年—。文化人類学者。熊本県生まれ。エチオピアの農村や中東の都市でフィールドワークを行い、富の所有や分配、貧困と開発援助、海外出稼ぎなどについて研究をしている。本文は『はみだしの人類学　ともに生きる方法』（NHK出版）によった。

◆主な著書　『所有と分配の人類学』（世界思想社）、『うしろめたさの人類学』（ミシマ社）など。

1 木村敏　一九三一—二〇二一年。精神病理学者。朝鮮慶尚南道（現在の大韓民国）に生まれた。精神病因の分析に東洋哲学や仏教を用いたことや、「あいだ」といった独自の概念の創出で知られる。

しっかりとした輪郭のある独立した存在として経験できる。考えてみると、◆けっこう不思議なことです。

4 私たちは他者とつながるなかで境界線を越えたいろんな交わりをもちます。それによって変化し、成長することもできます。それは「わたし」という存在が、生まれつきのプログラム[2]通りに動くようなものではなく、いろんな外部の要素を内側に取り込んで変わることのできるやわらかなものだからです。

5 「わたし」が溶ける経験を変化への受容力ととらえると、ポジティブ[3]に受けとめられると思います。さまざまな人と出会い、いろんなものをやりとりした結果として、いまの「わたし」がいる。

6 その出会いの蓄積は、その人だけに固有なものです。だれ一人として、あなたと同じ人と同じように出会っている人はいません。「わたし」の固有性は、そうした◆他者との出会いの固有性のうえに成り立っている。

7 中学から高校に、あるいは高校から大学に入った途端に、自分のキャラクター[4]が変わったと感じる。自分では意識していなくても、友だちからそう言われたり、友だちのそんな変化を目にしたりする。そういうことは、よくありますよね。

8 クラス替えがあって自分を取り囲む人が変わるだけでも、自分が変化したよう

問1 「けっこう不思議」だと筆者が考えるのはなぜか。

2プログラム コンピュータなどの機械がデータ処理する際の、あらかじめ用意された手順。［英語］program

3ポジティブ ここは、前向きに、肯定的に、の意。［英語］positive

問2 「他者との出会いの固有性」とはどのようなことか。

4キャラクター 性格。人格。［英語］character

に感じる。それは「わたし」という存在が周囲の他者によって支えられ、つくりだされているからです。

9 そもそも私たちは複数の「わたし」を生きています。たとえば、家のなかでは末娘として「甘えんぼう」と言われている人でも、部活では頼れる先輩として後輩に慕われているかもしれません。大学の授業では「生徒」として教室でおとなしくしている人が、バイト先の塾では「先生」と呼ばれ、黒板の前で堂々と話をするかもしれません。

10 私たちは、つねに複数の役割をもって生きています。それは、だれと対面するかによって、「わたし」のあり方が変化しうることを意味します。家族のなかの「末娘」は、「親」や「兄弟」との関係においてあらわれる「わたし」のあり方。部活の「先輩」は「後輩」との関係抜きには存在できません。先生と生徒も同様です。「生徒」の存在によって、その人は「先生」であることができる。

11 このようにすでに私たちは状況に応じて複数の「わたし」を生きています。そのどれがほんとうの「わたし」なのでしょうか？

12 人前では期待される役を演じていて疲れる。家に独りでいるときの自分が気楽でいい。そう思う人もいるでしょう。でも、だれとも関係を結ばない「わたし」が、ほんとうの「わたし」と言えるのか、ちょっと考えてみてください。すべての演じるべき役を脱ぎ去ったあとに、演じない本当の「わたし」がいるのか、い

問3 「演じるべき役」とは、ここではどのようなことか。

たとしてそれにどんな意味があるのか。これは考えるに値する問いだと思います。

⑬「アイデンティティ[5]*」という言葉があります。「自己同一性」と訳されますが、自分がつねに同一の存在であり続けるというのは、まさに近代の個人主義的な人間観です。演じる役をすべて脱ぎ去ったあとに、同一の揺るがない核のような「わたし」がいる。そんな見方に通じます。

⑭小説家の平野啓一郎《ひらのけいいちろう》[6]は、複数の自分の姿をたんなる「キャラ」や「仮面」のようなものと考えてはだめなんだと言います。たったひとつの「ほんとうの自分」や首尾一貫したぶれない「本来の自己」なんてない。一人のなかに複数の「分《ぶん》人《じん》」が存在しているのだと、議論を展開しています。

⑮英語の「個人 individual」は、「分割できる dividual」に否定の接頭辞「in」がついている語で、それ以上分割不可能な存在という意味が込められています。この西洋近代的な個人とは異なる人格のあり方を示してきた文化人類学にとっても、じつは「分人 dividual」はとても大切な概念でした。

⑯イギリスの人類学者マリリン・ストラザーン[7]は、『贈与のジェンダー』のなかで、パプアニューギニア[8]のハーゲン高地[9]では、西洋社会が前提とする「個人」ではなく、いくつもの人格が織り込まれた「分割可能な複合的な人格」として人間をとらえていると論じています。

5 アイデンティティ　[英語] identity

6 平野啓一郎　一九七五年-。愛知県生まれ。主な著作に『日蝕』『ある男』などがある。

7 マリリン・ストラザーン　Dame Ann Marilyn Strathern　一九四一年-。メラネシアの人々の儀礼や贈与交換の調査を通じて、西欧の科学技術や性についての考え方を対称的に分析する比較人類学を確立した。『贈与のジェンダー』は一九八八年刊。

8 パプアニューギニア　南太平洋に位置するニューギニア島の東半分およびその周辺の島々からなる立憲君主制国家。

9 ハーゲン高地　パプアニューギニアの西部山岳地方にある、標高約三七〇〇メートルの高地。ハーゲン山。

17 パプアニューギニアを含むメラネシア[10]地域には、飼育されたブタを祝祭などで大々的に交換して男性たちが名声を手にする儀礼があります。その儀礼について、人類学者はもっぱら壮麗な交換儀礼に注目するばかりで、ブタを飼育した女性の労働が隠蔽されていると批判されてきました。

18 ストラザーンは、その批判は個人が労働の産物への権利をもつという西洋近代の個人主義にもとづいた見方で、現地のとらえ方とは違うと反論します。ハーゲンの人びとは、あらゆるものが個人によって生産されるとは考えておらず、それを人間関係の結果だとみなしている、と。

19 ブタは個人の労働の産物ではない。男性とブタを育てる女性との婚姻関係、そしてその男性とブタを与えた男性との交換関係に由来する。男性自身も、個人というより、その父親と母親との婚姻関係、あるいは両親が属する氏族間の婚資のやりとりといった交換関係の産物である。つまり人間も動物も、つねに複数の社会関係の結果として存在する。ちょっと込み入っていますが、「つながり」をベースに人間を考える視点と共通したとらえ方です。

20 ストラザーンは、◆こうしたハーゲンの人びとの人格は、潜在的に複数の社会関係の源へとたどれるもので、その「分人」のなかの特定の人格が贈り物の交換などをとおして可視化されるのだと主張しました。

21 ストラザーンの文章は難解なことで有名ですが、この「分人」は、メラネシア

10 メラネシア 太平洋南部、オーストラリアの北東にある島々の総称。

問4 「こうした」とはどのようなことをさすか。

地域では西洋とは正反対に人格をとらえているというよりも、どこであれ近代社会が前提とする「個人」とは対照的な人格のとらえ方がありうることを提示した概念だとされています。

[22] ハーゲンの人たちとまったく同じではないにせよ、私たちも「個人」としてだけでなく、「分人」として生きている。そうした視点で世の中をとらえると、見えてくることがたくさんある。パプアニューギニアの事例について聞かされても、自分たちとは無関係な話だと思うかもしれません。でも、じつはこうした文化人類学の研究から私たちにとって意味のある視点を取り出すこともできるのです。

[23] さきほど説明したように、状況や相手との関係性に応じて「わたし」が変化するという見方も、まさに「分人」的な人間のとらえ方です。潜在的には、「わたし」のなかに複数の人間関係にねざした「わたし」がいる。だれと出会うか、どんな場所に身をおくかによって、別の「わたし」が引き出される。

[24] ここで重要なのは、他者によって引き出されるという点です。それは「わたし」が意図的に異なる役を演じ分けているのとは違います。他者との「つながり」を原点にして「わたし」をとらえる見方です。

[25] 「人とは違う個性が大切だ」とか、「自分らしい生き方をしろ」といったメッセージが世の中にはあふれています。でも「わたし」は「わたし」だけでつくりあげるものではない。たぶん、自分のなかをどれだけ掘り下げても、個性とか、自

問5 「近代社会が前提とする『個人』」とはどのようなものか。

分らしさには到達できない。

[26] 他者との「つながり」によって「わたし」の輪郭がつくりだされ、同時にその輪郭から「はみだす」動きが変化へと導いていく。だとしたら、どんな他者と出会うかが重要な鍵になる。

[27]「わたし」をつくりあげている輪郭は、やわらかな膜のようなもので、他者との交わりのなかで互いにはみだしながら、浸透しあう柔軟なもの。そうとらえると、少し気が楽になりませんか？

[28] もちろんその「他者」は生きている人間だけとは限りません。身の回りの動植物かもしれませんし、本や映画、絵画などの作品かもしれません。いずれにしても、文化人類学の視点には、そんな広い意味の他者に「わたし」や「わたしたち」が支えられているという自覚があります。

読解

1 「ポジティブに受けとめられる」（三九・7）とあるが、それはなぜか、説明しなさい。

2 「『分人』のなかの特定の人格が……可視化される」（四二・16）とはどのようなことか、説明しなさい。

3 「他者によって引き出されるという点」（四三・13）が「重要」（同）なのはなぜか、説明しなさい。

重要語

アイデンティティ　自己同一性。精神分析学者エリクソン（一九〇二－九四年）が提唱した概念で、「自分は自分」だという首尾一貫した自己意識をさす。周囲の人間や社会との関係の中で、時には「自分が何者かわからない」という揺らぎ（アイデンティティ・クライシス）も経験されるが、本文のように、そうした揺らぎをクライシス＝危機ではなく、他者との接触で新たな「わたし」が生まれる豊かな土壌だと捉える見方もある。

未来の他者と連帯する

人類がもし滅びないとすれば、新たな人々がこの地球に生まれ、生きる喜びにふるえ、苦悩に打ちひしがれていくだろう。新たな文化や技術が育ちもするだろう。未来の人びとへの共感を欠けば、人類は滅びる。このほうが、ありそうなことだ。

大《おお》澤《さわ》真《ま》幸《さち》

[1] 三・一一[1]の原発事故が開示した最大の哲学的な難問は、〈未来の他者〉*〈将来世代〉といかにして連帯するか、という問いである。原発を稼働するということは、何十年後、何百年後、いや場合によっては何万年後の他者の利害や生存に、つまりまだ生まれていない——ひょっとすると出現すらしないかもしれない——将来の他者の利害や生存に決定的な影響を与えることを意味している。

[2] 原発に関する意志決定に、どのようにして、そのような遥《はる》かな未来の他者への配慮を組み込み、結果として、その未来の他者との連帯を実現することができるのか。それは著しく困難なことに思える。

[3]◆ 同じ問題は、実は、原発に関してのみ付きまとっているわけではない。環境問題や年金問題、財政問題などすべての政治的・社会的課題には、同じ問いがとも

大澤真幸
一九五八年―。社会学者。長野県生まれ。オウム真理教事件や湾岸戦争などの、社会・国際情勢に対しても真っ向から発言している。本文は、二〇一二年六月一六日の信濃毎日新聞によった。

◆主な著書 『戦後の思想空間』（ちくま新書）、『帝国的ナショナリズム』（青土社）など。

1 三・一一の原発事故 二〇一一年三月一一日に発生した東日本大震災に伴う福島第一原子力発電所の事故をさす。福島第一原発では津波の影響により核燃料のメルトダウン、放射性物質の漏洩《ろうえい》が生じた。

問1 「同じ問題」とはどのようなことか。

東日本大震災の被害で水素爆発を起こした福島第一原子力発電所（2011年3月14日撮影）

なっている。この主題に関して、希望的なことと悲観的なことを一つずつ述べておこう。

④希望的なこととは、哲学者カント[2]が「不可解な謎」と述べている事実である。人は、しばしば、その成果として得られる幸福を享受できるのがずっと後世の世代であって、自分自身ではないことがわかっているような骨の折れる仕事にも、営々と従事する。これは、ふしぎなことではないか、とカントは言う。

⑤ふしぎかもしれないが、これは事実である。われわれのほとんどは、自分が恩恵を受けることができないとわかっていることであっても「あとは野となれ山となれ」といったかたちでおざ

2カント Immanuel Kant 一七二四－一八〇四年。ドイツの哲学者。ドイツ観念論哲学の基盤を築いた。著書に『純粋理性批判』『実践理性批判』などがある。

なりにしてしまうのではなく、それなりにがんばる。ここには、未来の他者への配慮がすでに含まれている。これは希望である。

⑥悲観的な事実とは、心理学者が、時間選好についての「双曲（誇張的）割引」と呼んでいる現象である。人は、一般に、現在の満足を将来の満足よりも優先する。一年後に一〇〇万円をもらうより、今一〇〇万円をもらえるほうがうれしい。一年後に得られる金額が二〇〇万円であれば、今の一〇〇万円をがまんするが、一一〇万円程度であれば、現在の一〇〇万円を優先させるかもしれない。つまり、将来の価値は割り引かれるのであり、これが利息を取ることの根拠になっている。

⑦◆双曲割引とは、この割引率が、時間を通じて均等にはなっていない、ということである。近い未来では、割引の程度が極端に大きく、誇張されるのである。簡単に言えば、今日と明日では大違いだが、四日後と五日後は同じ1日の幅でも大同小異と感じられるということだ。

⑧双曲割引は何を意味しているのか。現在と未来との間には圧倒的な質的差異があるということである。今日と明日の間には、「現在／未来」の深淵《しんえん》があるが、四日後と五日後はともに同じ「未来」に属しているので、相対的な差異しかない。もっとはっきりと言ってしまおう。「未来の自分」は、〈（現在の）私〉にとって、ほとんど〈他者〉に等しいのだ。

⑨双曲割引は、〈私〉が、「未来の自分」という〈他者〉と連帯すること、「彼」

問2 「双曲割引」が意味しているのは、ここではどのようなことか。

のために自分を犠牲にすることでさえも、そうとうに困難であることを示している。ダイエットしなくてはならないのに、目の前のケーキの誘惑に負けてしまうとき、われわれは、「未来の自分」を裏切り、「彼」との約束を破っているのである。とすれば、まして、数万年後の〈他者〉[3]と連帯などできるだろうか。

[10] しかし、である。この悲観的な事実を、最初に述べた希望的な事実とセットにして見直した場合には、ここからもうひとつの希望を紡ぎ出すこともできる。〈私〉と〈他者〉とを分かつ真に決定的な断絶は、今述べたように、現在と未来の間にある。ということは、「一〇年後の自分」と「一〇〇年後の子孫」は、今の〈私〉にとっては、同じように〈他者〉であって、◆その差異は相対的だということになる。

[11] 確かに、「未来の自分」のことを配慮し、「未来の自分」と「連帯」することは簡単ではないが、われわれは、それを不可能なこととは思っていない。長期的な視野に立ち、はるかに先のことを考慮して決定したり、行動したりすることは、むしろ普通のことである。カントも、後続世代の幸福のために労苦を惜しまないことを「不可解な謎」と見たが、「自分自身の将来」のために努力することは、不可解でも何でもないあたりまえのことと見なしていた。

[12] しかし、繰り返せば、「自分自身の将来」は、すでに、〈私〉にとって〈他者〉の領分に入っている。「未来の自分」という〈他者〉と連帯できるのであれば、

3 **数万年後の他者** 放射性廃棄物が無害化するまでには数万年を要するものもある。

問3 「その差異」とは何の差異か。

ずっと後の世代、数百年後、数万年後の〈他者〉との間でも、連帯できるはずだ。両者の間には、「今日と明日」ほどの差異もないのだから。

読解

1 「もうひとつの希望」（四八・6）とはどのようなことか、説明しなさい。

2 「われわれは、それを不可能なこととは思っていない」（四八・11）とはどのようなことか、説明しなさい。

重要語

他者 日常的には「他人」「自分以外の人間」をさす語だが、評論文においては「理解することのできない存在」の意味で用いられることが多い。そのような意味で、「他者」とはしばしば外国人であり、異性であり、様々な動物たちであり、そして世界そのものである。筆者が言うように、時には「自分自身」さえ、理解の及ばぬ「他者」になり得るのだ。だが、だからといって理解できないものをすべて退けていては生きることは立ちゆかない。哲学・思想とは、そんな「他者」とどう共存してゆけばよいかを問うものでもあるのだ。

【「あたりまえ」を疑う】

私たちの暮らしを便利で豊かにしてくれる、スマートフォンをはじめとした多くのメディア。人間関係が生まれる時にも、コミュニケーションが行われる際にも、人と人との仲立ちを行う道具として、当たり前のように使われている。

　では、メディアに現れる「あなた」や「わたし」は、現実世界に存在する「相手」や「自分」と同じなのだろうか。SNSでコミュニケーションする人々は、面と向かって会話をする人間同士とは何かが決定的に違っている。生身の人間として向かい合う時に避けがたく伝わってしまう自分のようすを、メディアはスマートに隠し、自分の意図通りに飾り立て、現実には存在しない作られた誰かとしてコミュニケーションを行わせてくれるのだ。

　しかし、便利に使えるはずのメールやSNSでは、ことばのトラブルも多い。書き手の意図が伝わらず、予想外の反応を引き起こすことがある。画面上に表示される文字列をきちんと扱う、つまり整った文を書くことで誤解の余地をなくすことが、こういったトラブルを防ぐための当たり前の方法、なのだろうか？（本書は国語の学習のために作られたので、その通りだ、と言いたいところだが）恐らくそうではない。

　生身の人間同士には、ことばを発する身体があり、表情があり、声音がある。メディア上のコミュニケーションでは限りなく見えづらいものだ。私たちのコミュニケーションは、互いに矛盾もする、同時に送られる複数の発信によって成り立っている。ことばはイエスと言い、身体はノーのしぐさを伝える。うれしいことばが、どこか気落ちした声で発せられる。その揺れ動く姿全てが自分なのだ。受け手もその全体を感じ取り、単純ではない返答を返すことになるだろう。

　「わたし」は「わたし」をすべて理解できているわけではないし、人に見られたい「わたし」を作り出したからといって、それが本当の自分であるわけでもない。メディアはことばを単純化して、物事を分かったかのように整理してしまうが、整理された当たり前のことばにだまされてはいけない。

　時には便利なメディアの、耳触りの良いことばから一歩離れて、まだことばにならない気配に耳を澄まそう。そこに「当たり前」から抜け出す鍵が潜んでいる。

【読書案内】

◇大澤《おおさわ》真幸《まさち》『社会学史』（講談社現代新書）

　社会学ということばになじみのない人にも、自分と社会を見つめることがいかに学問たり得るかを示してくれる、知の道案内として最適な書。

◇郡司《ぐんじ》ペギオ幸夫《ゆきお》『やってくる』（医学書院）

◇鴻上尚史《こうかみしょうじ》『「空気」を読んでも従わない』（岩波ジュニア新書）

第二部

第二章

〈他者〉と向きあう

●呼びかける言葉

どのような言葉も私的なものではない。言葉は公的なもの、世界のものである。この公的な言葉を使って、あなたも、私も、自分のかけがえのない思いや感情を表現する。固有の思考を構築する。それゆえに、どれほど私的な思いであり、表現であっても、それは、言葉の公的本質に促されて、私を超えた世界に向かうのである。あなたの持つ、いかにもささやかな思い、きれぎれの表現でさえも、世界に向けて発した声である。世界は、他者に向けられた多様な声からできている。声とは言葉だけではない。触る、ふれる、沈黙のうちに眼差《まなざ》す。人間のあらゆる表現が、他者に差し伸べられた触手であり、この豊かさが世界をよろこびに満ちたものとする。

触覚の倫理

伊藤亜紗《いとうあさ》

距離《ディスタンス》という言葉を耳にする機会が増えたが、これは裏を返せば、私たち人間が他者との接触を避けられない存在だということを意味している。あらためて、人と人との触れ合いについて考えてみたい。

[1] 日本語には、触覚に関する二つの動詞があります。

[2] ①　さわる

[3] ②　ふれる

[4] 英語にするとどちらも「touch」ですが、それぞれ微妙にニュアンス[1]が異なっています。

[5] たとえば、怪我をした場面を考えてみましょう。傷口に「さわる」というと、何だか痛そうな感じがします。さわってほしくなくて、思わず患部を引っ込めたくなる。

[6] では、「ふれる」だとどうでしょうか。傷口に「ふれる」というと、状態をみたり、薬をつけたり、さすったり、そっと手当てをしてもらえそうなイメージを

伊藤亜紗

一九七九（昭和五四）年―。美学者。東京都生まれ。現代アートおよび身体について研究するかたわら、雑誌の編集や小説の執筆にも携わる。本文は『手の倫理』（講談社選書メチエ）によった。

◆**主な著書**　『目の見えない人は世界をどう見ているのか』（光文社）、『目の見えないアスリートの身体論』（潮出版社）、『どもる体』（医学書院）など。

1 ニュアンス　意味や程度の微妙な違い。［英語］nuance

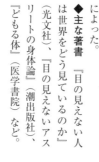

持ちます。痛いかもしれないけど、ちょっと我慢してみようかなという気になる。

⑦虫や動物を前にした場合はどうでしょうか。「怖くてさわれない」とは言いますが、「怖くてふれられない」とは言いません。物に対する触覚も同じです。スライム[2]や布地の質感を確かめてほしいとき、私たちは「さわってごらん。」と言うのであって、「ふれてごらん。」とは言いません。

⑧◆不可解なのは、気体の場合です。部屋の中の目に見えない空気を、「さわる」ことは基本的にできません。ところが窓をあけて空気を入れ替えると、冷たい外の空気に「ふれる」ことはできるのです。

⑨抽象的な触覚もあります。怒りの感情はどうでしょう。「逆鱗《げきりん》にふれる」というと怒りを爆発させるイメージがありますが、「神経にさわる」というと必ずしも怒りを外に出さず、イライラと腹立たしく思っている状態を指します。

⑩つまり私たちは、「さわる」と「ふれる」という二つの触覚に関する動詞を、状況に応じて、無意識に使い分けているのです。もちろん曖昧な部分もたくさんあります。「さわる」と「ふれる」の両方が使える場合もあるでしょう。けれども、◆そこに私たちは微妙な意味の違いを感じとっている。同じ触覚なのに、いくつかの種類があるのです。

⑪哲学の立場からこの違いに注目したのが、[3]坂部恵《さかべめぐみ》です。坂部は、その違いをこんなふうに論じています。

2 スライム 粘液状の性質を持つ、不定形の物体一般。［英語］slime

問1 何が「不可解」なのか。

問2 「そこ」とは何をさすか。

3 坂部恵 一九三六―二〇〇九年。哲学者。カントや和辻哲《わつじてつ》郎《ろう》の研究で知られる。

[12]愛する人の体にふれることと、単にたとえば電車のなかで痴漢が見ず知らずの異性の体にさわることとは、いうまでもなく同じ位相における体験ないし行動ではない。

[13]一言でいえば、ふれるという体験にある相互嵌入《かんにゅう》[4]の契機、ふれることは直ちにふれ合うことに通じるという相互性の契機、あるいはまたふれるということが、いわば自己を超えてあふれ出て、他者のいのちにふれ合い、参入するという契機が、さわるということの場合には抜け落ちて、ここでは内－外、自－他、受動－能動、一言でいってさわるものとさわられるものの区別がはっきりしてくるのである。

[14]「ふれる」が相互的であるのに対し、「さわる」は一方的である。ひとことで言えば、これが坂部の主張です。

[15]◆言い換えれば、「ふれる」は人間的なかかわり、「さわる」は物的なかかわり、ということになるでしょう。そこにいのちをいつくしむような人間的なかかわりがある場合には、それは「ふれる」であり、おのずと「ふれ合い」に通じていきます。逆に、物としての特徴や性質を確認したり、味わったりするときには、そこには相互性は生まれず、ただの「さわる」にとどまります。

4 嵌入 はめること、また、はまりこむこと。

問3 「言い換えれば」とあるが、何をどう言い換えているか。

⑯重要なのは、相手が人間だからといって、必ずしもかかわりが人間的であるとは限らない、ということです。坂部があげている痴漢の例のように、相手の同意がないにもかかわらず、つまり相手を物として扱って、ただ自分の欲望を満足させるために一方的に行為におよぶのは、「さわる」であると言わなければなりません。傷口に「さわる」のが痛そうなのは、それが一方的で、さわられる側の心情を無視しているように感じられるからです。そこには「ふれる」のような相互性、つまり相手の痛みをおもんぱかるような配慮はありません。

⑰もっとも、人間の体を「さわる」こと、つまり物のように扱うことが、必ずしも「悪」とも限りません。たとえば医師が患者の体を触診する場合。お腹の張り具合を調べたり、しこりの状態を確認したりする場合には、「さわる」と言うほうが自然です。触診は、医師の専門的な知識を前提とした触覚です。ある意味で、医師は患者の体を科学の対象として見ている。この態度表明が「さわる」であると考えられます。

⑱◆同じように、相手が人間でないからといって、必ずしもかかわりが非人間的であるとは限りません。物であったとしても、それが一点物のうつわで、作り手に思いを馳《は》せながら、あるいは壊れないように気をつけながら、いつくしむようにかかわるのは「ふれる」です。では「外の空気にふれる」はどうでしょう。対象が気体である場合には、ふれようとするこちらの意志だけでなく、実際に流れ込

問4 「同じように」とはどのようなことか。

んでくるという気体側のアプローチが必要です。この出会いの相互性が「ふれる」という言葉の使用を引き寄せていると考えられます。

[19] 人間を物のように「さわる」こともできるし、物に人間のように「ふれる」こともできる。このことが示しているのは、「ふれる」は容易に「さわる」に転じうるし、逆に「さわる」のつもりだったものが「ふれる」になることもある、ということです。

[20] 相手が人間である場合には、この違いは非常に大きな意味を持ちます。たとえば、障害や病気とともに生きる人、あるいはお年寄りの体にかかわるとき。冒頭に出した傷に「ふれる」はよいが「さわる」は痛い、という例は、より一般的な言い方をすれば「ケア[5*]とは何か」という問題に直結します。

[21] ケアの場面で、「ふれて」ほしいときに「さわら」れたら、勝手に自分の領域に入られたような暴力性を感じるでしょう。逆に触診のように「さわる」が想定される場面で過剰に「ふれる」が入ってきたら、その感情的な湿度のようなものに不快感を覚えるかもしれません。ケアの場面において、「ふれる」と「さわる」を混同することは、相手に大きな苦痛を与えることになりかねないのです。

[22] あらためて気づかされるのは、私たちがいかに、接触面のほんのわずかな力加減、波打ち、リズム等のうちに、相手の自分に対する「態度」を読み取っているか、ということです。相手は自分のことをどう思っているのか。あるいは、どう

5 ケア care 介護。看護。［英語］

しようとしているのか。「さわる」「ふれる」はあくまで入り口であって、そこから「つかむ」「なでる」「ひっぱる」「もちあげる」など、さまざまな接触的動作に移行することもあるでしょう。こうしたことすべてをひっくるめて、接触面には「人間関係」があります。

23 この接触面の人間関係は、ケアの場面はもちろんのこと、子育て、教育、性愛、スポーツ、看取りなど、人生の重要な局面で、私たちが出会うことになる人間関係です。そこで経験する人間関係、つまりさわり方／ふれ方は、その人の幸福感にダイレクトに影響を与えるでしょう。

読解

1 「私たちは、『さわる』と『ふれる』という二つの触覚に関する動詞を、状況に応じて、無意識に使い分けている」（五三・12）とあるが、具体的にはどのように使い分けているのか、説明しなさい。

2 「人間の体を『さわる』こと、つまり物のように扱うことが、必ずしも『悪』とも限りません」（五五・8）とあるが、なぜそう言えるのか、説明しなさい。

3 「接触面には『人間関係』があります」（五七・3）とはどのようなことか、説明しなさい。

重要語

ケア 一般的には老人や病人、障害者など、放っておくことができない人に対する介護や看護を表すが、広義には幼い子どもの育児、さらには弱者や困難を抱える人に対する手当全般を表すこともある。社会的弱者の問題や貧困問題の顕在化と相まって、今後も注目されることが多いと予想される概念である。

「つながり」と「ぬくもり」

……鷲田《わしだ》清一《きよかず》

人は一人でいる時には寂しさを感じない。雑踏の中、満員電車の中、人が多ければ多いほど孤独が身にしみるのだ。たくさんの人がいるのに、自分を意識してくれる人がいないことがつらいのである。携帯電話がこれほど発達したのは、人込みの中での孤独感をやわらげるためではないだろうか。

[1] 電車のなかで半数以上のひとが、だれに眼《め》を向けるでもなく、うつむいて携帯電話をチェックし、指を器用に動かしてメールを打つシーンに、もうだれも驚かなくなった。だれかと「つながっていたい」と痛いくらいにおもうひとたちが、たがいに別の世界の住人であるかのように無関心で隣りあっている光景が、わたしたちの前には広がっている。

[2] いつごろからか、十代のひとたちが「キレる」という言葉を口にしはじめた。「腹が立つ」ではもちろんなく、「アタマにくる」でも「むかつく」でもなく、「キレる」。苛立《いらだ》ちの隠喩《いんゆ》はついに身体から切り離された?

[3] このように、「つながっていたい」という想《おも》いが一方にあり、「切れる」という行動が他方にある。ひとはどうして、そこまで接続／遮断に拘泥するようになっ

鷲田清一
一九四九年―。哲学者。京都府生まれ。哲学の諸領域を具体的な社会現象のなかに置き直して検証を進めている。本文は『感覚の幽《くら》い風景』（紀伊國屋書店）によった。

◆主な著書 『現象学の視線』（講談社学術文庫）、『モードの迷宮』（ちくま学芸文庫）、『「聴く」ことの力――臨床哲学試論』（TBSブリタニカ）、『〈想像〉のレッスン』（NTT出版）など。

たのか。まるでそれが〈いのち〉のスイッチのオン／オフであるかのように……。

④だれかとつながっていたいというのは、じぶんがそのひとに思いをはせるだけでなく、そのひともまたいまじぶんのことを思ってくれているという、そういう関係のなかに浸されていたいということだ。

⑤寂しいから、とひとは言う。だが、寂しいのは、じぶんがここにいるという感覚がじぶんがここにいるという事実の確認だけでは足りないからだ。ひとがもっとも強くじぶんの存在をじぶんで感じることができるのは、褒《ほ》められるのであれ貶《けな》されるのであれ、愛されるのであれ憎まれるのであれ、まぎれもない他者の意識の宛先《あてさき》としてじぶんを感じることができるときだろう。「ムシられる」（無視される）ことでひとが深い傷を負うのは、じぶんの存在がまるでないかのように扱われるからであり、じぶんのこの存在がないことを望まれていると感じるから、そういう否定の感情に襲われるからだ。だれからも望まれていない生存ほど苦しいものはない。老幼を問わず。

問1 「それ」とは何か。

⑥唐突にとおもわれるかもしれないが、近代の都市生活というのは寂しいものだ。「近代化」というかたちで、ひとびとは社会のさまざまなくびき、「封建的」といわれたくびきから身をもぎはなして、じぶんがだれであるかをじぶんで証明できる、あるいは証明しなければならない社会をつくりあげてきた。すくなくとも理念としては、身分にも家業にも親族関係にも階級にも性にも民族にも囚《とら》われない「自由な個人」によって構成される社会をめざして、である。「自由な個人」とは、彼／彼女が帰属する◆社会的なコンテクスト[*1]から自由な個人ということだ。そして都市への大量の人口流入とともに、それら血縁とか地縁といった生活上のコンテクストがしだいに弱体化し、家族生活も夫婦を中心とする核家族が基本となって世代のコンテクストが崩れていった。さらに社会のメディア化も急速に進行し、そうして個人はその神経をじかに「社会」というものに接続させるような社会になっていった。いわゆる中間世界というものが消失して、個人は「社会」のなかを漂流するようになった。

⑦社会的なコンテクストから自由な個人とは、裏返していえば、みずからコンテクストを選択しつつ自己を構成する個人ということである。じぶんがだれであるかをみずから決定もしくは証明しなければならないということである。言論の自由、職業の自由、婚姻の自由というスローガンがそのことを表している。けれど

問2 「社会的なコンテクストから自由な個人」とはどのような「個人」か。

1コンテクスト 文脈。脈絡。取り巻いている状況。［英語］context

も、そういう「自由な個人」が群れ集う都市生活は、いわゆるシステム化というかたちで大規模に、緻密《ちみつ》に組織されてゆかざるをえず、そして個人はそのなかに緊密に組み込まれてしか個人としての生存を維持できなくなっている。つまり、じぶんで選択しているつもりでじつは社会のほうから選択されているというかたちでしかじぶんを意識できないのだ。社会のなかにじぶんが意味のある場所を占めるということが、社会にとっての意味であってじぶんにとっての意味ではないらしいという感覚のなかでしか確認できなくなっているのだ。そこでひとは「じぶんの存在」を、すこし急《せ》いて、わたしをわたしとして名ざしする他者との関係のなかに求めるようになる。◆すでに述べたことだが、わたしの存在は他者の意識の宛先となっているというかたちで、もっともくっきり見えてくるものだからだ。こうして私的な、あるいは親密な個人的関係というものに、ひとはそれぞれの「わたし」を賭《か》けることになる。近代の都市生活とは、個人にとっては、社会的なもののリアリティ[2]がますます親密なものの圏内に縮められてゆく、そういう過程でもあるのだ。

[8] 現代の都市生活者の存在感情の底にあまねく静かに浸透してきているようにおもわれる「寂しさ」、それが、いま、だれかと「つながっていたい」というひりひりとした疼《うず》きとなって現象しているのではないだろうか。ケータイはその意味できわめて現代的なツール[3]だ。だれかとの関係のなかで傷つく痛みのほうが、身

問3 「求めるようになる」のはなぜか。

2リアリティ 現実。現実性。「リアル（real）」は、その形容詞形。［英語］reality

3ツール 道具。［英語］tool

体のフィジカル[4]な痛みよりも、よほどリアルだという、そういう〈魂〉の光景が、そこに映しだされているようにおもう。

[9] そのなかでひとがおそらく最初に求めるのは、じぶんが、あるいはその存在が「肯定されて」あるという感情だろう。

[10] 緊密に、そして大規模にシステム化された社会というのは、「資格」が問われる社会である。ひとびとの生活の細部まで支えているシステムを維持するために——食べるという、生きるうえでもっとも基礎的ないとなみですら、飼育・栽培、製造・調理、流通・販売の複雑なシステムにそっくり組み込まれてしか成り立たなくなっているのが現代の生活だ——、それにふさわしい行動の能力が求められる。システムが複雑化するというのは、そういう行動能力の育成に複雑なプロセス[5]が要るということでもある。つまり、教育課程が長くなるということ。今日では幼稚園に通う前から教育は始まり、そこから最低でも十数年教育は続く。

[11] 「資格」が問われるというのは、もしこれができれば、次にこれができる……ということだ。◆そこでは何をするにしても条件が問われる。そして条件を満たしていなければ「不要」の烙印《らくいん》を押される。「あなたの存在は必要ない。」と。だから、じぶんの子どもが将来こういうみじめなことにならないように、親たちはずいぶん幼いころから教育を受けさせる。「これをちゃんとやったらこんどの日曜日に

4 フィジカル 肉体的な。物理的な。［英語］physical

5 プロセス 過程。工程。［英語］process

問4 「そこ」とはどこか。

遊園地に連れていってあげますからね。」から「こんな点数をとるのはおれの子じゃない。」まで、いろんな脅迫の言葉を向けながら、だ。「もし～できれば」という条件の下で、じぶんの存在が認められたり認められなかったりするという経験を、子どもはこうしてくりかえしてゆくことになる。じぶんの存在はひとに認められるか認められないかで、あったりなかったりする、そういうものなのだ、という◆感情を募らせてゆくのだ。これを言いかえれば、じぶんというものに「なる」途上にいる子どもたちにとっては、じぶんが「いる」に値するものであるか否かの問いを、ほとんどポジティヴ[6]な答えがないままに、恒常的にじぶんに向けるようになるということである。じぶんというものの「死」にそれとははっきり意識しないままにふれつづけるということである。

⑫ このような鬱屈《うっくつ》した気分のなかで、子どもたちは何もできなくてもじぶんの存在をそれとして受け容《い》れてくれるような、そういう愛情にひどく渇くようになるのだろう。つまり、なんの条件もつけないで「このままの」じぶんを認めてくれる他者の存在に渇くということだ。「できない」子どもだけではない。「できる」子どもも、あるいは「できる」子どものほうがと言ったほうがいいかもしれないが、上手に「条件」を満たすさなかに、もしこれを満たせなかったらという不安を感じ、かつそれを（かろうじて？）上手に克服しているじぶんを「偽の」じぶんとして否定する、そういう感情を内に深く抱え込んでいるはずだ。

問5 「感情を募らせてゆく」のはなぜか。

6ポジティヴ 肯定的な。前向きな。［英語］positive

[13] だから、子どもたちや十代のひとたちは、じぶんをじぶんとして「このままで」肯定してくれる友だちや恋人を、これまでのどの時代よりも強く求めるようになっているらしい。だれかと「つながっていたい」という言葉もそこから出てきているようにおもわれてならない。じぶんを肯定できるかどうか、そのことじたいに大きな不安を感じているのが、いまの子どもたちではないか。大人たちが別の文脈から「つながり」の大切さを言うときには、いまの子どもたちの「つながっていたい」という気持ちの裏面にはこうした他者との遮断の認識が深くあることを見逃してはならないようにおもう。

読解

1 「そういう関係」（五九・3）とはどのような関係か、説明しなさい。

2 「中間世界」（六〇・12）とはどのような世界か、説明しなさい。

3 「そういう感情」（六三・18）とはどのような感情か、説明しなさい。

重要語

コンテクスト　「テキスト」（本文・原典）を取り囲む文脈や状況のこと。「テキスト」が発せられた時代や地域性などの状況や、対話や書簡の中での前後関係などを表す語として幅広く用いる。「テキスト」の意味内容が内部、その外部が「コンテクスト」である。しかし、私たちが文章を解釈する場合、テキストの内部と外部とを問わず、必要な知識がすべて利用されるだろう。その意味では、内部と外部は、メビウスの輪のように通じている。例えば夏目《なつめ》漱石《そうせき》（一八六七－一九一六年）の『こころ』を解釈するに際して、漱石の伝記的事項は無用ではない。「テキスト」と「コンテクスト」は相互に支えあっている。現実の「私」は、「コンテクスト」によって支えられるとともに、「私」でありうる「コンテクスト」を呼び求める「テキスト」である。

イノセンス

他者に対するやさしさと残酷さ――この、一見対照的な態度は、ある条件のもとでは同時に存在するものにもなり得る。それは相手のことを思うがゆえの厳しさなのか、またそれは相手とどのような関係を取り結ぶことにつながる行為なのか。近年の若者の行動と心理を通して、新しい時代精神を考察する。

芹沢《せりざわ》俊介《しゅんすけ》

[1] イノセンス[1]とは自分の生は自分が選んだものでないという受動性(=根源的受動性)のことである。したがってイノセンスとは自分が直面する現実に責任をとれない、あるいは責任がないという態度となってしばしば出現する。こういう態度には年齢は関係はない、つまり大人も子どももない。誰でもが手に負えない現実に直面すれば、イノセンスという心的場所へと向かう傾斜をもっている。

[2] わが子を虐待している若い親たちの手記などを読むと、暴力をふるってもそのことのつらさは感じても相手のわが子への心の痛みは感じないという人がいる。そうかと思うと暴力をしつけとして位置づけている若い親が増えている。体罰という名の暴力をふるう教師にも、こうした発想は共通している。言って聞かないのなら殴って聞かせるしかないではないかというのが彼らの論理だ。これらから

芹沢俊介
一九四二年―。評論家。東京都生まれ。文学論・家族論・教育論・社会風俗論など、幅広い分野で活躍する。本文は『子ども問題』(春秋社)によった。
◆**主な著書** 『現代〈子ども〉暴力論』『「イエスの方舟」論』『家族という暴力』(すべて春秋社)など。

1 **イノセンス** 無実。無罪。無邪気。無垢《むく》。[英語] innocence

推測がつくことは、暴力はイノセンスに動機をもっているということである。直面する現実に自分は責任がない、責任があるのは相手の方なのだというように。イノセンスはさらにその本人を直面する現実から置き去りにして行く。いじめの行為者たちはあれはいじめではなく遊びだと弁明した。だが虐待する親、しつけする親、教育する教師は自己の暴力をもっと積極的に相手の非に帰するのである。彼らの言い分はこう集約されよう。自分は積極的に殴ったのではない、相手に殴らされたのだ。ここにおける受け身の論理に留意しておこう。

3 やさしさと残酷さの二つの感情が重なる場所。その場所こそがイノセンスという心的場所なのである。しつけとか教育という一見、正当さを主張できる動機でもって、暴力がふるわれる。その残酷さに対して暴力をふるう人から、それは子どものためであり、したがってやさしさだと主張されても誰も異議を唱えられない場所がイノセンスという心的場所なのである。

4 [2]大平健《おおひらけん》著『やさしさの精神病理』という本を読んだ。いろいろ触発されるところが多かった。私たちの興味を引いたのは、次のようなエピソードである。電車だかバスだかのなかでお年寄りに席を立とうか立つまいかをめぐって、複雑に自問自答する高校生のことが書かれているのだが、その心の揺れを語った言葉に着目した。ふだんなら坐《すわ》れないのにたまたまその日は坐れた。そうしたらオジイさんが自分の前に立った。席を譲ってあげようかと思ったけど、最近の年寄りには

問1 「暴力はイノセンスに動機をもっている」とはどのようなことか。

2 大平健 一九四九年―。精神科医。鹿児島県生まれ。著書に『豊かさの精神病理』（岩波新書）など。『やさしさの精神病理』は岩波書店より一九九五年刊。

元気な人が多い。年寄り扱いしたら気を悪くするだろうかなどと考えてたら、立つのをやめたほうがいいという判断になった。結局寝たふりしちゃった。寝たふりしたのは、私たちのやさしさが分からない大人とかが、「この子、席も立たないで。」みたいな目つきでじろじろ見るからだ、と。

⑤年寄り扱いしないのもやさしさだという論理には一定の正当性が認められる。と同時に、年寄りには席を譲るという若い人たちに課されてきたこれまでの日常道徳を脅かすものだ。だが若い人たちの新しいモラル[3]としてのやさしさはまだ、寝たふりをしなくてはならないくらいにしか市民権を獲得していない。

⑥年寄り扱いをしないのがやさしさだという主張には、内部では他人にやさしく、その現れとしては自分にやさしい。しかしその外への現れとしては、知っていながら年寄りを立ったまま放置しておくのと同じであり、それはときに一種の残酷さとして現れる。むろん、この残酷さには先にみたイノセンスとしか言いようのない行動や論理から較《くら》べ、紙一重ではあるが健康さを感じる。寝たふりをするところなど、現実に目をつぶったという点でイノセンスには違いないが、それでも他者との内部の葛藤《かっとう》を経ている点で、紙一重でイノセンスを脱している。

⑦◆このような心のあり方をだから自己愛などというふうに単純に理解してはならないと思う。単純な自己愛なら退行で片づけられる。だが若い人たちは退行しているのではない。年寄り扱いしないのがやさしさだという彼らの言葉に現れてい

3モラル moral 道徳。倫理。［英語］

問2 「このような心のあり方」とはどのようなものか。

るように、他者への愛を内部で成立させながら、それをはたらきかけとして外へ表さないのだ。自己愛という言葉を使うなら、内部をもった自己愛と言うべきであろう。そしてこの新しいやさしさは一見、他者に対して残酷に見えるやさしさなのである。

8 さらに興味をひくのは、若い人たちが自分の口から自分の態度をやさしさだと主張している点である。このような主張に出会うと私たちはふたたび彼らのイノセンスを疑う。なぜならば、暴力を遊びとかしつけとか教育というように言い張っている人たちの論理とそっくりだからである。

9 私たちの経験ではやさしさの評価はこれまで、「あの人はやさしい。」というように他者が下すものであった。だが若い人たちは、自分で自分をやさしいと評する。やさしさは何よりもまず自己評価として必要なのだ。ここでも旧来のあり方が一八〇度転倒していることに気づかされる。この他者性の欠如が、彼らにとってやさしさが彼らのイノセンスの現れであるというようにみえる最大の理由なのだ。だがこうした批判的な見方はことによったら、真実の半分を言い当てているだけなのかも知れない。

10 他者を巻き込むことを回避することこそが若い人たちの生み出しつつある新しいモラルつまりやさしさだとすれば、私たちに他者性の欠如として否定的に分析されたものこそが、彼らにとってのモラルであり、したがって価値であるかも知れないのだ。だから若い人たちはそうした態度を自信をもって価値として打ち出しているのではなかろうか。これを価値であるとみなしていいのなら、人類はいままでにまったく知らなかった価値についての感性に出会っていると考えるべきだろう。

[11] このような新しい価値においては、やさしさは残酷さという形態をとることが起こりうる。それは他者にはたらきかけて生み出した残酷さではなく、逆のはたらきかけないことによる結果としての残酷さである。この新しいやさしさにおいて、他者は内部でくっきりと像を結んでいながら、これまで私たちが馴染《なじ》んできた他者へと伸びて行き繫《つな》がろうとするやさしさとは異なる、あるいは正反対の外においては自他の境界が切断された世界が出現してくる。このやさしさと残酷さの一致は、やがて若い人たちにとっても自身で引き受けざるをえない苛酷《かこく》な価値になっていくにちがいない。

[12] ここをやや硬質な言葉を用いて言ってみたい。たぶん、こうした事態はこれまで通用していた他者との「距離のエロス[*4]」が崩壊したことと関係がある。距離のエロスの崩壊という観点を具体的なシーンとして説明してみよう。たとえば直接に顔を合わせて語り合うより間接的な電話での方がずっと親密感を覚え長時間の会話が可能であるといった若い人たちの生態、また外から内部が見える透明なガラス張りの喫茶店が登場し若い人で賑《にぎ》わうといった現象、さらには何人か一緒に

問3 「そうした態度」とはどのような態度か。

4 エロス 愛。愛欲。人間的・官能的な愛を表す。［ギリシア語］Erōs

喫茶店に出かけて行きながら各自が漫画雑誌に読み耽《ふけ》るといった光景ということになろう。さらにコンビニエンスストアの愛好を加えることができる。これらはどれもここ二十年ばかりのあいだに生じてきて私たちの関心を引いた都市の若い人たちの生態である。

[13] ここに現れてきているのは、エロスすなわち親密さが、他者との距離を詰めるところに現れる濃厚さではなく、距離を保つことで成立する希薄さによって保障されているといった事態である。この距離のエロスの崩壊は逆転と言ってもいい。こうした状況は時代的なものとみなすことができる。若い人たちの「やさしさ」という価値は、旧来の価値意識と鋭く対立するゆえに病理に見える。だがそのように言うとき、同時にそれは時代があるいは時代精神が新しい価値の場所に入ろうとする境界のありようを示しているのではないだろうか。

読解

1 「紙一重ではあるが健康さを感じる」（六七・13）とはどのようなことか、説明しなさい。
2 「このような新しい価値」（六九・5）とはどのようなものか、説明しなさい。
3 「この距離のエロスの崩壊は逆転と言ってもいい。」（七〇・7）とはどのようなことか、説明しなさい。

重要語

エロス　ギリシア神話で愛の神の名。普通は、異性に対する性欲を含む愛の意味であるが、オーストリアの精神医学者フロイト（一八五六－一九三九年）の説を受けて、生への欲動という意味で用いられることが多い。フロイトはまた、エロスに対して死への欲動のことを、ギリシア神話の死を擬人化した神「タナトス」（［ギリシア語］Thanatos）ということばを用いて分析した。

第二部

第三章

ＡＩと人間

●究める言葉

世界を観察する私、それを主体という。観察される世界を、客体という。客体である世界を、その構成要素に分解し、構成要素相互の関係を法則として積み上げ、数式として表現する。こうして、複雑多様な世界の本質が、明快な抽象的図式として明らかとなり、人間はそれを操作して、自然を自らの欲望にそって変形し、利用することができるようになる。こうした意味での科学は、私たちの世界を大きく変化させてきたが、そこに危うい点はないのだろうか。

例えば現代科学の頂点ともいうべきＡＩには、何が可能で、何ができないのか。将棋の羽生《はぶ》善《よし》治《はる》九段は、ＡＩソフトについて「桂馬の動きひとつ、ルールを変えるだけでソフトは無効になってしまう」と語っていた。新しい物事を創始することが、ＡＩにはできない人間の仕事だ。

ふたつの誤り

福岡伸一《ふくおかしんいち》

私たちは科学の知を客観的な真理を示すものだと考えている。それは仮説→検証→法則化という近代科学の方法に対する信頼によるものだ。しかし、本当にそこに誤りはないのか。今、改めて科学とは何かが問われているのだ。

[1] 私たち研究者は、研究を進めるにあたって仮説◆というものを立てます。仮説とは、仕組みのあり方です。〝このような〟仕組みが存在すると考えれば、さまざまな現象をうまく説明できる。その〝このような〟想定を仮説と呼びます。

[2] たとえば、昔の人は、精子の内部に小人が足を折りたたんだ〝体育座り〟で潜んでいるという仮説を立てました。そう考えれば、受精と発生という現象をうまく説明できる。その小人が子宮でだんだん大きくなってヒトになるのです。実際、顕微鏡で精子を観察するとそのような小人が見えたという科学者まで現れました。

[3] 仮説は時として、人間の観察眼を曇らせてしまいます。曇らせるばかりでなくある方向に導いてしまいます。それをバイアス*1といいます。科学史を繙《ひもと》くと、今から思えば実にこっけいな仮説に、当時、一流の一流とされた科学者たちがとらわれて多くの迷走が生まれました。精子の仮説もそのひとつです。しかし当時は

福岡伸一
一九五九年―。生物学者。東京都生まれ。専門の分子生物学を一般向けにわかりやすく説いている。本文は『SIGNATURE 二〇〇五年一・二月号』（シティカード・ジャパン）によった。
◆**主な著書** 『生物と無生物のあいだ』（講談社現代新書）、『もう牛を食べても安心か』（文春新書）、『できそこないの男たち』（光文社新書）など。

問1 「仮説」とはどのようなものか。

1 バイアス 偏り。先入観。偏見。［英語］bias

みんなが大真面目《まじめ》で議論しあっていたのです。そして実のところ、人間の思考はそれほど進歩しているわけではないのです。

④確かに精子の中には小人が体育座りしているわけではありませんでした。そこに座っていたのは父方から来たDNA[2]でした。それが母の卵子のDNAと合体すると発生が開始されます。しかし、わかったのはそこまでです。一体どうしてそこからヒトが形作られてくるのか、その仕組みのあり方は今のところほとんどすべて仮説の域を出ません。そして、私たちは今、精子の小人仮説を笑ってはいますが、分子生物学[3]の最先端にいるような気がしても、未来の人びとからみれば実にこっけいな仮説に拘泥しているに違いないのです。

⑤実に悩ましいのは実験科学における「第一種の誤り」と「第二種の誤り」ということです。

精子の中の小人（ホムンクルス）

⑥私たちはまず仮説を立てます。そしてその仮説を検証するために実験を行います。仮説が正しければ結果はAとなり、誤っていればBとなるような計画のもと実験を立案します。研究者はもちろん自分

2 DNA デオキシリボ核酸。生物が子孫に伝えていく遺伝子情報が書き込まれた化学物質。

3 分子生物学 生命現象を分子レベルで理解しようとする学問。特に核酸・タンパク質などの構造・機能について研究する。

問2 「第一種の誤り」とは何か。

問3 「第二種の誤り」とは何か。

の仮説にある程度自信をもっていますから、結果がAとなることを内心期待しています。

[7] しかし、多くの場合、いや九五パーセント以上は、期待したような結果にはなりません。つまり結果はBとなります。この結果を虚心坦懐《きょしんたんかい》に解釈すると、それは仮説が間違っていたから実験結果がそうならないのだ、となります。これを「第一種の誤り」と呼びます。つまり、そもそも仮説が誤っていたから実験結果もAとはなりません。

[8] ところがです。多くの場合、いや九九パーセント以上の科学者は、ああ、そうか、仮説が間違っていたのだ、とすぐに素直には認めません。むしろ彼もしくは彼女はこう考えます。私の仮説は正しいのだが、実験の方法が適切でないから期待される結果Aとならないのだ、と。

[9] つまり、仮説は正しいが実験のやり方が間違っていると判断されるのが「第二種の誤り」です。実験のやり方が適切でない理由はいくらでも見つけられます。試薬の濃度が適切でなかったとか、測定器の感度が不良だからとか、はたまた実験動物が風邪をひいていたせいだとか。

[10] そこで、研究者は、正しい実験を行おうと考えて、いろいろ条件を変えて実験を繰り返します。研究と呼ばれるものが非常なる長時間を要するのはそのためなのです。そして実験科学最大の問題点も実はここにあります。「第一種の誤り」

と「第二種の誤り」は、内実は正反対なのに、どちらも結果はBと出ます。つまり研究者にとって、期待どおりの結果にならないという現実からは、仮説が間違っているのか、実験が適切でないのか見分けがつかない、ということなのです。

[11]かくして、不幸なことに、多くの場合、いや九九・九パーセント以上のケースでは、本当は誤っている仮説に固執して、益のない実験が繰り返されている、というのが科学研究の実態なのです。そして、本当に問題なのは、そこに多大な税金が投入されている、ということです。これは実際には利用者のいない場所に橋を架けたり、道を造ったりすることに似ています。そして、私もこの陥穽《かんせい》の例外ではありません。私もたくさんの仮説をもとに研究を進めています。その多くは期待どおりの結果にはなっていません。つまり、この文章には重い自戒の意味が込められているのです。

問4 「この陥穽」とはどのようなものか。

読解

1 「すぐに素直には認めません」（七四・9）とあるがなぜか、その理由を説明しなさい。

2 「益のない実験が繰り返されている」（七五・5）のはなぜか、その理由を説明しなさい。

3 「重い自戒の意味が込められている」（七五・10）とあるが、どのような「自戒」か、説明しなさい。

重要語

バイアス 斜め・偏り・偏向を意味する。「バイアスがかかる。」とは、先入観によって対象を正確にとらえられない状態のことを言い、否定的な意味で使われることが多い。確かに先入観を持たずに対象をありのままに見ることは大切なことだ。しかし、同時に私は私の世界からしかものを見ることができないことも事実だ。私たちは自分が色眼鏡を掛けていることを忘れてはならない。

人工知能は椅子に座るか

シンギュラリティということばを知っているだろうか？　二〇四五年ごろ、人間の能力をはるかに超えた人工知能（ＡＩ）が誕生するという仮説である。まだまだ実現には程遠いが、本当にそのような未来はやってくるのだろうか。そして、その道程の課題はどこにあるのか。

松田《まつだ》雄馬《ゆうま》

1 コンピュータに、「椅子とは何か」を教える方法には、どのようなものがあるでしょうか。この問いについて考えることで、人間が「椅子」をはじめ、ものを認識する際に脳内で起こっていることが明らかになってきます。

2 たとえば、椅子を、「形」の特徴によって教えるという方法を考えたとします。「四つの脚と座部と背もたれを有する形状」などといった特徴です。この方法の問題点は、必ず「例外」が生じるということです。椅子というものは、必ずしも四脚ではありません。しかし、「必ずしも四脚でなくてよい。」などとすると、今度は、椅子でないものまで椅子に含まれてしまい、収拾がつかなくなってしまいます。普段、私たちが何気なく知っている（認識している）「椅子」という概念でさえも、そのメカニズム[1]には、謎が多く含まれているのです。

松田雄馬　一九八二（昭和五七）年－。人工知能（ＡＩ）研究者。徳島県生まれ。ＡＩへの誤解を解くべく情報発信を続け、ＡＩを軸とした技術開発を行う合同会社も運営する。本文は『人工知能はなぜ椅子に座れないのか』（新潮選書）によった。

◆主な著書　『人工知能の哲学』（東海大学出版部）など。

1 メカニズム　物事や物体の仕組み・仕掛け。［英語］mechanism

③特徴を表現するという方法には、重要な視点が欠けています。それは、椅子◆は、座れなければ椅子ではない、ということです。人間は、身体を持っているからこそ「疲れたときに座る」「作業をするときに座る」「リラックス[2]して人と話をするために座る」などという「目的」を、自分自身で作り出すことができます。それに比べ、機械は、（少なくともプログラム[3]だけで動く場合は）身体を持たず、目的は、与えられるまで自分で作り出すことはできません。

④身体を持ち、目的を作り出すことができる人間は、川辺の岩であっても、それを「椅子」と「認識」して、用いることができます。身体を持たない機械が岩を見て「椅子」と断定することは、人間が機械にそれを前もって教えない限りは、不可能ではないでしょうか。

⑤私たちが世界を認識できるのは、私たちが「身体」を持つからです。機械が「意味」を理解するには、こうした「身体」を中心に置いた考察が不可欠です。私たちにとっての「意味」とは、「行為の意味」であり、「行為」を行うには「身体」が不可欠です。「身体」にとっての「意味」は、「身体」と「環境（状況）」との関係によって、即興的に（その場その場で）作り出されます。ここまでの議論を振り返って、はじめて「意図」についての理解が可能になります。私たち人間は、「疲れているので腰を掛けようとしている」「作業をしようと思っており、腰を掛ける場所が必要と感じている」「リラックスして人と話をしようとしてい

問1 「椅子は、座れなければ椅子ではない」とはどのようなことか。

2 リラックス 緊張を解いて、ゆったりとすること。［英語］relax

3 プログラム コンピュータなどの機械がデータ処理する際の手順を、機械が解読できる特別の言語によって指示したもの。［英語］program

る」など、自分自身の物語を生きている中で、「疲れたときに座る」「作業をするときに座る」「リラックスして人と話をするために座る」といった、椅子に対する「目的」を創り出しています。その目的こそが、椅子に対する「意図」であり、意図があるからこそ、椅子に対して能動的に働きかけ、さらに自分自身の物語を発展させようとするのではないでしょうか。この点について、更に掘り下げてみたいと思います。

[6] コミュニケーション[4]とは、シャノン[5]らによると、相手に信号を伝え、意図を伝えることで、相手の振る舞いを変化させるということでした。そして、意図とは、自分自身の「目的」のようなものだと考えられます。ここからは、「椅子」を通したコミュニケーションについての考察を更に深めることで、振る舞いが変化していく様子について理解し、更に、生命が「生きる」ということがどういうことかについて論じていきたいと思います。

[7] こうした議論を行う上で、まず、私たち人間が「生物」であるということを再び思い出す必要があります。私たち人間は、「生物」の一種族に過ぎません。そうした、人間をはじめとする「生物」にとって、「世界」は、形の定まったものではなく、時々刻々と変化する、変幻自在の空間です。生物は、そうした◆「無限定空間」の中で、生きていかなければなりません。「無限定空間」は、厳密に記

4 コミュニケーション　ことばや身振りで意思などの情報を伝達し合うこと。［英語］communication

5 シャノン　Claude Elwood Shannon　一九一六－二〇〇一年。スイッチのオン／オフ（1と0）の信号で通信・演算を実行するデジタル回路の仕組みを考案し、現代の情報技術の基盤を築いた。

問2　「無限定空間」とはどのようなものか。

述された論理の世界とは根本的に異なるものです。そうした環境において、私たち「生物」は、確たるものが何なのかを、自分自身で見つけ出していかなければなりません。

[8] 不確実な世界の中で、頼りにできるものというのは一体何なのでしょうか。例えば、暗闇の中から飛び出し、初めてこの世界と対峙《たいじ》することになる赤ちゃんは、この世界を知るために、何を頼りにすれば良いのでしょうか。彼ら／彼女らは、手足をばたつかせながら、「周囲の環境に何があるか」を発見するでしょう。それと同時に、「自分自身の身体がどのようなものであるか」を発見するでしょう。

[9] 無限定な空間において、私たちは、周囲の環境という「場」と、自分自身の身体を基準とする「自己」とを、順次、理解していくのです。重要なことですが、「場」には、「自分自身」が含まれ、「自己」は環境におかれて初めて認識できるようになることから、「場」と「自己」というものは、本来、切り離せるものではありません。無限定な空間においては、「場」の認識（世界を知ること）と「自己」の認識（自分自身を知ること）は、同時に起こるのです。

[10] こうした考え方を踏まえて、例えば私たちが「椅子を認識する」際に、何が起こっているのかということを考えてみましょう。私たちが椅子を認識する際、脳内では、次ページのイラストのようなことが起こっているのではないかと考えられます。

問3 「イラスト」は筆者のどのような主張を裏付けるものか。

「座って考える」「座って仕事をする」「座って話をする」という「行為」を表したイラスト

[11] これらのイラストは、単純な「椅子」という「物体」ではなく、「椅子」を利用する人が、何をしているのかという「行為」を表すイラストです。このイラストからわかるように、私たちは、「椅子」を見て、単に「特徴」を探し出すのではなく、「それに座って考える」「それに座って仕事をする」「それに座って話をする」といった「物語」を創り出しているのではないでしょうか。

[12] 私たちは、「椅子を認識する」以前に、「身体」を持ち、自分自身の「人生」という「物語」を生きています。この「物語」が、自分自身が今存在している「場」です。例えば、「山道を一人で歩き続け、くたくたになり、一服したいと思っている。」という「物

語」の中に自分が位置づけられているとします。そこで、一つの「岩」を見たとしたら、その人は、何を意識するでもなく、その岩に腰をかけるでしょう。これが、「山道を歩いてくたくたになっている。」という物語の中に、その「岩」が位置づけられた瞬間です。くたくたになったその人にとって、岩の材質が玄武岩[6]であろうが花《か》崗《こう》岩[7]であろうが、山頂から転がってそこにあるものであろうが誰かが持ってきたものであろうが、ひとまずは関係のない話です。その人にとっては「山道を歩いてくたくたになっている。」という物語の中に「腰かけるのにちょうどいい岩があった」ことが重要であり、そのときはじめて、その岩と人が、「腰をかけられるもの」と「腰をかけるもの」という「関係」を作り出すのです。さらに、そこに岩があり、腰をかけて一服することができたことによって、その人の「物語」は変化し、新たな関係が作り出されることでしょう。椅子を認識するということは、このように、「物語」の中に「関係」が作り出されるということであり、それがまさに「意味を見出《い》だす（作り出す）」ということ、さらに言うならば、「自分の人生を生きるということ」なのではないでしょうか。

[13] そして人工知能が、自らの意思で「椅子に座る」ということがあるとすれば、そのとき、彼（彼女）は、自分自身の身体を持ち、人生という物語を、自分自身の置かれた場と共に、創造し続けることでしょう。こうした人工知能は、まさに、自らの意思を持つ*「強い人工知能」であり、まだまだ実現の目途すら立っていな

6 玄武岩　火山岩の一種。黒色または暗灰色の緻密な岩石で、規則正しい柱状の形状をもつものが多い。

7 花崗岩　火山岩の一種。白や淡灰色、淡紅色のものが多い。堅牢で、加工すると光沢が出るため、土木・建築用石材として使用される。

いと言わざるを得ません。人間の知的活動の一部を代替する「弱い人工知能」*にはできない、「自らの人生を生きる」という行為は、現状は、私たち人間や生物にのみ許された行為であると、筆者は考えています。

読解

1 「この点について」（七八・5）とあるが、「この点」とはどのようなことをさすか、説明しなさい。

2 「生命が『生きる』ということ」（七八・11）とはどのようなことか、本文を踏まえ説明しなさい。

3 人工知能と人間の大きな違いはどこにあるのか、筆者の主張をまとめなさい。

重要語

「強い人工知能」「弱い人工知能」 本文中にもあるように、「意思」を持つのが「強い人工知能」であり、「弱い人工知能」は意思を持たず、人間の知的活動の一部を代替するだけのものとして位置付けられている。たとえば、パソコンのキーボードの配列は常に動かないので、配列を覚えてしまえばキーボードを見なくても打つことができる。「弱い人工知能」はこうした固定された条件では素晴らしい力を発揮する。しかし一箇所でもキーの位置が変われば正しい入力はできなくなり、間違ったキーはそのまま入力され続ける。人間が入力していればすぐに気づくエラーも人工知能は気づくことができない。まさに「弱い」のである。

視線のカスケード

主体（人間）が客体（自然）を対象化して、支配するという科学の思考は、人間を精神と身体に分け、精神が身体の上に立つというデカルトの心身二元論から生まれた。デカルトは自己を疑うという思惟《しい》する意識を自己の根本に置いたが、そもそも意識とは何か。人間にとって身体とは単なる物質にすぎないのか。

下條信輔《しもじょうしんすけ》

[1] 人は悲しいから泣くのだろうか、それとも泣くから悲しいのだろうか。もちろん悲しいとわかっているから泣くのだ、という人がほとんどだろう。しかし心理学者、生理学者たちはむしろ泣くから悲しく感じるのだ、と主張してきた。

[2]◆この説は直感に反するように見えるかも知れない。しかし実際に感情（生理反応を含めて情動と呼ぶ）を経験する場面を考えると、案外そうでもない。たとえば山道で突然クマに出会ったとしよう。まず状況を分析し、自分は怖いのだ、と結論してからおもむろに逃げる人がいるだろうか。足が反射的に動いて山道を駆け下り、人里に辿《たど》り着いて一息ついてから恐怖が込み上げて来る、という方が普通ではないか。また人を好きになるときは、「気がついたらもう好きになっていた」ということがむしろ多いのではないか。身体の情動反応が先にあり、それが

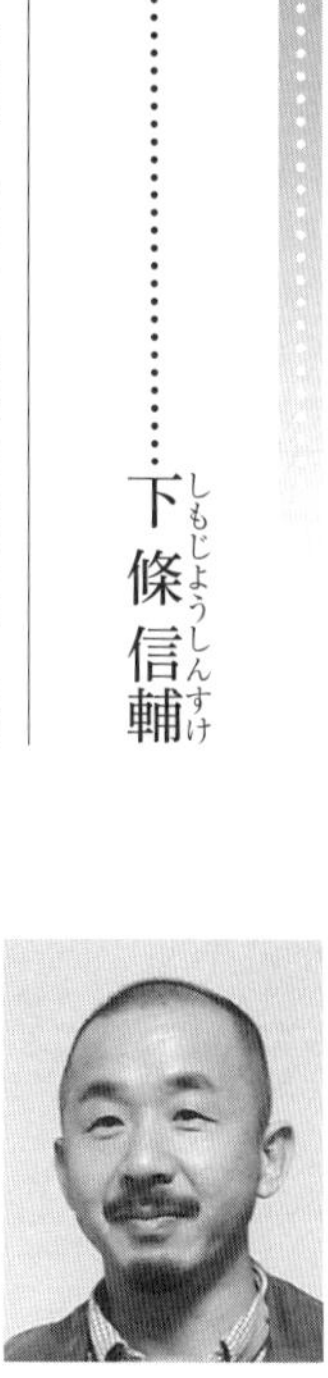

下條信輔

一九五五年―。認知神経科学者。東京都生まれ。脳による情報処理の大半を占めると考えられている、意識に上らない神経情報処理、すなわち潜在認知の研究を継続的に行っている。本文は、二〇〇三年一二月四日の朝日新聞夕刊によった。

◆主な著書　『まなざしの誕生』（新曜社）、『〈意識〉とは何だろうか』（講談社現代新書）、『サブリミナル・インパクト』（ちくま新書）など。

問1　「この説」とはどのような説か。

原因になって感情経験が自覚されるという訳だ。「身体の情動反応が感情に先立つ」という話の順序が逆に見えるのは、身体の情動反応が無自覚的（不随意的ともいう）であることが多く、気づきにくいからだ。

[3] 筆者らは最近の研究で、「好きだから人はそれを見るのか、それとも見るから好きになるのか。」という問いを立てた。この問いに答えるため、画面上に顔写真をふたつ並べて出し、被験者には「よく見比べて、どちらがより魅力的か判断して下さい。決めたら直ちに左右どちらかのボタンを押して答えて下さい。」と指示した。そしてその間の被験者の眼球運動を測り、ボタンを押すまでにそれぞれの顔に視線がどのように配分されるかを調べた。

[4] すると◆面白いことがわかった。ボタンを押す1秒ぐらい前から視線の向き方が少しずつ偏りはじめ、片方の顔を見ている時間がほぼ80%以上に増大した時点で、そちらをより魅力的と判断するのだ。同じことは、あらかじめの評価で魅力度に大きな差がある顔をペアにした場合でさえ起こった。

[5] 私たちが視線のカスケード[1]（連鎖増幅）と呼ぶこの現象は、たとえばより丸い方の顔を選ぶというような課題では見られなかった。つまり視線の動きと「好き」という判断との間だけに、特別な関係が見いだされたのだ。被験者はボタンを押す直前まで自分の判断を自覚できていないはずなので、目の動きという身体反応が、意識よりも先に判断を示していたことになる。「見るから余計に好きに

問2 「面白いこと」とはどのようなことか。

1 カスケード 滝。滝のようにどっとなだれ落ちる。［英語］cascade

なる」ということだ。この因果径路と「好きだから見る」という逆の径路とが互いに促進して、視線のカスケードを起こすらしい。

[6] もしこれが本当なら、ふたつの顔への視線の配分を人工的に操作することで、被験者の選好判断を偏らせることさえできるはずだ。そこで、ふたつの顔を左右に交互に異なる時間だけ呈示し、被験者にそれを視線でフォロー[2]してもらった。すると予想通り、より長く注視していた方の顔を魅力的と判断する確率が高まった。またこのとき、単純により長く見ていることが重要なのではなく、自発的に視線を向けて見ることが重要なこともわかった。

[7] 視線を合わせて「目で語り合う」ことで親密度を増すスタイルのコミュニケーション[*3]は、ヒトという種に独特のものだ。猛獣やサルなどでは、むしろ目を合わせることは威嚇や敵意の表現である場合が多い。ヒトに特有のこうした目によるコミュニケーションが進化する過程では、視線のカスケード現象に見られる体と心の相互作用が、大いに役立っただろうと想像できる。

[8] 実際、人は他人の視線の方向や動きを素晴らしい感度で検出できる。このような知覚能力が進化したのはどうしてだろう。相手の視線が、相手の心の中の状態、たとえば自分への関心や好意などについて有力な手がかりを与えるから、と考えるのが自然だ。「目は口ほどにものを言い」「目は心の窓」というわけだ。

[9] しかしさらに、目の動きが心の中を知るよい手がかりになり得るのは何故か、

問3 「これ」とは何をさすか。

2 フォロー あとを追う。[英語] follow

3 コミュニケーション 互いに意思・感情・思考を伝達し合うこと。[英語] communication

問4 「手がかりになり得る」のはなぜか。

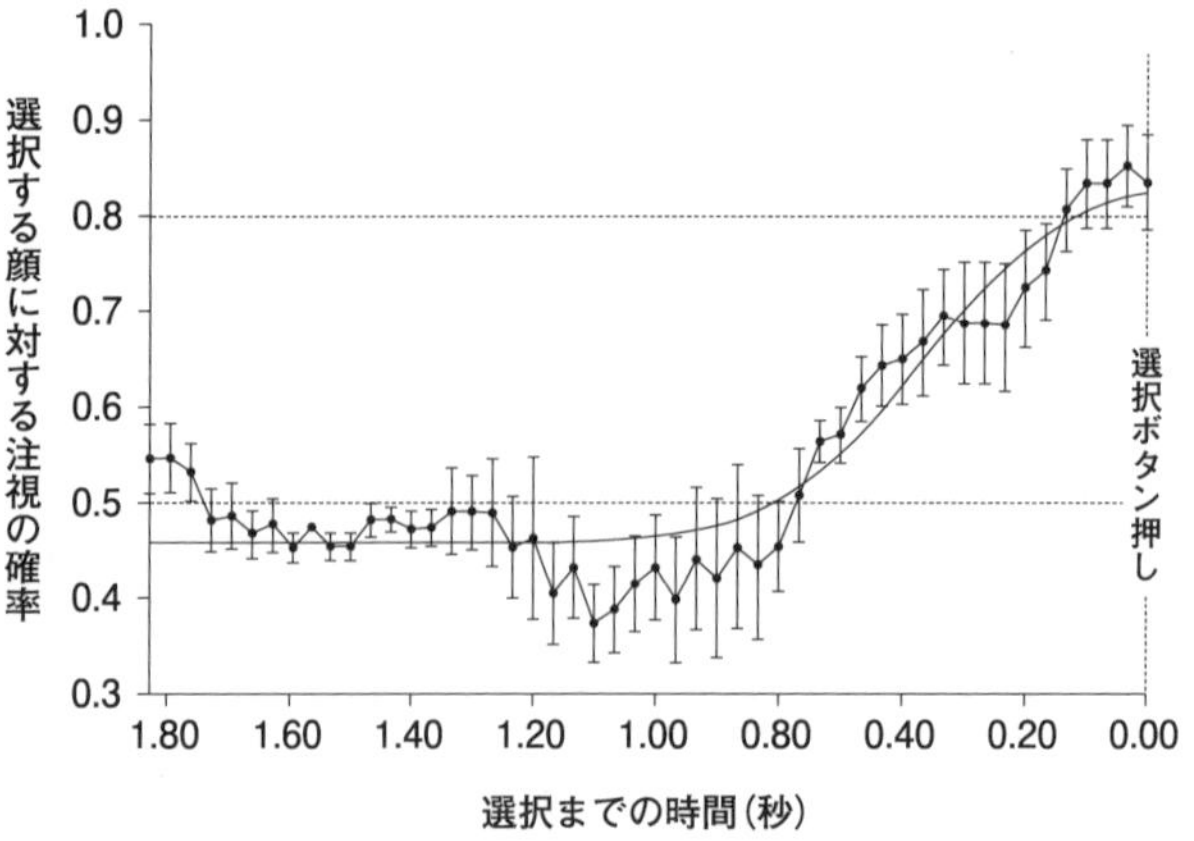

二つの顔を見くらべている時間は被験者によって違う。この表では、ボタンを押す瞬間の1.8秒前から0.00秒までの各瞬間（横軸）で、被験者が二つの顔を見比べている時間全体のうち選択する顔を注視した時間の割合（縦軸）を示している。各瞬間における被験者の注視時間の割合の最高数値と最低数値を縦線でつなぎ、その中間を折れ線グラフで示している。

と考えると、まさにその答えを視線のカスケード現象が与えてくれる。というのもそれは、目による心の表現と見なせるからだ。

[10] つまりこういうことだ。相手の視線に敏感な人ばかりが周囲にいるとし、その中でより親密にコミュニケートできることが生存、繁殖に有利だとすれば、目を使って心をよく表現できる者に、子孫をより多く残すチャンスが与えられるだろう。

[11] また逆に、目を使った表現に長《た》けた者ばかりが周囲にいるとすれば、視線を敏感に知覚できる能力が繁殖に有利となり、そうした知覚能力の遺伝的基盤が世代毎《ごと》に拡大再生産されていく。

[12] こうして視線による表現と、視線に対する敏感性とが、互いに自然淘汰《とうた》[4]の圧力

4 自然淘汰 イギリスの生物学者ダーウィン（一八〇九－八

となって、他の種にはないヒト独自の「目で語る」社会行動の進化をもたらしたと考えられる（このような双方向の進化を「共進化」とよぶ）。

13 いずれにしても、言葉による自覚的なやりとりは、視線や身ぶりなどの無自覚的なコミュニケーションに支えられている。決して逆ではない。

14 誰かを好きになろうと思うなら、その人と頻繁に会うことが助けになるだろうが、それだけでは足りない。自分からその人と幾度も視線を合わせることだ。もちろん実験室の発見が実生活にすぐ応用できる保証はないが、試してみる価値はあるかも知れない。

二年）が提唱した進化論の概念。生物の生存競争において、環境に有利な形質をもつものが生き延びて子孫を残し、適しないものは滅びること。「自然選択」ともいう。

読解

1 「この説は直感に反するように見えるかも知れない。」（八三・4）とあるがなぜか、説明しなさい。

2 「このような知覚能力が進化したのはどうしてだろう。」（八五・14）とあるが、その理由を説明しなさい。

3 「視線のカスケード」現象が起こるのはなぜか、説明しなさい。

重要語

コミュニケーション　自分の心情や考えを他者に伝えること。その手段として主に言語が使われるが、言語以外の身ぶりやまなざしなど、人間は多様な方法で他者に自己を伝えようとする。そこで重要なのはコミュニケーションを成立させるためのコード（規則）である。記号を解読し、意味を確定するためのコードを共有しない相手とはコミュニケーションは成立しない。価値観の多様化・個人化の進んだ現代社会は、共通のコードが失われた社会である。それをどのような形で再構築するかが問題となっている。

【「要素」と「全体」】

二〇世紀は科学の時代だった。いや、正確に言えば科学技術の時代だった。科学の生んだ技術の進歩により、人間の生活は豊かに便利になった。しかし今、地球環境の破壊や科学倫理の問題など、科学が生んだ負の遺産は、私たちの生を脅かし始めている。

そもそも科学の目的は、人間が理性によって自然を支配することにあった。人間と自然を切り離し、自然を対象化することで、人間にとって有用なものに変化させた。しかし人間も地球という環境の中に存在する自然の一部である。人間だけが特権的な存在として振る舞えばそこにきしみが生まれるのは当然のことだ。科学はそれに目をつぶってきたのである。

科学の方法は「要素還元論」である。対象を「要素」に分解し、仮説の立論、再現可能な実験による検証、法則化等の方法により分析することで「全体」を理解しようとする方法だ。確かにこの方法は科学の発展に大いに貢献したが、限界があった。一方で「複雑系」という考え方がある。多数の要素が関係すると相互作用が生まれ、その結果、それぞれの要素からは予測できない特性が出現したり、それが全体に影響を与えるというものだ。つまり、要素の集合は必ずしも全体とはならないということだ。ここに、科学という存在自体が否応なく内包している問題がある。

調べものをする際、インターネットで検索をしたことがあるだろう。驚くべき速さで答えを提供してくれる。だが、検索システムは、我々人間が長年培ってきた「全体」的な知識を、データという「要素」に分解することで検索速度を上げ、既に存在している結果を抽出しているに過ぎない。AI（人工知能）も同じことだ。

科学技術が原因の新しい事態をどう解決すれば良いかを、AIに聞いてみようか？　いや、私たち自身の問題として考え、主体的に科学と関わることでしか解決できないのだ。

【読書案内】

◇佐倉《さくら》　統《おさむ》／古田《ふるた》ゆかり『おはようからおやすみまでの科学』（ちくまプリマー新書）

リビング・サイエンス（生活者のための科学）の視点から、私たちの生活に深く入り込んでいる科学技術とどう付き合っていくかを、具体例に即して平易な語り口で説明している。

◇酒井《さかい》邦嘉《くによし》『科学者という仕事――独創性はどのように生まれるか』（中公新書）

◇西垣《にしがき》通《とおる》『AI原論――神の支配と人間の自由』（講談社選書メチエ）

◇吉見《よしみ》俊哉《しゅんや》『知的創造の条件――AI的思考を超えるヒント』（筑摩選書）

第二部

第四章

都市という現象

●ひろがる言葉

柳田國男《やなぎたくにお》（一八七五―一九六二年・民俗学者）によれば、「にらめっこ」という子どもの遊びは、近世初期の一七世紀に大坂で始まったものであるという。大都会であった大坂に投げ出された人々にとって、何より怖かったのは他者の視線であった。そこで、他者の視線に耐える訓練として盛行《せいこう》したのが、「にらめっこ」であると言う。現代の都市では、人は恐れ気もなく眼差《まなざ》しあう。時の流れというものである。他者は私の鏡、私は他者の鏡である。鏡同士の間に無限に繰り広げていく鏡像の世界が、都市風景をなしている。乱反射する鏡の国を、自分を見失うことなく、迷わず歩く地図は、どこに、どのようにあるのだろうか。都市とは文明の集約点であるとともに、廃墟《はいきょ》でもあるのだから。

東京タワー

中《なか》沢《ざわ》新《しん》一《いち》

東京タワーは昭和三三（一九五八）年に完成した。正式名称は「日本電波塔」と言う。この塔は日本の科学技術の高さを世界に示すために建設されたもので、その象徴であったのだ。確かに日本の科学技術は世界に誇れるものとして成長した。しかし、光あるところには必ず闇《やみ》がある。東京タワーの闇をのぞいてみないか。

[1] 小学生のときにはじめて東京タワー[1]にでかけたとき、華奢《きゃしゃ》な感じのその鉄塔にはさしたる印象はもたなかったのに、塔のまわりの土地の雰囲気に、なにかこの世ならざるものを感じて、背筋に◆ぞくっとするものを感じたのをよく覚えている。[2]増上寺《ぞうじょうじ》の裏手ということもあって、電波塔のまわりはいたるところが墓地だった。それだけならまだしも、墓地の背後には鬱蒼《うっそう》とした[3]灌木《かんぼく》の林が広がり、薄暗い林の内部にはなにか小山のようなものがたくさん見える。いったいここはどういう場所なのだろうと、ひどく気になった。私はそこに死霊の気配を感じ取って、おびえたのであった。

[2] タワーの内部に入ってみて、さらに驚いた。そこがお祭りの夜の神社のような雰囲気をたたえていたからである。そこには土産物屋や[4]マダム・タッソー風の蠟《ろう》

中沢新一　一九五〇年―。宗教学者。山梨県生まれ。哲学・音楽・現代科学など幅広い領域の知を縦横に駆使して、現代思想の再構築に取り組む。本文は『アースダイバー』（講談社）によった。

◆**主な著書**　『チベットのモーツァルト』『森のバロック』（以上、講談社学術文庫）、『古代から来た未来人　折口信夫』（ちくまプリマー新書）など。

1 東京タワー　東京都港区芝公園内にある総合電波塔。高さ三三三メートル。鉄塔の脚下には四階建ての建物があり、本文の「内部」は、この建物を指す。

問1　「ぞくっと」したのはなぜか。

人形館《にんぎょうかん》などが、所狭しと立ち並び、神社のお祭りで見かけた蛇娘やろくろ首や人間ポンプなどが、妖《あや》しい芸を見せていてもすこしも不思議ではない、死の香りのみちみちた土俗性でむせかえるほどなのだ。大きくなって旅をするようになってから気がついたことだが、子供時代の思い出の中の東京タワーは、下北半島[5]にある恐山《おそれざん》[6]と驚くほどよく似ていた（その印象を再確認するために、最近また東京タワーへでかけてみたが、本質的にはなにも変わっていなかったことに、むしろ驚いた。土産物屋も蠟人形館も以前のままだった）。なぜ電波塔がこれほどまでに死の香りを発散していなければならないのか。私はそれ以来、東京タワーの立っているあの土地のことが、気になってしょうがなかった。

③ここは昔はなにか◆特別な土地だったのではないのだろうか。そうでなければ、これほどまでに強い地霊の発散している力を、うまく説明することができない。そのうちに私は、たまたま手にした考古学研究の中に、東京タワーの立つ芝《しば》増上寺裏のあの土地が、かつて大きな死霊の集合地であったことを知り、ようやく長年の疑問を解くことができたのである。

④増上寺の寺域に点在していた小山の群れが、前方後円墳をはじめとするりっぱな古墳群であることを発見したのは、日本考古学の基礎を築いた坪井正五郎《つぼいしょうごろう》[7]だった、と言われている。彼は英国に近代考古学を学ぶために留学した帰路のつれづれに、子供時代によく遊び場にしていた増上寺の裏手の森のことを、思い出して

2 増上寺 東京都港区芝公園にある浄土宗の大本山。徳川将軍家の菩提《ぼだい》所。

3 灌木 低木。高さ二メートル以下の樹木。

4 マダム・タッソー マリー・タッソー Marie Tussaud（一七六一―一八五〇年）。イギリスの蠟人形彫刻家。ロンドンにマダム・タッソーが創立した蠟人形館がある。

5 下北半島 青森県北東部に突出する半島。

6 恐山 下北半島北部に位置する火山。「いたこ」と呼ばれる巫女《みこ》が死霊を招き寄せてその思いを自身の口を通して伝えるという「口寄せ」が行われることで知られる。

問2 「特別な土地」とはどのような土地か。

7 坪井正五郎 一八六三―一九一三年。日本の人類学・考古学創始者の一人。

いた。地面を掘り返すと、奇妙な土器のようなものが出てきた、あの小山はじつは古代の遺跡だったのではないか。帰国後すぐにその地の発掘を試みた彼は、芝のその森がまぎれもない古代遺跡であったことを確認する。増上寺を中心とするそのあたりは、かつて死霊のつどう神聖な土地であったのだ。

[5] 今日の発達した地質学と考古学の成果から見えてくるのは、いま東京タワーの建てられている場所が、海原に突き出した大きな半島だったという、意外な光景

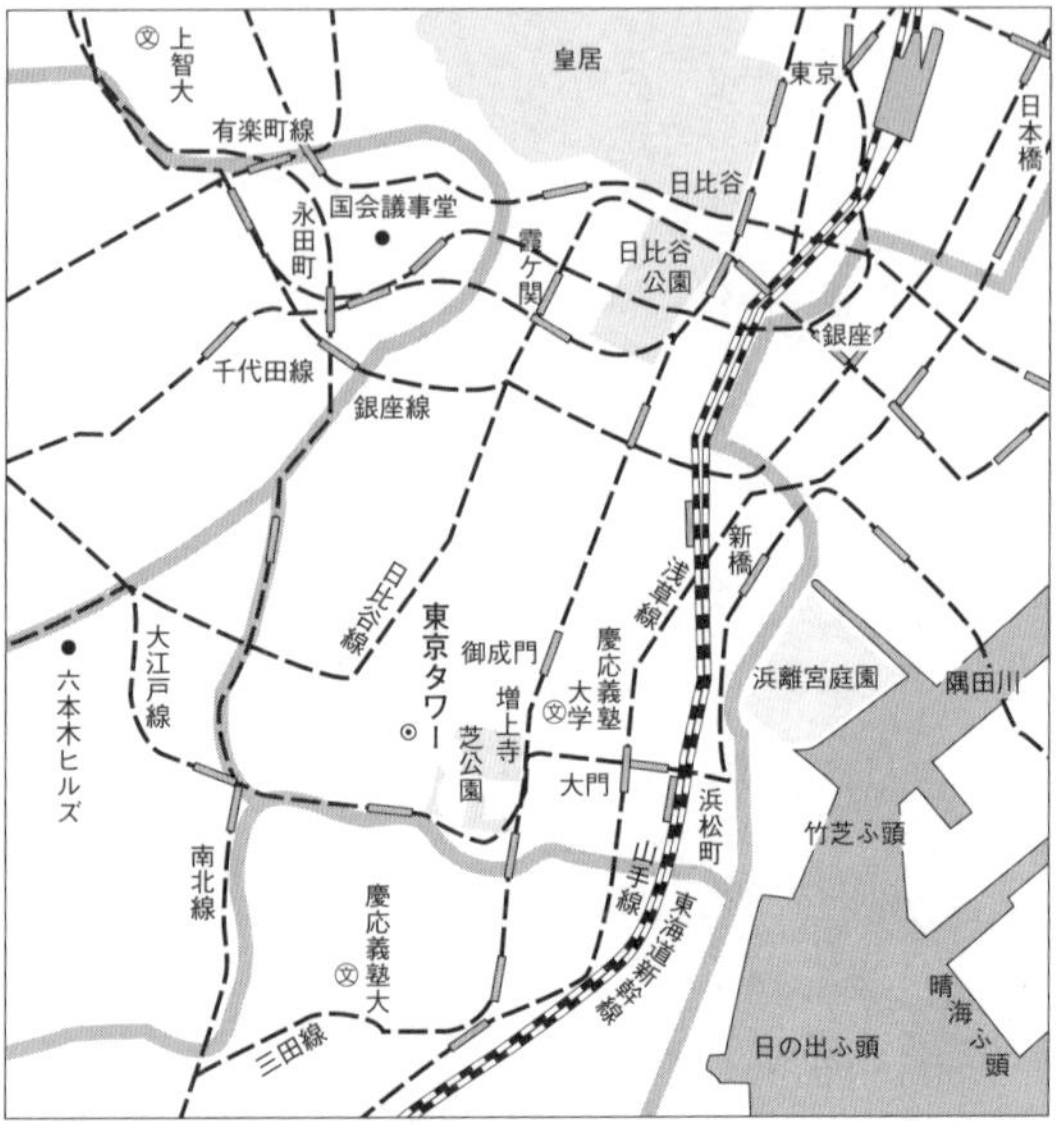

東京タワー近辺地図

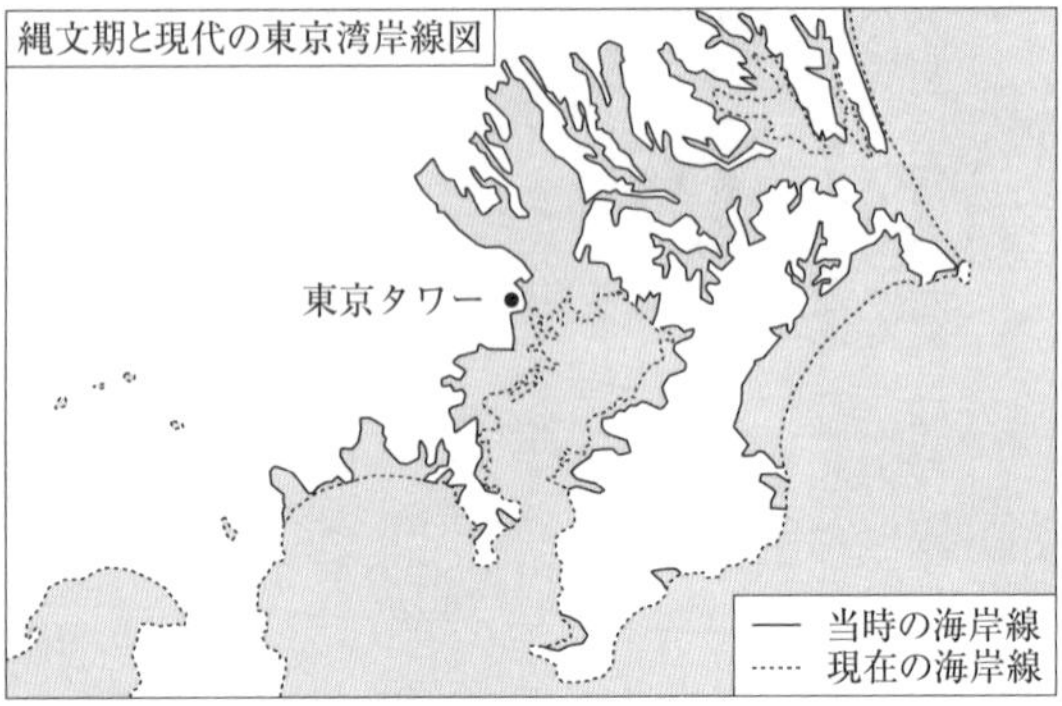

縄文期と現代の東京湾岸線図

である。縄文時代にいまよりも地球が暖かく、それまで地球を厚く覆っていた氷河が溶け出していた頃《ころ》、東京湾はいまよりもずっと内陸にまで入り込んでいた。その頃は銀座[8]も新橋[9]もなかった。日比谷[10]の入り江はずっと深く陸地に浸入して、都心部は複雑なフィヨルド[11]状の地形をしていた。そういう時代に、芝のあのあたりの土地は堂々たる大きさをもって、広々とした東京湾に突き出た半島の姿をしていたのである。

⑥このあたりに住んだ縄文人たちにとって、芝の半島は「◆サッ」と呼ばれる重要な聖地だった。「サッ」という音は、ものごとの境界をあらわす古代語として、大切な場面で使われる言葉だった。人間の意識（心）が、自分の能力を超えた領域に接触しているのを感知したとき、古代の人たちはそこに「サッ」があらわれていると考えたのである。「サッ」は人間的なものとそれを超越したものとがたがいに触れあう、接触点や陥入の場所のありかをしめす、野生的な概念である。そこから、「ミサキ」や「サカイ」などの古い日本語が生まれた。そこは超越的な領域、死の領域との境の地帯をあらわしている。そして、「ミサキ」でもある半島は、そのような超越的な死の領域に突き出されたアンテナのような地形として、重大な意味を持ち続けてきた。

⑦芝の半島は、東京の中でも有数な「ミサキ」だった。そのためここには縄文時代以来、死者の埋葬にかかわる重要な聖地が設けられてきた。時代が下っても、

8 **銀座**　東京都中央区にある商店街・歓楽街。
9 **新橋**　東京都港区にある飲食店街。
10 **日比谷**　東京都千代田区にある皇居南部に接した地域。
11 **フィヨルド**　氷河の浸食によるU字谷が海面下に沈み、海水が入り込んでできた入り江。［ノルウェー語］fjord

問3　「サッ」とはどのような意味をもつか。

そのあたりが死霊の世界とのコンタクト[12]地帯であるという感覚は失われなかったから、豪族たちもきそって大きな古墳を、芝の高台につくった。そこからならば大海原は一望のもとであり、死霊の棲《す》む空間と考えられた海の彼方《かなた》に向かって、手を差し伸べることさえできそうだ。いずれそこには大きな寺が建てられ、古代に墓地であった記憶を頼りに、広大な墓地も開かれるようになった。しかし時代は変わっても、人々はあいかわらずこの土地に、超越的領域に向かって立てられた敏感な「サッ」のアンテナ機能を感じ取ってきたらしいのである。

[8] その極め付きが、東京タワーなのである。戦後このあたりは一面の焼け野原だった。朝鮮戦争[13]をきっかけとして、経済活動がふたたび活発化の様相を見せはじめたとき、日本の解体業者のもとに、朝鮮戦争で廃棄処分となった戦車をまとめて解体してほしいという、思いもかけない大仕事が舞い込んできた。そのとき、戦車をつぶして手に入った良質な鉄材をもとに、世界一の（ということはエッフェル塔[14]よりも高い、という意味だ）電波塔を東京に建てようというアイディアが、にわかに現実味をおびてきた。

[9] タワーの予定地の第一候補は上野の森[15]だったが、ここにはすでに美術館や大学が建設されることになっているので、第二候補の芝に白羽の矢が立った。興味深いことには、上野の森も古代東京湾に突き出た北の半島の一角として、古くから古墳や埋葬地として知られていたところである。上野から芝へ。この決定にはな

12 **コンタクト**　接触。交信。［英語］contact

13 **朝鮮戦争**　朝鮮半島ほぼ全域で、一九五〇年六月から五三年七月まで戦闘が行われた国際紛争。

14 **エッフェル塔**　フランス・パリのセーヌ河畔に立つ鉄骨塔。一八八九年、万国博覧会会場のモニュメントとして建設された。現在は、電波塔としても利用されている。高さ約三二〇メートル。

15 **上野の森**　東京都台東区にある上野恩賜公園のこと。

にか日本人の心の深層で働く無意識の思考を、感じ取ることができる。高い電波塔の建てられるべき場所は、すべからくそのような土地でなければならない。無意識がそう命じたのであろう。

[10] 戦車の廃材はみごとな鉄塔となって、芝の墓地群のまん中に蘇《よみがえ》った。エッフェル塔よりもわずかに高い、文字どおり当時の世界でもっとも背の高い電波塔である。東京タワーははじめからエッフェル塔を意識していたのである。高さにおいて、パリの電波塔は凌駕《りょうが》された。しかしその高さの内容は、同じではなかった。たとえばロラン・バルト[16]は有名な『エッフェル塔』というテキストで、エッフェル塔を「天と地をつなぐ橋」と表現した。彼がそこで「天」と言ったのは、いと高きところにいまします天なる神のことである。しかし、我が東京タワーがなにか超越的なる領域とのあいだに掛け渡される橋であったとしても、それは「いと高き天」ではなく、天空でもあり海の彼方でもあり、あるいは地下界にあると考えられた死霊の王国に向かって突き出されたアンテナ[17]としての橋なのである。

[11] 東京タワーは「天界」と「地上界」という、明確に概念化された二つの領域をつなぐのではなく、境界を越えるともはや思考でも言葉でもとらえることの不可能な、死の領域にさしこまれたセンサー[18]として、既知と未知とをつないでいる。さらに言えば、このセンサーないしアンテナは、生と死を、過去を生きた死者の魂といまだ生まれ出ていない未来の生命とをつなぎながら、不確定な空間の中を

問4 「そのような土地」とはどのような土地か。

16 ロラン・バルト Roland Barthes 一九一五－八〇年。フランスの批評家・記号学者。『エッフェル塔』は、一九八九年発表。

17 アンテナ 電波を送受信する導体。[英語] antenna

18 センサー 熱や光・超音波・電磁波などを検知する器具。[英語] sensor

揺れ動いている。

[12] 東京はじつに不思議な都市ではないか。ルイ・アラゴン[19]は農夫の目をもってパリを散歩し直してみると、そこがなんと奥深い神秘にみちたシュール[20]な都市に見えてくることかと、その驚きを『パリの農夫』に描き出してみせた。それならぼくは縄文人の野生の思考を身につけて、東京の散歩へとでかけよう。パリにエッフェル塔があるのなら、ここには東京タワーがある。そしてそれぞれの電波塔は、そこに住む住民の抱く「超越性の思考」を、あからさまなかたちで表現してみせている。我々のリアル*[21]はどこにあるのか。深遠なその問いかけへのひとつの答えが、東京タワーにはひそんでいる。

19 **ルイ・アラゴン** Louis Aragon 一八九七－一九八二年。フランスの小説家・詩人・評論家。『パリの農夫』は、一九二六年刊行。

20 **シュール** シュルレアリスムの略。シュルレアリスムは、非合理的なものや無意識の世界を追求し、現実の革新を企てた芸術運動。［フランス語］surréalisme

21 **リアル** 真実の。現実の。実在する。［英語］real

読解

1 「その極め付きが、東京タワーなのである。」（九四・8）とはどのようなことか、説明しなさい。

2 「しかしその高さの内容は、同じではなかった。」（九五・7）とはどのようなことか、説明しなさい。

3 筆者が「東京はじつに不思議な都市ではないか。」（九六・2）と考えるのはなぜか、説明しなさい。

重要語

リアル 「本当の」「真の」という意味。私たちは情報化社会に生きている。パソコンやインターネットの普及により世界中のあらゆる情報を手に入れることができるし、それらが作るバーチャル空間は現実以上に現実的だ。でもそれは同時に、現実の稀薄化をまねいている。「リアル」とは、確かに自分がいまここに存在していると感じられるものを意味する。

グーグルマップの世界

松岡《まつおか》慧祐《けいすけ》

グーグルマップを使うと、目的地の情報を簡単に収集でき、道に迷うこともない。便利だが、引き換えに、地図を眺めて未知の土地を想像するなど、「紙の地図」を読む楽しさを失った。効率化により喪失するものに眼を向けることも必要だ。

[1] 地図は、自己の身体からは遠く離れた未知の場所や、自己の身体を超越した「世界」や「社会」という抽象的な存在を、全体として見わたすことを可能にするものである。まだみずからが生活を営む「ここ」の外側にかぎりない未知の世界が広がっていた前近代社会には、地図は正確であろうとなかろうと、そうした人びとの想像力を「ここではないどこか」へと拡張するメディア[*1]として重要な役割を果たしていた。

[2] もちろん現在も、地図はそのような役割をけっして終えたわけではない。子どもたちは地図をとおして世界や日本の地理を学ぶことを義務づけられているし、たとえ大人でも地図をとおして、自分にとって未知の場所へと想像力を広げる余地はいくらでもあるはずだ。

[3] しかし、グーグルマップ[2]が世界中の地理をデータベース[3]化し、いつでもあらゆ

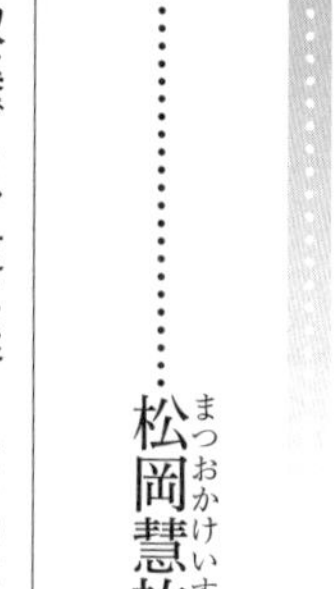

松岡慧祐

一九八二（昭和五七）年―。社会学者。岡山県生まれ。メディアとしての地図のあり方について調査・研究する。本文は『グーグルマップの社会学』（光文社新書）によった。

◆主な著書　共著に『アーバンカルチャーズ』（晃洋書房）など。

1 メディア　媒体。手段。［英語］media

2 グーグルマップ　米国グーグル社による地図情報サービス。平面地図・航空写真・地形図などの表示方法が選択可能で、住所や施設名からも検索できる。［英語］Google Map

3 データベース　系統的に管理・整理された情報の集まり。［英語］data base

る場所の地図を選びとることができるようになったにもかかわらず、人びとの視野は外側に開かれるどころか、むしろ内側へと閉ざされているように思われる。

4 グーグルマップでは、遠隔地も居住地も含めて、あらゆる場所の地図情報が〝フラット〟[4]に並置されている。世界中の地図を網羅し、基本的にどんな場所も同じ形式で地図を表示できるグーグルマップは「フラットな地図のデータベース」と呼ぶことができよう。

5 こうしてあらゆる場所の地図情報がデータベース化され、選択肢としてフラットに並べられると、ユーザーは必然的にそのなかから自分にとって必要な地図情報を選びだすことを求められる。

6 グーグルマップのユーザーは、自分の行動を基準にして、フラットに並べられた膨大な地図情報をスクリーニング[5]（選別）することになる。その結果、人びとのまなざしは「いま・ここ」へと内閉していくのである。

7 グーグルマップの新たな技術は、端的にいえば、「見わたす地図」から「導く地図」へと地図のあり方を変容させるものである。

8 実際、グーグルマップに付加されていくのは、その多くが、世界を全体として見わたすためではなく、それぞれのユーザー[6]が「いま・ここ」についての最適な情報を引きだし、そのユーザーを目的地に導くためのきわめて実用的な機能であ

問1 「内側へと閉ざされている」とあるが、それはなぜか。

4 フラット 平らなこと。起伏がないこと。平面。［英語］flat

5 スクリーニング ［英語］screening

問2 「新たな技術」とは、どのような技術か。

6 ユーザー 利用者。［英語］user

る。自分が必要とするローカル[7]な情報にピンポイントでアクセス[8]できる検索機能、GPS[9]によって現在地を探知しながら目的地へのルートを示してくれるナビ[10]機能をはじめ、グーグルマップは人びとの生活や活動、とりわけ「身体の移動」という基本的な行動に役立つ技術を発達させ、スマホと融合することでユーザー数を伸ばし、多くの人びとの日常に急速に浸透してきた。

[9] まだ紙の地図しか存在しなかった時代には、どんなに主題が細分化された地図であっても、その受け手は、送り手があらかじめ描いた「同じ地図」を共有していた。つまり、受け手はみんな同じ視点から同じように地図を見わたしていたのである。

[10] それに対して、グーグルマップでは、ユーザーが縮尺や範囲、そして強調するスポット[11]やルートなどを自由に選択することができるため、ユーザーによって、どんな視点からどんな地図を見るかは変わってくる。◆このような意味で、グーグルマップはユーザーを「個人化」させることになる。グーグルマップというデータベースそのものは共有されているが、そこから引きだされる地図情報はかならずしも共有されるわけではない。

[11] いま地図は広げるものではなく、個々がもつスマホの小さな画面のなかにある。そんな現在、実際に地図を誰かと共有し、一緒に眺めるような場面も少なくなってきてはいないだろうか。たとえば、かつては道端で地図を広げていれば、周囲

7 **ローカル** 地方の。地方特有の。［英語］local

8 **アクセス** ここでは、情報システムに接続すること。［英語］access

9 **GPS** ［英語］Global Positioning System の略。全地球測位システム。地球の軌道上の衛星を用いて、特定の人物や場所の位置情報を特定する。

10 **ナビ** ナビゲーション（［英語］navigation）の略。道案内。

11 **スポット** 位置、地点。［英語］spot

問3 「このような意味」とは、どのような意味か。

から「道に迷っている人」として認識され、誰かが親切に道を教えてくれたかもしれないが、スマホ片手にグーグルマップを見ていても、傍《はた》からは何を見ているかすらわからないだろう。このような地図と個人の閉じた関係も、地図の個人化の一側面であり、人間同士の道案内、地図を介したコミュニケーションの機会を減少させる可能性がある。

[12] また、グーグルマップにはそのなかに自分が「居る」。GPSによって自分の居場所が地図の中心に示され、ユーザーの移動に合わせて中心も動いていくため、その地図はまさに自分専用のものとなる。そして、地図に示されたルートに沿って目的地に進んでいくとき、ユーザーが見なければならないのは、地図上に可視化された自分（現在地）とその先にある経路だけである。こうしてユーザーは地図を面として「見わたす」のではなく、もっぱら点（現在地）と点（目的地）をむすぶ線（経路）を「追う」だけの存在になっていく。

[13] グーグルマップには自分で主体的な地図を操作できるという側面もあるが、検索機能やナビ機能（GPS）を使うことで、ユーザーは自分で情報を探しだすのではなく、代わりに最適な情報を探してくれるコンピュータに従属することになる。地図を「見わたす」ことは、自分で地図を読みこんで情報を選別する主体的な行為といえるが、コンピュータによる検索結果やGPSに身を委ねることで、地図を「見わたす」プロセス[12]は省かれることになり、逆に地図に導かれるように

問4 「地図と個人の閉じた関係」とはどのような関係か。

問5 「『追う』だけの存在」とは、どのような存在か。

12 プロセス 過程。経過。手順。［英語］process

して最適な情報にジャンプすることができる。ユーザーが地図を「見わたす」のではなく、地図がユーザーを「導く」ようになるのである。

[14] このように、グーグルマップは、ユーザーがつねに自分が見たいものを見られるようにするための技術を発達させることで、地図を見る主体を個人化させると同時に、ユーザーが地図を見わたさなくても、代わりにコンピュータが地図を最適化する役割を担うことで、「見たいものしか見ない」という態度を可能にしてきたわけである。

[15] この「見たいものしか見ない」という態度に関しては、グーグルマップにかぎらず、パーソナライゼーション[13]が進んだウェブ[14]のユーザー全般に当てはまる問題として、すでにメディア論において指摘されている。見たいものしか見なくなるということは、たとえば政治的な意見の形成という観点では、同じ意見をもった人びとだけで意見を参照し合うと、その意見が強化され、その延長線上にある極端な立場へとシフト[15]していく「集団分極化」を引き起こす。ただ、社会学者の土《ど》橋臣吾《ばししんご》[16]は、ウェブで「見たいものしか見ない」ですむことは、情報収集の効率性の観点では大きなメリットになるため、そうした情報選別の効率性と多様性への開かれのバランスをどうとるかが重要であるとしている。

[16] グーグルマップに関しても、たしかに自分が欲しい地図情報を効率的に探すためには、不要な情報はカットする必要があり、それ自体は、何ら否定されること

13 **パーソナライゼーション** 物事を個人向けに最適化していくこと。ここでは、インターネットの利用状況から各ユーザーの関心や趣味嗜好を把握し、ユーザーにとって好ましいと判断された情報を集中して提供していく機能のこと。［英語］personalization

14 **ウェブ** ワールド・ワイド・ウェブの略。インターネット上に分散するさまざまな情報を検索・表示できるようにしたシステム。［英語］Web

15 **シフト** 移動。移行。［英語］shift

16 **土橋臣吾** 一九六九年－。メディア社会学者。

ではない。では、地図において「見たいものしか見ない」ことは、いかなる問題を孕《はら》んでいるのだろうか。

17 社会学的には、やはり「社会」の認識に関わる問題としてとらえるべきだろう。地図は、わたしたち個人が直接的に見わたすことができない抽象的な「社会」を全体として可視化しうるメディアである。グーグルマップにおいても、そのなかにある世界地図や日本地図をとおして、「社会」は全体として可視化されているといえるが、人びとはもはや「社会」を見わたす目的でグーグルマップを使ってはいない。

18 個人が「社会」を想像するうえで重要なのは、日常生活において無意識のうちに絶対化している「いま・ここ・わたし」を相対化することである。そして、そのために◆不可欠なのが地図である。だが、グーグルマップは、むしろ人びとを「いま・ここ」という日常性に埋没させ、視野狭窄《きょうさく》に陥らせる「わたし」のためのメディアとして発達してきている。

19 もちろんグーグルマップをズームアウト[17]すれば、いつでも「社会」を見わたすことはできるし、わたしたちの身のまわりから世界地図や地図帳が消えたわけでもない。根本的には、個人がどのような関心をもち、どのような地図を見るか、そして、どのように地図を使うかということが、「社会」の見え方を規定することになるだろう。ただ、グーグルマップの技術は、見えない「社会」を見わたす

問6 「不可欠なのが地図である」とあるが、それはなぜか。

17 ズームアウト 被写体から遠ざかっていくこと。ズームインの対義語。［英語］zoom out

ための「ズームアウト」への欲望そのものを衰退させ、そのかわりに、自己の身体的移動とむすびついた「いま・ここ・わたし」を見つけだすための「ズームイン」への欲望を刺激するほどの影響力をもちつつあるようにも思える。つまり、そこには、地図をとおして「いま・ここ・わたし」へと否応なく接近してしまう身体をかたちづくり、地図そのものの見方・使い方を根本から変えていく可能性があるというわけだ。

[20] 今後もデジタルメディア全般の進化にともない、グーグルマップをはじめとするモバイル[18]形式のデジタル地図はますます普及し、「いま・ここ・わたし」を可視化する機能もさらに強化されていくことが予想される。そうなれば、こうした個人化の傾向は加速し、世界はますます閉ざされていくことになるだろう。地図としての「社会」はけっして「見えない」のではないが、わたしたちは検索機能やナビゲーション機能が強化されたグーグルマップに支配されることで、それ◆を「見ない」ように誘導されているのではないか。

18 モバイル 自由に動く。移動性の。[英語] mobile

問7 「それ」とは何をさすか。

読解

1 「地図がユーザーを『導く』」(一〇一・2)とはどのようなことか、説明しなさい。
2 「『見たいものしか見ない』という態度」(一〇一・6)とはどのような態度か、説明しなさい。
3 「地図は、わたしたち個人が……メディアである。」(一〇二・4)とはどのようなことか、説明しなさい。

重要語

メディア 人間が他者や世界と関係する際にメッセージを伝えるための媒体という意味をもつ。どのような媒体を使用するかでその作用は大きく異なり、人間の思考や身体のあり方を規定するものでもある。

「誰か」の欲望を模倣する

若林幹夫《わかばやしみきお》

社会が都市生活に移行してから、人間は自然との結びつきを決定的に喪失した。もはや、自然相手の労働によって自己認識を深めるのではない、自分が自分であることを確認するために、互いが互いをモデルとして映しあう世界が誕生する。「私」とは、他者だ。しかし、鏡が鏡を映しあう時、実像はどこにあるのだろうか。

[1] カリスマ[1]やスター[2]に強く惹《ひ》きつけられている場合、人はしばしばそのカリスマやスターのようになることを欲望し、彼らが身につけたり、勧めたりするものを自らのものにすることで、自分自身もカリスマやスターに近づこうとする。このとき、カリスマやスターが身につけ、勧めるものに対する欲望は彼／彼女自身のものというよりも、カリスマやスターの欲望や価値基準に従属し、カリスマやスターを模倣したものとしてある。さらに、カリスマやスターに対する彼／彼女の熱狂や欲望すら、もしかしたら友人の誰《だれ》かや、気になるタレントや芸能人の誰かが、そのカリスマやスターを支持し、彼らに熱狂していたからかもしれないし、テレビや雑誌でその人物をカリスマやスターとして取り上げる記事などを読んで、自分もまた惹きつけられたのかもしれない。そうだとすると、そのカリスマやス

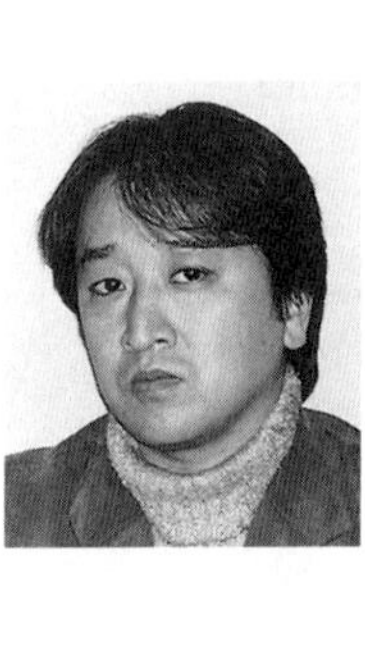

若林幹夫
一九六二年—。社会学者。東京都生まれ。都市と人間の関係を、さまざまな視点で論じている。本文は『社会学入門一歩前』（NTT出版）によった。
◆**主な著書**　『地図の想像力』（講談社選書メチエ）、『都市の比較社会学』（岩波書店）など。

1カリスマ　もともとはキリスト教用語で「神からの恵み・賜物」を意味し、転じてそのような特別な恵みを与えられているように感じさせる魅力、あるいはそのような魅力を持った人物を指す。［ドイツ語］Charisma

2スター　芸能やスポーツなどの分野における大物・花形。星のように手の届かない存在。［英語］star

ターへの欲望すら、そもそもは私自身のものではなく、誰か他の人間の欲望や、メディアの情報をなぞるところに成立しているということになるだろう。

[2] 同じことは、特定のブランド[3]やキャラクター[4]に夢中になり、コレクター[5]のように買い集め、それらに関する情報の収集も怠らないような場合にも見出《い》だされる。その熱中の発火点は、もしかしたら友人の誰かや、ちょっと気になるタレントや芸能人の誰かが、そのブランドやキャラクターをお気に入りだと語っていたからかもしれない。あるいはまた、自分の友人や身の回りの誰かが、他のブランドやキャラクターを気に入っているから、それと〝かぶる[6]〟ことなく自分らしさを発揮するために、そのブランドやキャラクターを選んだのかもしれない。

[3] 人が何かに夢中になったり、熱狂したり、欲望したりする。夢中といい、熱狂といい、欲望といい、それらは普通、人の内側から湧《わ》き起こる内発的なものと考えられる。だが、◆右のように考えるなら、内発的なものと考えられる熱中や欲望も、そもそもは自分がいわば〝模範〟とする他者や、対抗する他者との関係で芽生えたものだということになってしまう。他者に対抗している場合ですら、「対抗する他者と同じように、けれどもその相手とは違うブランドやキャラクターをお気に入りにする。」という意味では、やはり他者を模範とし、模倣しているのだ。子どもにとっては親が、しばしばそうした模倣や対抗の対象であり、その関係は成長してもしばしば継続する。モデル[7]にするにしろ反発するにしろ、親が模

3ブランド　ここでは、個性的な魅力を持つと消費者に認識されている商標・銘柄。［英語］brand

4キャラクター　ここでは、アニメやマンガの登場人物などの図像化された人格を持つ存在。［英語］character

5コレクター　収集家。［英語］collector

6かぶる　ここでは「重なる」の意。［俗語］

問1　「右のように考えるなら」とはどのように考えることか。

7モデル　見本。手本。［英語］model

倣や対抗（という名の模倣）の対象になっているのだ。

④こうした場合、人は自分にとってなんらかの形で有意味な誰かの価値基準に従って、何かを欲望している。そのとき人の欲望は、ブランドやキャラクターなどのモノや記号に向かっていると同時に、カリスマやスター、友人や親といった他者にも向かっている。「あの人がもっているあのブランドが欲しい。」というとき、人は「あのブランド」をもつことで「あの人のようになりたい。」と思う。もしも「あの人」がもつのが他のブランドであれば、その別のブランドを欲望するかもしれない。あるいはまた、「あの人とは違うブランド」をもつことで、「あの人」を凌駕《りようが》しようとするかもしれない。このとき、欲望はまっすぐに特定のモノに向かうのではなく、模倣や対抗の対象となる「誰か」を経由し、「誰か」に媒介されて特定のモノを見出だし、それに向かう。人はモノを欲望すると同時に、その欲望を媒介する誰かを同一化の対象として欲望したり、あるいは同一化を望みつつ対抗的に乗り越えようとする対象として羨望《せんぼう》したりしているのだ。

⑤フランスの文芸批評家・哲学者のルネ・ジラール[8]は、欲望が「欲望する主体」から「欲望される客体」へとまっすぐに向かうのではなく、「欲望の媒体」として模倣される第三者を媒介として主体から客体に向かうこうした関係を指して「三角形的欲望」と呼んでいる。三角形的欲望において、私は私の欲望の主体で

8ルネ・ジラール René Girard　一九二三年－。「欲望」は「ミメーシス」（模倣＝擬態）的な性格を持つという「ミメーシス理論」を考案し、新しい人類学の基礎を築

はない。私の欲望は、他者やその欲望に従属しているからだ（図1）。

⑥この欲望の三角形で模倣の対象となる欲望の媒体は、キリスト教徒にとっての神や聖者のように、とうていそこに到達することなどできない彼方に存在する場合もあれば、隣人や友人のように張りあったり同調したりできる身近な存在の場合もある。さらに、そうした他者が具体的な「誰か」としては必ずしも名指せない場合もある。

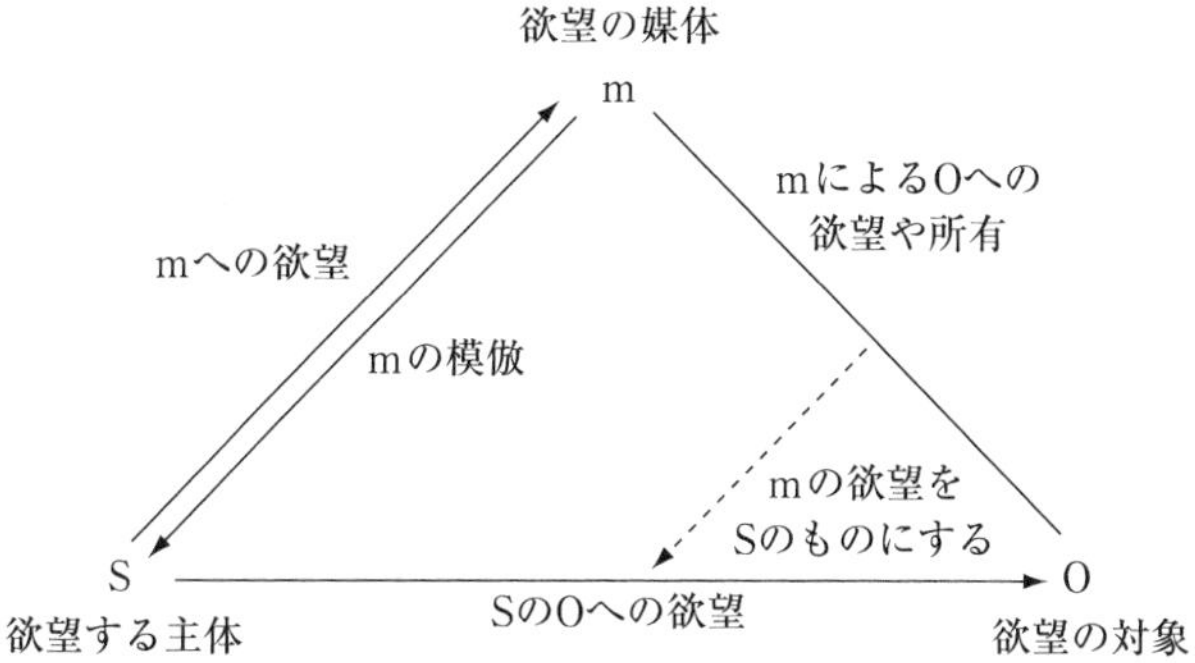

図1　欲望の三角形

⑦このとき、模倣の対象となり、欲望を媒介していたのは、直接的には隣近所や同僚などの具体的な他者であったかもしれない。だが同時に、そうした具体的な他者たちは、「世間」や「みんな」という漠然とした人間のあつまりを代表する最も身近な対象としても見出だされていたことだろう。

またそこでは、広告やコマーシャル、報道などのメディア[9]を通じてもたらされる情報やイメージも介在していたはずだ。この場合、欲望の媒体となっていたのは直接的にはメディア、つまりマスメディアだが、そうしたマスメディアもまた「世間」や「社会」一般を表象し、代表するものとし

いた。著書に『欲望の現象学』（法政大学出版局）などがある。

9メディア　ラジオ・テレビ・新聞・雑誌など、マスコミュニケーションの媒体をいう。［英語］media

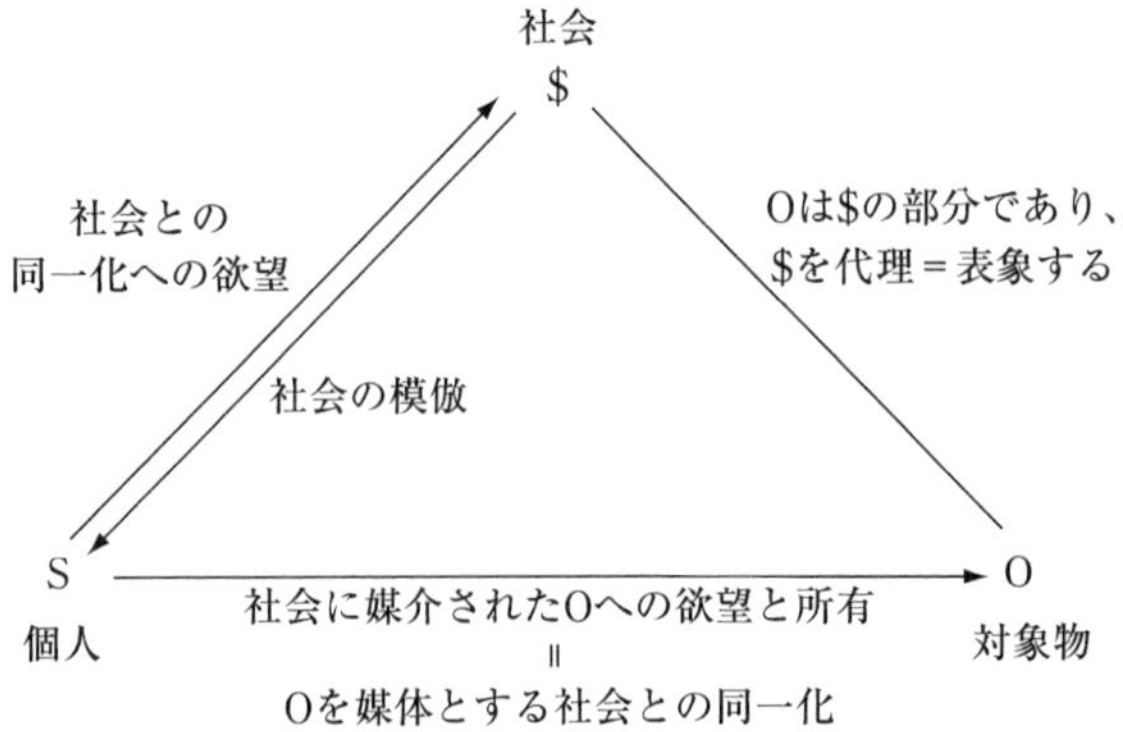

図2　欲望の媒体としての社会、欲望の対象としての社会

て受けとめられる。とすればそこで、本当に模倣の対象となり、欲望を媒介する第三者の位置にあったのは、メディアの向こう側に人びとが見出だす「世間」や「社会」ということになろう。

⑧この「世間」や「社会」は自分以外の他者たちのあつまりやつながりとして具体的な対象性をもつと同時に、自分が見たり、接したりするさまざまな他者たちの向こうに、それらの他者たちを部分として含む集合体として見出だされ、あるいは想像されるものでもある。そして私たちは、そうした「世間」や「社会」を模倣し、その欲望を我がものとすることで、そうした「世間」や「社会」を生き、現実化するのである。このとき、欲望の三角形の頂点には「社会」がある。と同時にそこでは直接的な欲望の対象を媒介として、「社会」が欲望されているのだとも言えるだろう（図2）。

⑨この本質的、根源的な模倣としての「社会化」、つまり他の人びとと同じよう

問2　「そうした『世間』や『社会』」とはどのようなものか。

な社会的存在となることの土台と延長の上に、そうした共通の言葉や振る舞いが実際に個々の人びとによって語られ、振る舞われる際の偏差やヴァリエーション[10]として「個体性」や「個別性」、あるいは「個性」と呼ばれるものがある。そしてまた、そうした根源的な模倣の延長線上に、欲望の媒体によって媒介された趣味や嗜好《しこう》やスタイルの模倣と、それを我がものとしてゆく過程がある。

10 生物としてのヒトが社会的存在としての人間になり、社会を生きるとは、生物としてのヒトが他者を媒介とし、模倣して、◆社会を自らの中に引き入れるということだ。このとき、人は、それが自らにとっての規範となり、規準となるという意味で社会を鑑《かがみ》とすると同時に、自らの姿をそこに重ね、同一化することを欲望するという意味でも社会を鏡*とする。そして自己の意識や身体は、そのようにして他者や社会の欲望を引き入れ、我がものとしてゆくという意味で「社会の鏡」となる。社会を生きるとき、人は社会という鑑＝鏡の中で、自らもそこに社会が映し出される鏡になる。欲望と模倣とは、こうした鑑＝鏡の間の止むことのない光の反射なのだ。

11 日本語で「主体的」と言えば、普通は人に従ったり、人を真似したりするのではなく、自分自身で独立して決定し、行動するということだ。だが、「主体」◆と訳される英語の subject やフランス語の sujet《シュジエ》といった言葉には、「従属した」と

10 ヴァリエーション 変形。変奏。［英語］variation

問3 「社会を自らの中に引き入れる」とはどのようなことか。

問4 「主体」とはどのような意味を持つか。

か「臣下」という意味もある。なぜなら「主体」とは、与えられた役割やルール、期待や規範の下で、それを我が身に引き受けて遂行する存在という含意があるからだ。欲望する主体も、他者や他の存在を欲望するという関係を我がこととして引き受ける存在なのであって、その欲望の対象や方向は必ずしも自己の内側から発する必要はない。むしろ私たちの欲望は、モデルとしての他者や社会的イメージを追いかけ、それを内面に取り込み、模倣するところにしばしば現れる。

[12] 鏡を見るとき、私たちは確かに自らの意思で鏡を見る。だがそのとき私たちは、鏡の中に映った私の像に、そしてまた鏡の中にこれから現れるべき新たな装いの私の像に捉《とら》えられ、自らが望む私の像を鏡の中に映し出すべく躍起になる。このとき私は鏡に、そしてまた鏡の向こうに想像的に見出だされるモデルにとらわれ、従属し、そのモデルを模倣することによって自らを主体化してゆくのだ。

読解

1 「ブランドやキャラクター」(一〇五・3)はどのような社会的役割を果たしているか、まとめなさい。

2 「そのモデルを模倣することによって自らを主体化してゆくのだ」(一一〇・11)とはどのようなことか、説明しなさい。

重要語

鏡 精神医学者のラカンは幼児と鏡の独特な関係を「鏡像段階」と名づけた。それは無力で無秩序な状態にある幼児が、鏡に映る自分の全体像によって、一個の人間である自らを、想像することをいう。この場合「鏡」は比喩というべきであって、幼児が人間として自意識を備えるために、他者のなかに自分を映し出し、自分の理想像を求めていくことを指すのである。その意味で、「私」とは、他者なのである。

第二部

第五章

〈世界〉のなかの〈私〉

●関わる言葉

〈私〉のなかに〈世界〉がある、〈世界〉のなかに生まれ育つことで、私は〈私〉になるからである。いま、〈私〉の前にある〈世界〉はどのような姿か。極端な格差の果ての貧困がある。暴政があり、異質とみなされた人びとへの暴力がある。人とモノの地球規模の移動が、対立と軋轢《あつれき》を生む。メディア技術の進歩は、偏見と独断によろわれた微小な世界に、人びとを封じ込める。なにより、地球を食い尽くした資本の暴走による異常気象が、切実な危機として、いまそこにある。〈私〉は、何をして、どのように生きればよいか、「現実に噛《か》みつかれながら」考えたい。この〈世界〉では、新たなことは、人間からしか始まらない。あなたが、始まりなのだ。

現実に噛《か》みつかれながら……ブレイディみかこ

世界ではいま、あり余る富が公正に分配されないゆえの貧困が問題になっている。貧困は、社会空間から、その人々を排除する。見えない人間にしてしまう。単なる同情ではなく、直視し、見えるものとすること、その必要をこの文章は教える。

1 エセックス州[1]のパブ[2]で飲んでいるときのことだった。

2 いわゆるベガー[3]（物乞いをする人の意）が、パブの中に入って来て店内のテーブルを回り始めた。

3 二十代か、ことによるとティーン[4]かもしれない感じの顔に幼さの残る女性だった。彼女は、テーブルからテーブルに移って、飲み客たちに「スペア・チェンジ[5]！（小銭を恵んで）」と言って右手を差し出している。

4 しばらく英国では見なかった光景だけに驚いた。連合い[6]の故郷のアイルランドではたまにパブやカフェでこういう光景を見ることはあるが、英国でこういったシーンに最後に出くわしたのは、一九八〇年代に語学学生としてロンドンに留学していた頃のことだ。

5 路上に立って物乞いをする人も、ここ数年、いったいいつの時代なんだよ、と

ブレイディみかこ

一九六五（昭和四〇）年―。保育士・ライター・コラムニスト。福岡県生まれ。一九九六年からイギリスのブライトンに在住。本文は『ワイルドサイドをほっつき歩け』（筑摩書房）によった。

◆**主な著書**　『子どもたちの階級闘争』（みすず書房）、『ぼくはイエローでホワイトで、ちょっとブルー』（新潮社）など。

1 エセックス州　イギリスのイングランド東部にある州。ロンドンの北東に位置する。

2 パブ　大衆酒場。居酒屋。［英語］pub

3 ベガー　［英語］beggar

4 ティーン　十代の若者。［英語］teen

5 スペア・チェンジ　［英語］

いうぐらい増えている。こういうのはマーガレット・サッチャー[7]の時代で終わったかと思っていたのに。

6 「スペア・チェンジ。」

7 さきほどの若い女性が、わたしたちのテーブルに近づいてきて言った。化粧っ気のない青白い顔は乾燥し過ぎて粉をふいたようになっていて、唇の皮がむけている。もとは霜降りグレーだったんだろうが汚れてベージュに近いような色になっているスウェットの上下、寒いのにコートも着ず、よく見れば左右の足に違う靴を履いていた。

8 サイモンが財布から、あるだけの硬貨を出して彼女に渡した。

9 「サンキュー・サー[8]。」

10 と彼女は言った。うちの連合いも硬貨をいくつか出して渡している。

11 「あなたたちに神の祝福を。」

12 彼女はそう言って隣のテーブルに移って行った。

13 むすっとした顔つきで座っていたサイモンの甥《おい》っ子が口を開いた。

14 「俺はそういうのは感心しない。渡すべきじゃないよ。」

15 いまどきのヒップスター[9]、って感じの髭面《ひげづら》をしたサイモンの甥っ子は大学生だが、ホームレス[10]支援のチャリティー[11]で熱心にボランティア活動もしている。

16 「なんだ、おめえ路上生活者を支援してたんじゃなかったのか。」

spare change

6 連合い　ここでは夫をさす。筆者の夫はアイルランドからの移民で、大型トラックの運転手をしている。

7 マーガレット・サッチャー　Margaret Hilda Thatcher　一九二五－二〇一三年。イギリスの政治家。一九七九年から一九九〇年まで、イギリス初の女性首相を務めた。強いリーダーシップで市場の規制緩和を行い、新自由主義的施策を断行。労働者階級では多くの困窮者も生まれた。

8 サンキュー・サー　ありがとう、旦那。［英語］Thank you, Sir.

9 ヒップスター　主流の流行や消費社会を否定し、自由な生き方を目ざす若者たちの総称。

10 ホームレス　住居を持たず、公園や路上などでの生活を余儀なくされている人々。路上生活者。［英語］homeless

11 チャリティー　慈善活動。慈善団体。［英語］charity

[17]とサイモンが言うと、甥っ子が答える。

[18]「あれは路上生活者じゃないよ。ドラッグ[12]やアルコールを買う金が欲しいから物乞いしてるんだ。見ればわかるでしょ。僕たちの団体や、他のチャリティーだって、物乞いには金を渡さないように強く呼び掛けている。」

[19]まるで新卒の若者が、会社の新人研修で教わったばかりの企業方針を暗唱するようにサイモンの甥っ子は続けた。

[20]「ベガーの八〇%はドラッグを買うために物乞いをしていると言われている。本当に彼らのことを考えるのなら、金銭を渡すべきではない。彼らの生活を変えたいのであれば、ドラッグのための相談センターやチャリティーに寄付するべきで、いまみたいに金を渡せば、彼らが依存症から立ち直って生まれ変わることを延期する手伝いをしているようなものなんだよ。それでは◆逆効果なんだ。」

[21]彼の言っていることは路上生活者や依存症者のチャリティーのほとんどが主張していることだ。

[22]「まあ理屈でいえばそうなんだろうけどな。」

[23]とサイモンは言った。

[24]「お前らの世代は、何でもそういう風に合理的に片付けようとするけど、人間が生きるって、それだけじゃないからな。」

[25]おっさん臭いことをサイモンが言うと、連合いが脇から言った。

12 ドラッグ 薬品。ここでは、麻薬や脱法ドラッグなど、依存性を持つ薬物のこと。［英語］drug

問1 「逆効果」なのはなぜか。

「[26]けど、よく考えてみりゃ、サッチャーの前の時代までは、純粋なベガーっていなかったよな。路上でカネをくれって言う人々はたくさんいたけど、七〇年代ぐらいまでは、何かと引き換えだったもん。スーツケースを運んでくれたり、怪しげなタバコ売ってたり。物乞いっていうより、路上商売だったよな、あれは。」

「[27]いまでも、バカンスで発展途上国に行ったりすると、そんな感じでしょ。わーっと子どもたちが寄ってきて、鞄《かばん》を運びたがったり、街を案内するとか言ったりして、その対価に金銭を求めて来る。◆彼らはベガーではない。でも、豊かな国にはベガーがいる。その多くは依存症者なんだということを忘れちゃいけないよ。」

[28]と言ってサイモンの甥っ子はラガー[13]をぐいっと飲んだ。

[29]サイモンは義務教育終了後、工場員や店員など仕事を転々とし、海外を放浪したりして好き勝手に暮らしてきたので、家庭を持ったことはないし、彼の知っている限り（男はぜったいに一〇〇%はわからないというのが彼の説だ）子どももいない。

[30]サイモンの家は生粋の労働者階級*だったが、甥っ子の母親にあたるサイモンの妹は大学教員と結婚していて、飛びぬけて裕福ではないにしてもインテリ[14]家庭で甥っ子は育った。だから、地べた労働者のサイモンとは考えが合わないことが多いようで、一緒に食事したり飲みに行ったりすると、だいたいいつも口論をしている。

問2 「彼らはベガーではない。」とはどのようなことか。

13 ラガー 貯蔵工程で熟成させたビールをさす。［ドイツ語］Lagerbier の略。

14 インテリ インテリゲンチャ（［ロシア語］Intelligentsiya）の略。知識階級。知識人。

[31]「そりゃお前の言ってることはだいたい正しいんだろうと俺は思う。でも、気に入らねえ。」
[32]とサイモンが言うと、
[33]「好きか嫌いかを基準にして社会について考えちゃいけない。」
[34]とサイモンの甥っ子が大袈裟《おおげさ》に呆《あき》れたような顔をして首を振りながら言った。世代の差、階級の差のせいか、政治理念の点ではほとんどわかり合うことのない伯父と甥っ子なのだが、なぜかこの二人は仲がいい。仲が悪かったら甥っ子も伯父と住みたいなどと言い出さなかっただろうし、サイモンも彼を受け入れなかっただろう。
[35]「なんかこう、はっきり言ってリアルじゃねえ感じがするんだよな。いつもお前の言うことは。」
[36]などとぐずぐず言い出したのでそろそろおひらきにすることにし、わたしたちは立ち上がってパブの階段を下りた。
[37]さきほどの女性がまだ一階にいて、右手を差し出してテーブルを回っていた。するとパイントグラス[15]にビールを注いでいた店員の黒人女性がカウンターから出てきて、彼女のほうにまっすぐ歩いて行った。
[38]「あなたにここでそういうことをされると困るんです。わかるでしょ。」
[39]店員は、物乞いをしている女性を追い出しにかかっていた。全国どこにでもあ

15 パイントグラス　一パイント（英国では568 ml、米国では473 ml）の容量を持つグラス。ビールを注ぐのに使われることが多い。［英語］pint glass

る大手チェーンのパブなので、マニュアル[16]か何かにそういうルールがしっかり書き込まれているのかもしれない。

[40] 長身でがっしりした体格の黒人女性の店員は扉のほうを指さした。縮れた長い髪を後頭部でぎゅっとひっつめたその女性と比べると、ベガーの女性は三分の二ぐらいの体の大きさしかない。彼女が外に出ていくのをしっかり見届けるため、黒人女性は彼女の後ろから出口まで一緒に歩いて行った。階段を下りてきたわたしたちも、少し遅れて二人の背後から出口に向かう。

[41] ベガーの女性は扉を開けて外に出て行く瞬間、黒人の女性を見て

[42]「ファッキン・ニガー[17]。」

[43] と言った。

[44]「待ちなさい。」

[45] と店員の女性が強い声で言ったので、うわ、これは揉《も》めるな、と思ったが、彼女は冷静な口調で、

[46]「顔を洗って、髪をとかして、相談センターに行きなさい。どこに行けばいいか、わかってるでしょ。」

[47] と言った。そして、ジーンズのポケットからいくつか硬貨を出して、叩《たた》きつけるように舗道の上に投げた。歩き去ろうとしていたベガーの女性は、黒人女性の顔を見てから、次に舗道に投げられた硬貨をじっと見つめて躊躇《ちゅうちょ》しているようだ

16 マニュアル 説明書。手引き。［英語］manual

17 ファッキン・ニガー 「ファッキン」は卑俗な罵倒語。「ニガー」は、アフリカ系人種に対する差別的呼称。［英語］fuckin' nigger.

ったが、やはりそれらを舗道からむしり取るように拾って小走りに店の前から去って行った。

[48]店員はそのまま扉を手で押さえて、微笑しながらわたしたち一行を見送った。

「サンクス。」「グッド・ナイト。」と言いながらわたしたちが外に出ると、最後に出て来たサイモンの甥っ子が言った。

[49]「あなたはあんなことをするべきじゃなかった。」

[50]義憤にかられて何かを言わずにはいられない、という感じの硬質の声だった。

[51]「……あなた、私がそれを知らないとでも思っているの?」

[52]黒人女性はサイモンの甥っ子のほうをまっすぐに見て言った。

[53]「私もあそこにいたことがあるのよ。」

[54]そう言い捨てて彼女は踵《きびす》を返して店内に戻って行った。

[55]「私もあそこにいたことがある」という英語の表現は、「私もその立場だったことがある」という意味である。そういう人が、まるで犬に餌を与えるように舗道にコインを投げたのは、何かの考えがあってのことだったのか、それとも人種差別的な言葉を言われたことに対する怒りだったのか。サイモンの甥は憤然とした目つきで扉の前に仁王立ちしている。

[56]サイモンが甥っ子のほうに近づいて肩を叩いた。

[57]「まあまあ、落ち着いて。いろんな考えをもって、いろんなことをする人間で世

問3 「それ」は何をさすか。

18 ブライトン イギリスのイングランド南東部の都市。

の中はできているんだよ。よっしゃー、もう一軒行くかな。パーッと陽気に行く？」

[58]とサイモンが言うが、うちの連合いは、

[59]「いや、俺はブライトン[18]まで運転しなきゃいけないからぜんぜん飲めないし。」

[60]と仏頂面で答えるし、サイモンの甥っ子も無言でずんずん前を歩いて行く。

[61]通りの端まで歩くと、角の酒屋から見覚えのある女性が出て来た。さきほどのベガーの女性が、まったく悪びれた様子もなく、顔色一つ変えずに路上でジン[19]をラッパ飲み[20]しながらわたしたちの脇を通り過ぎて行った。

[62]「リアリティ・バイツ[21]。」

[63]とサイモンの甥っ子が皮肉な声でつぶやいた。

[64]そう、わたしたちは、ときにこうして真正面から現実に嚙みつかれる。

19 ジン　さまざまな植物をつけ込み、香りを持たせた蒸留酒。アルコール度数が高いが安価なため、イギリスでは古くから貧しい労働者階級に好んで飲まれた。［英語］gin

20 ラッパ飲み　飲み物のボトルに直接口をつけて飲むこと。そのようすがラッパを吹いているように見えることから。

21 リアリティ・バイツ　現実は嚙みつく、の意。転じて、現実は厳しいという意味。一九九四年公開の米国映画のタイトルとして知られる。［英語］Reality bites.

読解

1　「サイモン」と「サイモンの甥っ子」の「考えが合わない」（一一五・16）のはなぜか、説明しなさい。

2　「店員の黒人女性」（一一六・15）はどのような人物として描かれているか、説明しなさい。

3　「現実に嚙みつかれる」（一一九・11）とあるが、本文における「現実」とはどのようなものか説明しなさい。

重要語

階級　主に生産関係上の利害・地位・性質などを同じくする人間集団のこと。近代以降、資本主義経済が発展する中で、階級格差は広がり続けてきた。支配階級と被支配階級の間の闘争（階級闘争）が歴史発展の原動力になると考える立場もある（マルクス主義）。階級それ自体がただちに害悪になるとは言えないが、格差が拡大し人々が分断され、個人の努力による上層階級への移動（社会移動）が困難になると、著しく不平等な社会が実現する。階級格差の是正は政治が担う大きな課題であり、私たち市民も共に考えるべき社会問題である。

交換と贈与

仕事をして給料をもらい、何かを買ってお金を払う。私たちは経済活動によって生きている。その始原は「贈与」と「交換」だと考えられているが、今日では売買という名の「交換」が主流を占める。売買がはびこる現代社会の本質とは何か。

近内《ちかうち》悠太《ゆうた》

1 子供のころ、僕らは誰とでも友人になることができました。たまたま教室で席が隣になったというだけで、たまたま好きなミュージシャンが一緒だったというだけで、僕らは無邪気に友人になることができました。

2 それなのに、大人になると、新しい友人を作ることが難しくなってしまいます。

3 どうして「仕事上の知り合い」とは友人関係になりにくいのでしょう?

4 それは、◆互いを手段として扱うからです。

5 「ビジネスパートナー[1]」という言葉がありますが、これはあくまで利害が一致している限りでの関係や、共通の目的を持った者同士の（一時的な）協力関係を指します。逆に言えば、相手が使い物にならなくなった場合や目的を果たした後は、助ける義理はない、というドライな関係に他なりません。

6 ビジネスの文脈では、相手に何かをしてほしかったら、対価を差し出すしかあ

近内悠太

一九八五（昭和六〇）年―。教育者、哲学研究者。神奈川県生まれ。ウィトゲンシュタイン哲学を専門とし、リベラルアーツを主軸にした総合型学習塾の講師も務める。本文は『世界は贈与でできている——資本主義の「すき」を埋める倫理学』（NewsPicks パブリッシング）によった。これが初の著書。

問1 「互いを手段として扱う」とはどのようなことか。

1 ビジネスパートナー ［英語］business partner

りません。相手が認める対価を持ち合わせていなかったり、「借りを返す」見込みが薄い場合などでは、協力や援助を取りつけることは難しくなります。

[7]だから大人になると、ギブ&テイク[2]の関係、ウィン-ウィン[3]の関係（交換的なつながり）以外のつながりを持つことが難しくなるのです。

[8]「助けてあげる。で、あなたは私に何をしてくれるの？」

[9]これがギブ&テイクの論理を生きる人間のドグマ[4]です。

[10]要するに「割に合うか合わないか」で物事を判断する態度です。割に合うなら助けるし、仲良くする。割に合わないなら、縁を切る。他人を「手段」として遇する態度です。

[11]問題は、僕らは、自分のことを手段として扱おうとして近づいてくる人を信頼することができないことです。親切にされればされるほど、何か裏がある、打算があるはずだと感じてしまう。

[12]「割に合うかどうか」という観点のみにもとづいて物事の正否を判断する思考法を、「交換の論理」と呼びたいと思います。

[13]「努力は報われる／報われない」という視点ですら、交換の論理の一部をなしています。努力という支払いに見合う報酬があるのかないのかという発想自体が、すでに交換の論理に根差しているのです。

2 ギブ&テイク　何かを提供し、その報酬として何かを受け取るという互助関係。［英語］give and take

3 ウィン-ウィン　「双方が勝つ」の意。転じて、取引においてどちらも損をすることなく、双方が利益を得ることのできる関係のこと。［英語］win-win

4 ドグマ　教義。教理。［英語］dogma

14 交換の論理は「差し出すもの」とその「見返り」が等価であるようなやり取りを志向し、貸し借り無しのフラット[5]な関係を求めます。ですから、交換の論理を生きる人は打算的にならざるを得ません。

15 それゆえ、◆交換の論理を生きる人間は、他人を「手段」として扱ってしまいます。

16 そして、彼らの言動や行為には「お前の代わりは他にいくらでもいる。」というメッセージが透けて見えます。なぜなら、この〈私〉はあくまでも利益という目的に対する手段でしかないからです。

17 だから信頼できないのです。

18 つまり、*贈与が無くなった世界（交換が支配的な社会）には、信頼関係が存在しない。裏を返せば、信頼は贈与の中からしか生じないということです。

19 だとすると、交換的な人間関係しか構築してこなかった人は、そのあとどうなるのか？

20 周囲に贈与的な人がおらず、また自分自身が贈与主体でない場合、僕らは簡単に孤立してしまいます。

21 僕らが仕事を失うことを恐れるのは、経済的な理由だけではありません。仕事を失うことがそのまま他者とのつながりの喪失を意味するがゆえに恐れるのです。

22 仕事を失い、かつ頼れる家族や友人知人などがいない場合、僕らは簡単に孤立

5フラット 平坦な。均一の。［英語］flat

問2 「交換の論理を生きる人間」とはどのようなことか。

する。

[23]交換の論理を採用している社会、つまり贈与◆を失った社会では、誰かに向かって「助けて。」と乞うことが原理的にできなくなる。何も持たない状況では、誰かを頼り、誰かに助けを求めることが原理的に不可能なのです。

[24]ゲームから一度降りてしまったら、二度とそのゲームには戻ることができないというルールがゲームの中に存在しているのです。交換の論理を支持するゲームは、このようなタイト[6]な規定のあるゲームなのです。

[25]「甘える」と「頼る」は違う、という主旨のツイート[7]を見かけたことがあります。いわく、甘えるというのは、本当は自分でできることを他人に頼むという意味であり、頼るというのは自分ではできないことを他人に頼むことを意味する、と。素敵な定義だと思います。

[26]何が言いたいかというと、「助けて。」という声は甘えではないということです。経済的、精神的、肉体的に追い詰められたとき、僕らは誰かを頼り、頼られるのです。

[27]しかし、交換の論理はそれを拒否する――。

[28]ひとりでも生きていけるというのは、とてもよいことのように思えます。「誰

問3 「贈与を失った社会」とはどのようなことか。

6 タイト 堅く張り詰めた。きつく結ばれた。［英語］tight

7 ツイート 原義は、小鳥のさえずり。ここは、ソーシャルネットワーキングサービスの「Twitter（ツイッター）」を通じて発信される投稿。［英語］tweet

にも依存せずに、きちんとひとりで生きていける人」、それが大人の条件だ、と言われたら、たしかにそうだ、と納得しそうになります。

[29] ですが、◆誰にも迷惑をかけない社会とは、定義上、自分の存在が誰からも必要とされない社会です。

[30] その社会のすべてのメンバーが誰にも迷惑をかけないということは、誰からも迷惑をかけられることが一切無いという状況です。もちろん、ここでいう「迷惑」とは「助けること」「支援すること」「頼られること」です。

[31] 誰にも依存しないスタンドアローン[8]な存在として生きていける主体だけから成る社会というのは、いざというときに助けてくれる他者を必要としません。その社会の中の誰一人、「いざというとき」をそもそも持ちえないのですから。

[32] もし仮に、この社会のメンバー全員がそのような主体となったとき、というよりも、そのような主体でなければならないと強制されたとき、そもそもそれは「社会」と呼べるでしょうか。

[33] 誰にも頼ることのできない世界とは、誰からも頼りにされない世界となる。僕らはこの数十年、そんな状態を「自由」と呼んできました。

[34] 頼りにされるということはたしかにときに面倒くさい事態となります。僕らはそれを「しがらみ」や「依存」と呼んで、できる限り排除しようとしてきました。

問4 「誰にも迷惑をかけない社会」とはどのようなことか。

8 スタンドアローン　独立・孤立した状態。［英語］stand-alone

[35] その代わり、ありとあらゆるものを自前で買わなければならなくなりました。いざというときに備えて、保険に入ったり、貯蓄をしたり。なぜそれが備えになるかというと、生きるために何かを買い続けなければならないからです。誰にも迷惑をかけられることがないという自由を得るために、死ぬその瞬間まで一瞬たりとも休むことなく商品を買い続ける運命となりました。

[36] 資本主義というシステムに「資源の分配を市場に委ねる」という側面があるのだとすれば、資本主義は、ありとあらゆるものを「商品」へと変えようとする志向性を持ちます。

[37] 市場の拡大、資本の増殖。

[38] そのためには、あらゆるものが「商品」でなければならない。

[39] したがって、資本主義のシステムの内部では「金で買えないもの」はあってはならないことになります。資本主義を徹底し、完成させようとするのならば、僕らは金で買えないものを排除し続けなければなりません。

[40] 「金で買えないものはない」のではありません。そうではなく、「金で買えないものはあってはならない」という理念が正当なものとして承認される経済システムを資本主義というのです。

[41] だからそのシステムの中では、あらゆるものが「商品」となり、あらゆる行為が「サービス」となり得る。その可能性を信じ切る態度を資本主義と呼ぶのです。

問5 「『金で買えないもの』はあってはならない」のはなぜか。

[42]それは言い換えれば、もし仮に金で買えないものがあったとするならば、それは、「買えない」と思い込んでいる僕らのほうが間違っていると主張する立場のことです。だとするならば、資本主義とは経済システムのことではなく、一つの人間観です。

[43]そして、◆その思想はたしかに「自由」と相性がいい。

[44]あらゆるもの、あらゆる行為が商品となるならば、そこに競争を発生させることができ、購入という「選択」が可能になり、選択可能性という「自由」を手にすることができます。

[45]ただし、その自由には条件があります。

[46]——交換し続けることができるのであれば、という条件が。

問6 「その思想はたしかに『自由』と相性がいい」のはなぜか。

読解

1 「大人になると、新しい友人を作ることが難しくなってしまいます」（一二〇・4）とあるが、それはなぜか、説明しなさい。

2 「信頼は贈与の中からしか生じない」（一二三・11）とはどのようなことか、説明しなさい。

3 「その自由には条件があります」（一二六・9）とあるが、「条件」とはどのようなものか、説明しなさい。

重要語

贈与 他人に物品を贈り与えること。ただし、二十世紀以降は、資本主義的な「交換の論理」と異なる経済活動として、文化人類学や哲学において注目されてきた。筆者は、「お金で買うことのできないもの、およびその移動」を贈与と呼び、他者からのプレゼントは市場価値には回収できない「余剰」をもたらすという点や、サンタクロースという「名乗らない贈与者」の役割など、金銭的交換とは異なる性質を指摘する。等価交換が前提の市場経済の中で、その「すきま」を埋め、資本主義に手触りの暖かさを与えるのが、贈与なのである。

国家権力とはなにか

萱野《かやの》稔人《としひと》

国家の存在はすでに空気のように自然だ。強大な国家の前では、宇宙を前にした小さな葦《あし》以下に、私たちは無力だ。しかし、神ならぬ人間が作るものである以上、私たちは国家の本質を見極めることができる。過ぎ去った二〇世紀は、戦争国家が猛威をふるった時代であった。そして、目の前にする現代の国家は？

1 ここで少し視点を変えて権力*をとらえてみよう。

2 とりあげたいのは国家権力とよばれるものだ。おそらく「権力」といわれて国家権力を思い浮かべるのは、日常的には普通のことだろう。権力を思考するとき、国家の問題を無視することはできない。

3 とはいえ、国家権力とは実際のところなんなのか、そのままではイマイチわかりづらい。それを明確にするためには、国家権力がなににによってなりたっているのかを考えることが必要だ。

4 国家がみずからの命令や法に人びとを従わせることができるのはなぜだろうか。われわれはかならずしも国家から出されるすべての法や命令に納得しているわけではないだろう。また、われわれのなかには、法をまもることが大事だと思って

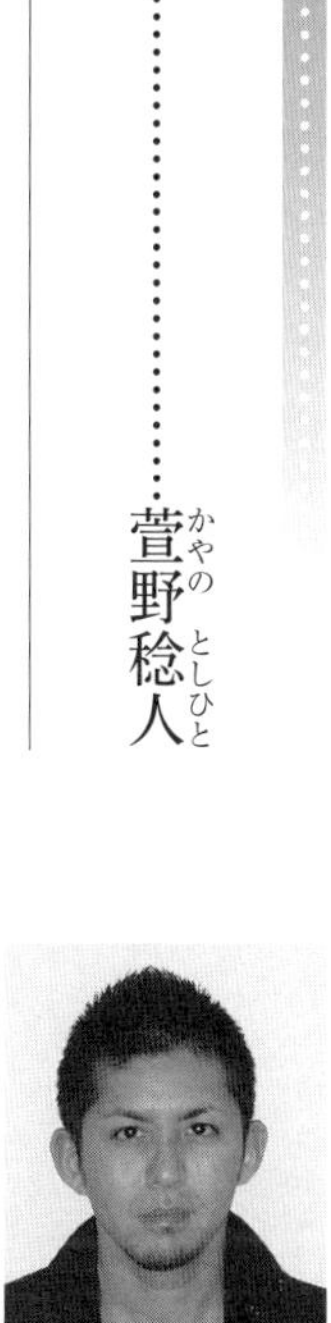

萱野稔人
一九七〇年－。哲学者。愛知県生まれ。国家や社会の抱える問題を具体的に取り出し、社会哲学の立場から明快に論じる。本文は『権力の読みかた――状況と理論』（青土社）によった。
◆**主な著書** 『国家とはなにか』（以文社）、『カネと暴力の系譜学』（河出書房新社）、『いま、哲学とはなにか』（未來社）、『「生きづらさ」について――貧困、アイデンティティ、ナショナリズム』（共著、光文社新書）など。

いる人もいれば、法への敬意をほとんどもっていない人もいる。法にたいして敵意すら抱いている人もいるだろう。にもかかわらず、そうした違いをこえて、国家はみずからの命令や法を社会のなかに貫徹することができる。なぜだろうか。

[5] その理由は、国家が最終的には暴力をもちいることができる、という点にある。暴力、というのが曖昧《あいまい》なら、物理的力と言いかえてもいい。「言葉の暴力」などのメタ・フィジック[1]（超‐物理的）な暴力からそれを区別するためだ。

[6] たとえば国家はみずからの命令（法）にそむいた人間を逮捕し、処罰する。それがイヤだからわれわれは国家の命令に——たとえその命令に納得していなくても——従うのである。逮捕とは、物理的な力をもちいて強制的に身柄を拘束するということだ。この物理的な力の行使は、さらにもっと大規模になると、最終的には戦争までいきつく。この場合は、他国にこちらの要求をのませるために、殺《さつ》戮《りく》や破壊というかたちで物理的な力をもちいるのである。

[7] こうした暴力の行使は、国家権力といわれるものが実際にはどのような権力なのかをわれわれに教えてくれる。マックス・ウェーバー[2]による権力の定義がここでは参考になるだろう。

「権力」とは、或《あ》る社会的関係の内部で抵抗を排してまで自己の意志を貫徹するすべての可能性を意味し、この可能性が何に基づくかは問うところではない。

（マックス・ウェーバー『社会学の根本概念』清水幾太郎《しみずいくたろう》訳　岩波文庫）

1メタ・フィジック　形而上学《けいじじょうがく》。抽象論。［英語］metaphysics

2マックス・ウェーバー　Max Weber 一八六四－一九二〇年。ドイツの社会学者。宗教社会学を開拓するとともに、国家社会における支配の構造を明らかにした。著書に『プロテスタンティズムの倫理と資本主義の精神』、講演

⑧つまり権力とは、たとえ相手がイヤだと思ってもこちら側のいうことに従わせることができる可能性のことである。その可能性を、国家は暴力の行使によって確保するわけだ。これを、国家権力の源泉は暴力の行使にある、という。

⑨もちろん、この引用文でウェーバーも述べているように、相手を従わせる可能性を保証するのは暴力だけではない。

⑩たとえば会社は、給料をあたえることによって、あるいは昇進への希望や「クビにするぞ」というおどしによって、従業員を従わせ、働かせる。また教師は、及第させるか落第させるかをきめる権限をもつことで、遊びたい生徒に勉強させることができる。これら二つのケースでは、暴力以外のもの――カネや特定の権限――が権力の源泉となっている。

⑪つまり、さまざまなものが権力源泉となりうるのである。このことは逆に、国家権力の特徴がどこにあるのかを示しているだろう。その特徴はまさに、国家が暴力の行使をみずからの権力源泉にしている、というところにある。

⑫暴力にさらされるのは、ほとんどの人にとってイヤなことだ。逮捕されて自由を奪われるのもイヤだし、痛い目にあうのはもっとイヤだ。いいかえるなら、暴力は、それを恐れる者であれば誰《だれ》にたいしてでも権力を発動することができる。会社の権力は、その会社から給料をもらおうとする従業員にしかおよばない。また教師の権力は、そのもとで及第したいと思っている生徒にしかおよばない。こ

に『職業としての学問』などがある。

れにたいし、暴力にはそうした制限はない。暴力は他の権力源泉にくらべて文脈◆自由に権力を創出することができるのだ。

[13] 国家はなぜ暴力を権力源泉にしているのか、その理由がここからわかるだろう。暴力はあらゆる文脈をこえて権力をもちいることを可能にする。暴力の前では、他の権力源泉はほとんど機能することができない。だからこそ国家は、あらゆる組織や制度、集団をこえて、社会のなかに至上の権力（＝主権）として君臨することができるのである。

[14] ただし、暴力を権力源泉とするのは国家だけではない、ということには注意しておこう。たとえばヤクザやマフィア[3]といった組織も、暴力によって人びとを従わせようとする。

[15] では、国家はどのような点でそうした暴力組織と区別されるのだろうか。それは、国家だけが法にもとづいて暴力をもちいることができる、という点でだ。それ以外の暴力組織は非合法的にしか暴力をもちいることができない。

[16] 法と暴力のむすびつきは国家を考えるうえで本質的なポイントだ。じじつウェーバーは、合法的な暴力行使の独占ということによって国家を定義している。法の名のもとで暴力をもちいるのは社会のなかで国家しかない。

[17] 国家権力の問題にもう少しこだわってみよう。

問1 「文脈自由に」とはどのようなことか。

3 マフィア シチリア島を発祥の地とするさまざまな非合法犯罪組織の総称。［イタリア語］mafia

[18]そもそも国家が暴力を権力源泉にすることができるためには、国家はみずからの支配下にいるあらゆる集団や個人よりも大きな物理的力を発揮することができなくてはならない。それにはより多くの人間をみずからのもとに集め、組織し、みずからのために動いてもらうことが不可欠だ。当たり前だが、一人よりも一〇人で協力したほうが大きな物理的力を発揮できる。

[19]つまり、暴力を持続的な権力源泉とするためには、暴力の組織化が不可欠なのである。暴力の組織化、とは、複数の人間を物理的力の集団的な運用にむけて組織するということだ。

[20]もちろん一人でも暴力を権力源泉にすることはできる。たとえば武器をつかったり、自分よりも体力的に弱い人間を相手にすれば、物理的な力の優位にたつことができるからだ。しかし多数の人間にたいして持続的に暴力を権力源泉とするためには、暴力を組織化することがどうしても必要になってくる。

[21]では、組織化した暴力をバックに国家はなにをするのだろうか。

[22]国家がまずおこなうのは、支配下にいる人びとから税を徴収するということである。それによって国家は、みずからのスタッフに俸給を支払い、また暴力の行使に必要なさまざまな物資を手に入れるのである。

[23]税の徴収はあらゆる国家にとって本質的な活動だ。というのも、国家はそれによって暴力の集団的な運用に必要な富を獲得するからである。ここにはひとつの

◆循環的な運動があるだろう。すなわち、組織化した暴力をもちいて人びとから労働の成果を徴収し、その徴収した富をつかって暴力の組織化そのものを維持する、という循環だ。これは国家をなりたたせるもっとも基本的な運動にほかならない。

[24] ただしそれだけではない。組織化した暴力をバックに、国家はまた、人びとを動員し、役務を課し、公共事業をおこなう。そこでなされるのは、人びとの生産活動をより効率的なものにするための空間の整備（たとえば農業のための灌漑《かんがい》など）であったり、国家の活動をささえるための施設の建設であったりする。公共事業の歴史は国家とおなじだけ古い。

[25] 現代の公共事業は、税を徴収するという一つ目の活動と、この二つ目の活動とがくみあわさってできている。いまや国家は直接的な事業主であることから身を引き、そのかわりに税として徴収したカネをつかって事業を民間企業などに委託する。そこでは、暴力を背景に徴収されたカネが、政治家や役人の決定を経由して特定の企業や法人へとまわされる。こうしたカネの流れに付随して、利権といわれるものが発生するのだ。

[26] 国家といえども結局のところは、人間のあいだのつながりによってできたひとつの集団にすぎない。もともと国家は、暴力の行使にむけて人びとを組織することによってできた集団が、他の人びとをその暴力によって圧倒し、従わせ、かれらの生産物から一部を持続的に収奪するようになったことで生まれてきた。すな

問2 この「循環的な運動」の目的は何か。

わち、人格的な（personal）つながりによってできた集団が他の人びとに――それこそ人間同士の（personal）支配関係として――権力を行使する、というのが国家の原型なのだ。

[27] しかしそれも国家のながい歴史のなかで脱◆人格化される。近代国家の歴史とは、はじめ君主が手にした主権がしだいに脱人格的なものになっていったプロセス[4]にほかならない。現代において国家は人格的なつながりにもとづいた組織であることをやめ、役職と権限の体系によってくみたてられたひとつの機構となった。これにともない国家と民衆のあいだの支配関係も脱人格化される。つまり人間による人間の支配というエレメント[5]が稀薄《きはく》になるのだ。

[28] いまの国民国家といわれる国家形態は、こうした脱人格化のプロセスを経ることではじめて可能となった。国民国家とは、国民となった住民全体が国家の主体となるような国家形態にほかならない。そこでは暴力を行使する側とされる側が――少なくとも理念上は――一致する。そうした一致は、国家をくみたてていた集団が脱人格化され、その集団と民衆との支配関係が脱人格化されなくてはけっしてなりたたないものである。

[29] ただし注意しよう。

[30] 国家の脱人格化は人間による人間の支配というエレメントを稀薄にするが、だからといってそれは、国家権力が消滅していくということを意味するわけではな

問3 「脱人格化」とはどのようなことか。

4 プロセス 過程。経過。［英語］process

5 エレメント 要素。［英語］element

い。集団の脱人格化は権力そのものがみずからを安定的に維持するためになされてきた、ということを思いだそう。集団が脱人格化されても、そこで機能していた権力はそのまま残る。つまり脱人格化によって、国家のもとには、暴力にもとづいてカネが徴収され権力が行使されるという運動だけが残るのだ。

読解

1 「マックス・ウェーバーによる権力の定義」（一二八・14）を参考にして、権力の「可能性」（同・17）を支えるものにはどのようなものがあるか、例示しなさい。

2 「社会のなかに至上の権力（＝主権）として君臨」（一三〇・6）する国家を支えている「暴力」は、「他の権力源泉」（同・1）とどのような点で性質が異なるか、まとめなさい。

3 「脱人格化」（一三三・4）することで、国家の性質はどのように変わり、また変わらないのか、まとめなさい。

重要語

権力　国家の権力行使を支えているものは物理的暴力である。しかし、暴力はその絶対性ゆえに国家の最終的手段である。暴力を行使した後には、他に利用できる手段はない。暴力の前では理性は眠る。暴力では「服」従させても「信」従させることはできないし、支配される者の自発的・積極的な行為を期待できないから、他の手段で従わせることができれば、それ以上にのぞましいことはないわけである。そこに、権力の機能する場として政治が登場する。政治とは、権力から支配されるべき人々への働きかけであるが、どういう手段をとおして、という固有の通路がない。金銭も名誉も、学問・芸術でさえも人間性の全てを権力操作する手段となる。

第二部

第六章

芸術の創造力

●形づくる言葉

紙になぐり描《が》きされた幼児のクレヨン画でさえも、人間が人間であることを物語る。それは、自然にはないものを、世界に向けて表現することだ。色で、形で、音で、からだの動きで、そして言葉で、人間は自分を世界の前に表現する。感性などというものを持ち出さなくていい。人間は、そこに生きているだけで、世界と呼び交わしているのだ。人の備える五感は世界史の作りだした労作である。それが、芸術といわれるもの。芸術は時代のなかで、また時代に先立って、新しい表現・分野を切り開いてきた。現代ではマンガやファッションも、立派な芸術である。芸術の歴史は、途絶えることのない冒険である。

感性は磨けるか

椹木《さわらぎ》野《の》衣《い》

有名な芸術作品に接して、素直に感動が沸き起こるのなら良いが、どこがすばらしいのか分からないこともある。作品に対する社会的評価や評判と私たちの感性とは必ずしも一致しない。それは私たちの勉強が足りないからなのだろうか。いや、そうではないと、筆者は論じる。

[1] そもそも、よい絵とはなんであろうか。すぐれた美術作品とはどんなものであろうか。

[2] 答えは簡単で、見る人の心を動かすものにほかならない。哀しみでも憎しみでも喜びでも怒りでもかまわない。ポジティヴ[1]な感情でもネガティヴ[2]なものでもかまわない。見る人の気持ちがわけもわからずグラグラと揺り動かされる。いても立ってもいられなくなる。一枚の絵がなぜだか頭からずっと離れない。それが、芸術*が作品として成り立つ根源的な条件なのである。

[3] 芸術が生み出すこうした現象を、私たちはしばしば「感動」などとひとくくりにしてわかったつもりになってしまう。これがよくない。その意味では芸術にとって「感動」は諸悪の根源だ。

椹木野衣

一九六二（昭和三七）年―。美術批評家。埼玉県生まれ。現実に根ざした問題意識と卓越した批評眼によって、日本現代美術の根源を問い直してきた。本文は『感性は感動しない――美術の見方、批評の作法』（世界思想社）によった。

◆**主な著書**　『シミュレーショニズム』（洋泉社）、『反アート入門』（幻冬舎）など。

1ポジティヴ　ここは、前向きに、肯定的に、の意。［英語］positive

2ネガティヴ　ここは、消極的に、否定的に、の意。［英語］negative

④感動などと言って済ませようとした瞬間に、苦労物語がここぞとばかり首をもたげてくる。この絵を描くのに、画家がどれだけ血のにじむ努力をしたことか。どれだけ多くの人が関わり、波瀾万丈《はらんばんじょう》の道程があったことか。などなど。

⑤こうなってくると、無理矢理にでも感動しなければいけない気持ちにもなってくる。感動しなければ、自分が罪深いようにさえ思えてくる。一致団結して感動を支えるべきだ。そのためには、もっともっと勉強しなければならない。努力して感性を磨かなければならない。

⑥正直言って、そういうのはつかれます。

⑦ここには、「芸術に感動できる者はすぐれた感性の持ち主であり、ゆえに作品に込められた高い技芸や複雑な歴史を読み解くすぐれた感性を持つ。」という偏見が横たわっている。

⑧なぜ偏見かと言うと、作る側だけでなく見る側にとっても、知識や技術は鑑賞の助けにはなっても、それがあるからといって本当に心が動かされるとは限らないからだ。むしろ、それが邪魔になって目の前の絵に感性が届かない、ということだって起きてくる。

⑨最近、やたらオーディオ・ガイド[3]とやらが発達して、美術館に行くと、みなヘッドフォンを掛けて絵を見ている。あれはいったい、本当に絵を見ていることになるのか。肝心の絵のほうが、解説を聞くためのイラスト風情に成り下がってい

3オーディオ・ガイド 美術展や劇場などに用意されている、展示物や上演作品について解説を行う音声案内。［英語］audio guide

はしないか。あんなものを付けて絵を見せられるなら、ひたすら何も考えずじっと絵を睨《にら》みつけたほうがずっといい。

10 そうでなくても、芸術をめぐって感動の源泉を知識や技術にもとめようとすると、どうしてもわかりやすい基準に頼りがちだ。「うまい」「きれいだ」「ここちよい」などがそれである。うまい絵、きれいな絵、ここちよい絵ほど、パッと見に判断しやすく、みなで価値を共有できるものはない。

11 実は、4岡本太郎《おかもとたろう》が◆真っ向から否定したものこそ、この三つの基準であった。「芸術はうまくあってはならない、きれいであってはならない、ここちよくあってはならない。」と太郎は喝破した。

12 要は、ある絵を見て、「うわ、なんてみにくい絵なんだろう。」「こういう絵はもう二度と見たくない。」「こんな絵を描いた人物は、きっとどこか変なのだ。」といった反応をすることを、芸術は排除するべきではない。世間的にはネガティヴだとされるこうした感情も、もしかするとその人の心の奥底に眠り、ずっと押さえつけられていたなにかに気づき、それを解放するきっかけになるかもしれないからだ。

13 そして、どんな絵に心が揺さぶられるかは、結局のところ、その人にしかわからない。誰にもわかってもらえない。ましてや共有などできるはずがない。感性が磨けないというのは、煎じ詰めればそういうことだ。

4 岡本太郎 一九一一−九六年。芸術家。彫刻・絵画など幅広い領域で活躍した。一九七〇年には日本万国博覧会のテーマ展示プロデューサーとなり、「太陽の塔」を制作した。

問1 「真っ向から否定したものこそ、この三つの基準」なのはなぜか。

[14] つまり、芸術における感性とは、あくまで見る側の心の自由にある。決して、高められるような代物ではない。その代わり、貶《おとし》められることもない。その人がその人であるということ、それだけが感性の根拠だからだ。

[15] ひとたびこれ◆をまちがえると、感性の根拠が自分のなかではなく、作られた作品や、それを作った作者の側にあるように思い込んでしまう。しかし、芸術体験にとってこれほど不幸なことはない。

問2 「これ」とは何をさすか。

[16] 他人のことは決してわからない。ましてや他人の感性などわかるはずがない。結局、芸術作品は自分で見るしかない。それは誰にも肩代わりができない、あなただけの体験だ。言い換えれば、個が全責任を負って見ることができるのが芸術だ。そして、これがすべてなのである。

[17] ところが安易にこの権利を作り手の側に渡してしまう。渡した途端、他人のことはわからないものだから、すぐにわかりやすい理由に頼ろうとしてしまう。この絵の描き手はどのくらい描写の技を持っているか、

過去にどんな履歴を積んでいるか、どんな有力な流派に属しているか。これでは心は動かされない。反対に心を支配されてしまう。では、そうならぬためにはどうしたらよいか。

[18] 感性など、磨こうとしないことだ。いま書いたとおり、感性とは「あなたがあなたであること」以外に根拠を置きようのないなにものかだ。一枚の絵の前に立って、いったいあなたはなにを感じるのか。たしかに、その感じ方には、当人が受けてきた教育や慣習といった様々な背景によって色が付いているだろう。しかし、それはそれでよいのである。芸術にはまっさらな気持ちで接するべきだとする、別のかたちの潔癖主義の誘いに乗ることはない。芸術作品とは自分がなにものであるかを映し出す鏡なのであるから、汚れた自分のままがよいのだ。むしろ◆自分の汚れを絵に映してしっかりと見届け、そこから先へ進んでゆく糧にすればよい。

[19] 芸術作品には芸術作品の「分際」というものがある。最終的には、あなたの生き様に何もおよぼさないのであれば、どんなに価値が高いとされている芸術でも、ほんとうのところは粗大ゴミも同然なのだ。

[20] 別の言い方をすると、芸術家にとって、見る者の感性の優位には残酷なところがある。作り手が、自作の価値の源泉をできあいの知識や履歴に頼れなくなったとき、作家は丸裸にされてしまうからだ。

問3 「自分の汚れ」とは何か。

21 職業柄、よく美術館やギャラリーを訪れるのだが、見事な技を持ち、様々な歴史的な文脈を踏まえ、まるで一個の構造物のようによく練られた作品に出会うことは少なくない。しかし、それでいてまったく心を動かされないのだ。

22 こういう作品には、なにか無惨なものがある。よくできていて、しかも同時に無惨なのだ。いや、よくできているということ自体が、無惨なのかもしれない。つまり、知識や技の痕跡は垣間見えても、直接、感性を呼び覚ます力がない。学習の対象にはなっても、絵を見ることの喜びや哀しみがない。怒りや晴れやかさがない。

23 反対に、そうした知識や技に裏付けられることがなく、まったく教育を受けたことのない者が引いた素描の線に、猛烈に心を動かされることがある。けれども、そこで描かれた線が、とくになにかすぐれているわけではない。

24 ここで勘違いしてしまうと、そんな線を引いた者の無垢《むく》や天才を賞讃《しょうさん》するという別の悪弊に陥ってしまう。安易に子供の描く絵はみなすばらしいと言ってみたり、障害をおった者の絵を格別に賛美したりしてしまう。本当は、感性を通じて自分の心のなかを覗《のぞ》き込んでいるだけなのに、そのことに気づかない。気づこうとしない。

25 結局、怖いからだろう。

26 誰でも、自分の心の中身を知るのは怖い。だからふだんはそっと仕舞っておく。

問4 「よくできているということ自体が、無惨」なのはなぜか。

けれども、ときに芸術作品はこの蓋を容赦なく開けてしまう。ゴツゴツとした感触がある。なにか軋轢《あつれき》が生じる。自分が壊れそうになる。こうした生の手触りを感じるとき、私たちは、自分のなかで感性が音を立て蠢《うごめ》いているのを初めて知る。

[27] 感性とは、どこまでも事後的にしか知れないものだからだ。

読解

1 「『感動』」（一三六・8、10）に「　」が付されているのはなぜか、本文の内容に即して説明しなさい。

2 「解説を聞くためのイラスト風情」（一三七・18）とはどのようなことか、説明しなさい。

3 「感性とは、どこまでも事後的にしか知れないもの」（一四一・4）とはどのようなことか、説明しなさい。

重要語

芸術　科学や宗教と並ぶ人間の知的活動の一つとして、美を追求する表現活動が芸術であるが、ボードレール（一八二一―六七年）の詩集『悪の華』、ピカソ（一八八一―一九七三年）の「ゲルニカ」、二〇世紀を代表する芸術運動であるシュールレアリスムなど、表現されるのは単なる美しさだけではない。絵画・彫刻・建築・文学など、そのジャンルは広く、先史時代のラスコー洞窟壁画をその原初と捉える一方で、柳宗悦《やなぎむねよし》（一八八九―一九六一年）のように日用品に美を見いだす考え方もある。本来、芸術と技術に区別はなく、教会では神の秩序を体現するものとして渾然一体であった。フランス革命などを経て、人々の平等や個性の重視が叫ばれるようになり、絵画・彫刻・音楽なども宗教から独立して価値を証明しなければならなくなった。これは、近代に至って芸術が成立したとも言える。

マンガの哲学

永井《ながい》 均《ひとし》

哲学とは、人間を支える条件を、その根源から考えていくという営みだ。そう言うと、現実とは関わりのない抽象的な事柄をひねり回す憂鬱な学問というイメージがうかぶだろうが、実は、哲学する素材は日常生活のあちこちにある。ほら、そこに転がっているマンガ本のなかにも……。哲学は、日常の思いを深くする。

[1] 吉田戦車『伝染るんです。』１巻

[1] まず、不朽の名作から。

[2] 最初、この作品のおもしろさは新しい字を発明するということにあるように見える。たしかに、新しい字を発明したところで、どうなるというのだろう。だが

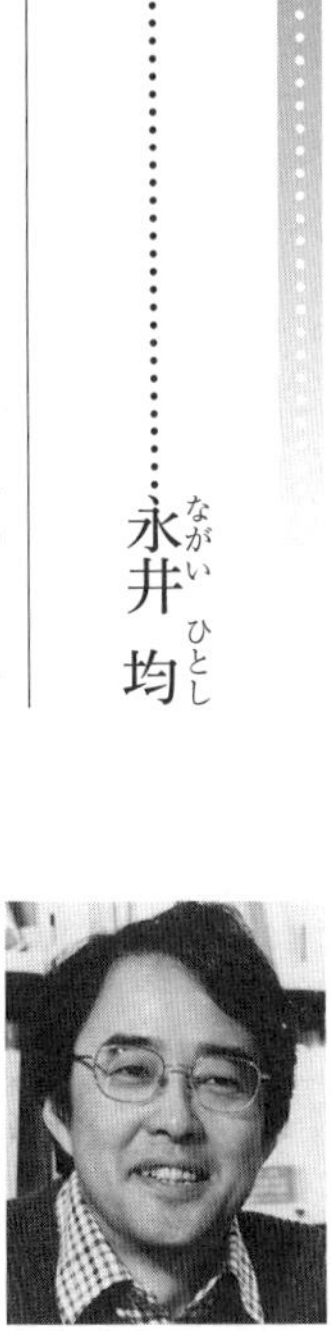

永井 均 一九五一年－。哲学者。東京都生まれ。ウィトゲンシュタインやニーチェを論じ、存在の意味を問い続ける。本文は『マンガは哲学する』（岩波現代文庫）によった。

◆主な著書 『〈魂〉に対する態度』（勁草《けいそう》書房）、『翔太《しょうた》と猫のインサイトの夏休み』（ちくま学芸文庫）など。

1 吉田《よしだ》戦車《せんしゃ》 一九六三年－。岩手県生まれ。不条理ギャグマンガ家の代表的存在。『伝染《うつ》るんです。』（小学館）のほか、『殴るぞ』（小学館）などがある。

次に、このマンガのほんとうのおもしろさは、新しい字の発音をその字を使ってあらわすことができない、という点にあるように思えてくる。まだその字の読み方を知らないのだから、その字を使ってその読み方を言われても役に立たない。しかし、それだけのことなら、「『こじむい』という新しい形容詞を発明しました。――どういうときに使うのかね？――こじむいときです」でも、じゅうぶんおもしろいはずである。

③たしかにそういうおもしろさの要素もある。だが、もうひとつ加わるおもしろさは、◆マンガという表現形式にともなう約束事が、ここにおのずと示されている、という点であろう。マンガは（実際には発音されているのでなければならない）せりふも字で書かれるという約束事のうえに成り立っている。マンガを自然に読んでいる者は、その約束事をもう意識していない。意識していないからこそ、マンガを自然に読むことができるのである。

④われわれは「こじむい」という言葉の意味を知らないから、「『こじむい』は、こじむいことを意味する」などと言われても、何もわからない。しかし、われわれはみな「すっぱい」という言葉の意味を知っているから、「『すっぱい』はすっぱいことを意味する」という言い方ができるような気がする。もちろん、この場合、最初の「すっぱい」は言葉そのものを指しており、次に出てくる「すっぱいこと」は実際のすっぱさそのものを指しているわけである。

問1 「マンガという表現形式にともなう約束事」とはどのようなことか。

[5]実際のすっぱさそのもの？ でも、その「実際のすっぱさそのもの」が、ここではもうすでに「実際のすっぱさそのもの」という言葉を使って表現されてしまっているではないか。さてでは、その言葉と実際のすっぱさそのものとの関係を、われわれはいかにして語りうるのであろうか？ それは語りえないのだ。ウィトゲンシュタイン[2]という哲学者は「語りえぬものについては沈黙しなければならない」という名言を残したが、それはこのような構造を指しているのである。

[6]読み方についても同じことが言える。この少年が発明したような新しい文字ではなく、われわれがすでによく知っている文字、たとえば「あ」なら、「『あ』は〔あ〕と発音する」と書いてよいような気がする。たしかに、「あ」という文字を黒板に書きながら〔あ〕と発音して聞かせるといった場面なら考えられるだろう。つまり、最初の「あ」は文字を指しており、次の〔あ〕は音を指しているわけである。

[7]音を指している？ でも、その音が、ここではもうすでに「あ」という文字を使ってあらわされてしまっているではないか。とすれば、その文字とそれがあらわす音との関係を、われわれはいかにして書きうるのであろうか？ それは書きえないのである。

[8]この作品が、前期ウィトゲンシュタインの主著『論理哲学論考』[3]を連想させるとすれば、次の二つの作品は、後期ウィトゲンシュタインの『哲学探究』[4]を連想

2 ウィトゲンシュタイン Ludwig Josef Johann Wittgenstein 一八八四－一九五一年。オーストリア・ウィーンの哲学者・言語学者。厳密な論理的思考にもとづいて言語の本質と限界を論じ、以後の言語学・分析哲学に多大な影響を与えた。

3 『論理哲学論考』 ウィトゲンシュタインが生前に出版した唯一の著書。一九二九年刊行。一九世紀末から二〇世紀初頭にかけてのウィトゲンシュタインの思想（前期ウィトゲンシュタイン）がまとめられている。「語りえぬものについては沈黙しなければならない」という言葉は、この書による。

4 『哲学探究』 ウィトゲンシュタインの死後、一九五三年に出版された。一九三〇年代後半から晩年に到るまでの、後期ウィトゲンシュタインの代表作。

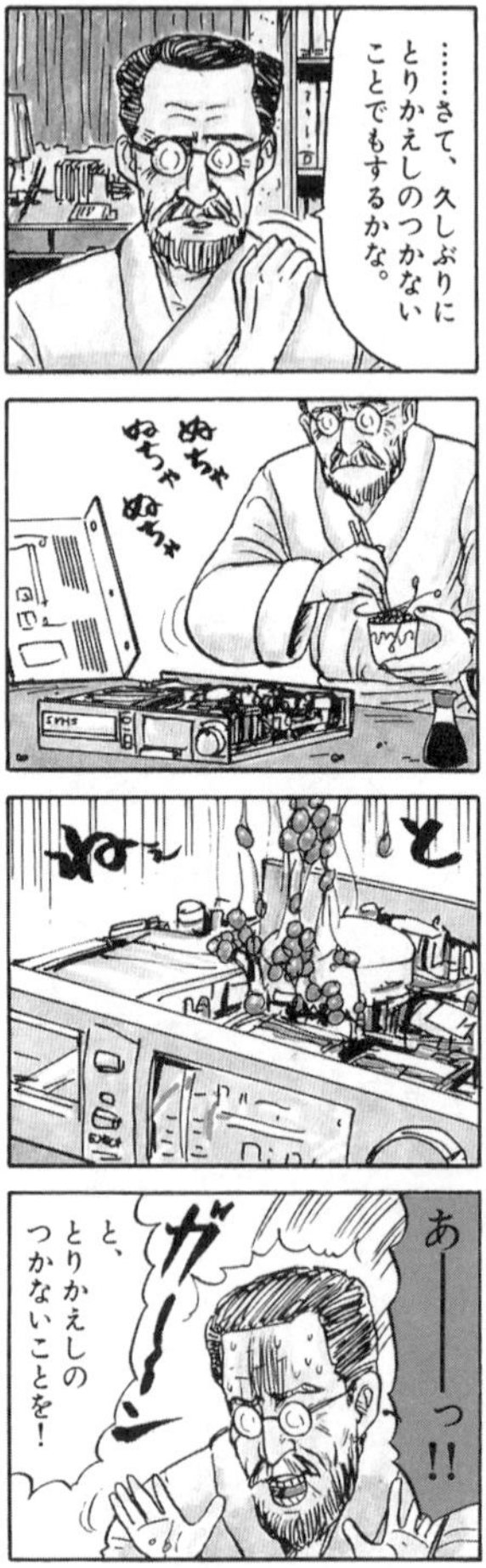
……さて、久しぶりにとりかえしのつかないことでもするかな。
ぬちゃ
ぬちゃ
ぬちゃ
と
あ――っ!!
ガ～ン
と、とりかえしのつかないことを!
吉田戦車『伝染るんです。』1巻

させる。

⑨この二作品のおもしろさは同じであるように思えるかもしれない。たしかに、どちらもほんらい意図的にするはずのないことを意図的にするという、共通のおかしさがある。みずから意図して「とりかえしのつかないこと」をする人も、みずから意図して「ウカウカする」人もいないだろう（そういう規則《ルール》の存在はこういうマンガが描かれることではじめて示される）。

⑩しかし、「とりかえしのつかないこと」のほうは、もし意図的にしようと思えばできるのだ。「ウカウカすること」はそうではない。これは、しようと思っても自分の力だけでは実現できない。この人は、妻がよその男の人とどこかへ行ってしまった（だけではなくその後しかるべきことが起こった）ときに、はじめて「ウカウカしていた」ことになるのであって、それ以前には、ただ寝ころがって

問2 「共通のおかしさ」とはなにか。

いたにすぎない。◆意図的にウカウカすることは、いわば不可能なのである。われわれにできることはただ、「ウカウカしていた」と後から描写されるような事態が起こることを期待して、ぼんやりしていることだけである。

[11] 後期ウィトゲンシュタインの哲学はしばしば「言語ゲーム*」という概念で説明されるが、ここにあらわれているのは、「とりかえしのつかないことをする」と

問3 「意図的にウカウカすることは、いわば不可能なのである。」とあるが、それはなぜか。

吉田戦車『伝染るんです。』5巻

いう言語ゲームと「ウカウカする」という言語ゲームの（こういうマンガが描かれることではじめて示される）差異なのである。

※一四三・一四六・一四七ページのマンガは全て『伝染るんです。』（全五巻、小学館文庫）による。

読解

1 「このような構造」（一四五・6）とはどのような「構造」なのか、具体例を挙げつつわかりやすく説明しなさい。

2 「それは書きえないのである。」（一四五・15）とあるが、それはなぜか。具体例を挙げながらわかりやすく説明しなさい。

3 「『とりかえしのつかないことをする』という言語ゲームと『ウカウカする』という言語ゲームの（こういうマンガが描かれることではじめて示される）差異なのである」（一四七・5）とあるが、それはどのような「差異」なのか、説明しなさい。

重要語

言語ゲーム　後期ウィトゲンシュタインの中心的な思考。『哲学探究』に詳しい。言語というものはある規則性によって厳密に運用されているのではなく、その都度ルールが更新されながらその場その場に応じた運用がされていくということ。本文で言えば「とりかえしのつかないこと」と「ウカウカすること」の共通点（どちらも意図的にするはずのないこと）がありながらも、実際はその運用において大きな差ができてしまうことを示している。ウィトゲンシュタインはそのゲームによってその都度ルールが異なっていくことになぞらえながら、このような言語の形態を「言語ゲーム」と呼んでいる。例えばトランプのジョーカーが、行うゲームによって様々な意味を持たされるように、言語もその場その場の「ゲーム」によって異なる「意味」が生産されるというように考えるとわかりやすいだろう。

日本文化の部分と全体

加藤《かとう》周一《しゅういち》

文化は外部のどこかにあるのではない。立ち居振る舞いから無意識の考え方に至るまで浸透している。だから、死んだ者が生きている者を支配することにもなるだろう。私たちが文化への明察を欠くならば。

①日本文化の中で「時間」の典型的な表象は、一種の現在主義である。現在または「今」の出来事の意味は、それ自身で完結していて、その意味を汲《く》み尽くすのに過去または未来の出来事との関係を明示する必要がない。時間の流れには一定な方向があるが、始めもなく、終わりもなく、歴史的な時間の流れは、特定の方向へ向かう無限の直線に似る。その中での出来事の前後を語ることはできるが、それ以上に時間の全体を構造化して考えることはできない。鎌倉《かまくら》時代に流行した絵巻物の一場面は、全体の話のすじから切り離しても十分に愉《たの》しむことができる。徳川時代から近代にかけて書かれた途方もない数の随筆集は、相互に関連するところ少ない断片的文章から成るが、個別の文章を全体から切り離して読んでも味わいが深い。それは『[1]枕草子《まくらのそうし》』以来『[2]玉勝間《たまかつま》』を通って今日に到る文学的伝統*の一つである。そこには日本的時間の表象の◆著しい特徴が実に鮮やかに反映され

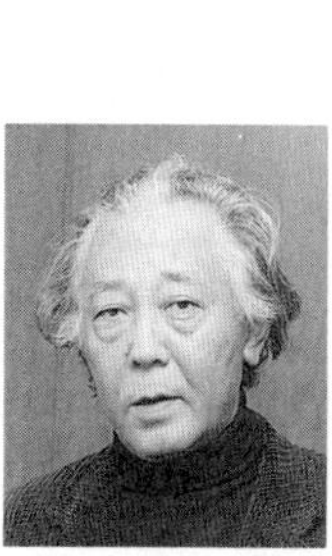

加藤周一
一九一九－二〇〇八年。文芸評論家・作家。東京都生まれ。古今東西の文化・思想・人々を理知的な文体で縦横に語り、広い層から大きな支持を得た。本文は『日本文化における時間と空間』（岩波書店）によった。
◆**主な著書** 『羊の歌――わが回想』（岩波新書）、『日本文学史序説』（ちくま学芸文庫）、『夕陽妄語《せきようもうご》』（朝日新聞社）など。

1 **『枕草子』** 平安時代中期（一〇〇〇年ごろ）の随筆。清少《せいしょう》納言《なごん》の作。

2 **『玉勝間』** 江戸時代後期の随筆。本居宣長《もとおりのりなが》著。一七九五－一八一二年刊行。

問1 「著しい特徴」とは何か。

ている。
[2] 同じことは日常生活の習慣についてもいえる。日本文化の中では、原則として、過去は――殊に不都合な過去は――、「水に流す」ことができる。同時に未来を思い患う必要はない。「明日は明日の風が吹く」。地震は起こるだろうし、バブル[3]経済ははじけるだろう。明日がどうなろうと、建物の安全基準をごまかして今カネをもうけ、不良債権を積みあげて今商売を盛んにする。もし建物の危険がばれ、不良債権が回収できなくなれば、その時現在で、深く頭を下げ、「世間をお騒がせ」したことを、「誠心誠意」おわびする。要するに未来を考えずに現在の利益をめざして動き、失敗すれば水に流すか、少なくとも流そうと努力する。その努力の内容は、「誠心誠意」すなわち「心の問題」であり、行為が社会にどういう結果を及ぼしたか（結果責任）よりも、当事者がどういう意図をもって行動したか（意図の善悪）が話の中心になるだろう。文化的伝統は決して亡びてはいない。
[3] 始めなく終わりない時間のもう一つの表象は、時計の針のように◆循環する時間である。そこでは出来事が一回限りではなく、何度でも起こる。冬来《きた》りなば春遠[4]からじ。しかしここで注意する必要があるのは、出来事の一回性の否定は、必ずしも現在の出来事への注意の集中を弱めるのではなく、むしろ強めるように作用してきたということである。今年の冬が去年の冬と変わらぬとすれば、今年の冬を知ることで同時に去年の冬を知ることができる。その方が記憶に頼るよりも正

3 バブル経済　バブル（[英語] bubble）は、泡・あぶく。株価や地価が高騰し、一時的な好景気にある経済状態。日本は一九八〇年代後半から九〇年代にかけてバブル期にあった。

問2　「循環する時間」とはどのような時間か。

4 冬来りなば春遠からじ　イギリスの詩人シェリー（Percy Bysshe Shelley　一七九二－一八二二年）の詩『西風の賦《ふ》』（"*Ode to the west wind*" 一八一九年）の最終句（If Winter comes, can Spring be far behind?）の訳。

確だろう。同じような春がくり返されるならば、現在の春の観察は未来の春の予見に通じる。循環する季節は、過去および未来のすべての季節の現代化を意味する。俳人の季語は、過去・現在・未来のすべての季節を示す。例は挙げるまでもないだろう。時間の「全体」は、現在＝今が無限に連なる直線、または無限に循環する円周である。それぞれの現在＝今は、その全体の「部分」であり、相互に等価的であるとすれば、日本文化の伝統が強調する現在集中主義は、全体に対する部分重視傾向の一つの表現と解することもできる。そこでは全体を分割すると部分が成り立つのではなく、部分が集まると全体が結果する。

④「空間」の全体は無限の広がりである。部分は「ここ」、すなわち「私の居る場所」である。その場所は、典型的にはムラ共同体であり、境界は明瞭《めいりょう》で、境界の内と外の二つの空間がムラ人にとっての世界の全体を作る。ムラの領域は世界空間全体を分割した結果ではなく、ムラの集まりがクニを作り――クニが何を意味するかはさしあたりの問題ではない――、空間の全体はクニの外部の無限の広がりとして与えられたものである。私の住む場所＝「ここ」がまず存在し、その周辺に外側空間が広がる。外側空間の全体は、所属集団の内側と直接の取り引きをもつ特定の面（たとえば仏教や工芸）を除けば、強い関心の対象ではなかった。八世紀の初めに『古事記』[5]を編んだ人々は、もちろん朝鮮半島の三国[6]・唐[7]・天竺《てんじく》[8]の存在を知っていたにちがいない。しかし『古事記』の冒頭に掲げた創造神話は、

5『古事記』 奈良《なら》時代に成立した日本最古の歴史書。稗田阿礼《ひえだのあれ》の誦習《しょうしゅう》したものを太安万侶《おおのやすまろ》が記録し、七一二年に撰上《せんじょう》した。

6 朝鮮半島の三国 高句麗《こうくり》・百済《くだら》・新羅《しらぎ》の三国。

7 唐 中国の王朝（六一八－九〇七年）。

8 天竺 インド。

日本列島の創造だけを語って、その外部の地域の創造には一行も触れていない。一八世紀後半オランダ製の世界地図が輸入された後になっても、『古事記』解読の代表的な学者本居宣長[9]の世界観は、「神代記」のそれから根本的に異ならなかった。宣長の住んでいた所＝「ここ」が世界の中心で、その中心に係わる限りで周辺部（朝鮮半島や中国やオランダなど！）が存在する。まず世界の全体が成立し、その中に部分としての各国（たとえば日本！）が位置づけられるのではなかった。

⑤ 個人の所属集団は必ずしも国家（日本）だけではない。徳川時代の武士層にとっては主として藩、自作農にとっては主としてムラ、大きな商家にとっては堺《さかい》や大坂の町人社会であったろう。明治以後に発達した都会の中産階級は、彼らの「アイデンティティー[10]」の根拠を所属官庁や大企業にもとめていた。それぞれにそれぞれの「ここ」で生き、働き、取り引きし、連帯し、競争していた。「ここ」は伸縮し、重層する。家族から国家まで、「ジェンダー[11]」から世代まで、一人の人間は多くの異なる集団に属するが、それぞれの集団の領域を「ここ」として意識する。「ここ」から世界の全体を見るのであって、世界秩序の全体からその一部分＝日本＝「ここ」を見るのではない。その構造、すなわち部分が全体に先行するものの見方は、敗戦と占領後の二〇世紀後半に変わったろうか。例を日本国の対外的態度にとれば、根本的に変わったようにはみえない。

9 本居宣長　一七三〇－一八〇一年。江戸時代の国学者。前出『玉勝間』のほかに『古事記伝』『源氏物語玉の小櫛《おぐし》』などの著作がある。

10 アイデンティティー　自己確認。自己の存在根拠。自己あるいは他者について、だれであり、何であるかを定かにすること。［英語］identity

11 ジェンダー　社会的性別。社会的・文化的に形成される男女の差異。男らしさ、女らしさと呼ばれるものなど。［英語］gender

6 国際的な問題を解決するために、各国は自国に有利な解決策を主張する。そのための手段は、大きくみれば、三つあり得るだろう。第一の手段は、力ずくで自説を他国に強制することである。これは帝国主義的な態度である。必要とされる力は主として経済力や軍事力であり、これらの力のどちらかまたは双方が圧倒的でなければならない。それほど強大な力は、二〇世紀後半の日本国にはなかった。第二の手段は、自国の利益に直接係わる場合にのみ問題の領域に介入し、国益を強く執拗《しつよう》に主張する外交である。これは国際問題に対して日本国がとって来た典型的な態度である。たとえば米国との[12]「貿易摩擦」、ロシア（旧ソ連）との[13]「北方領土」交渉。第三の手段は、直接に国益を主張するのではなく、問題の領域全体について、複数の可能な解決法の中から国益に有利な方策（国際的秩序の一つ）を択《えら》んで提案することである。旧ソ連も、米国も、中国も、[14]ＥＵもし

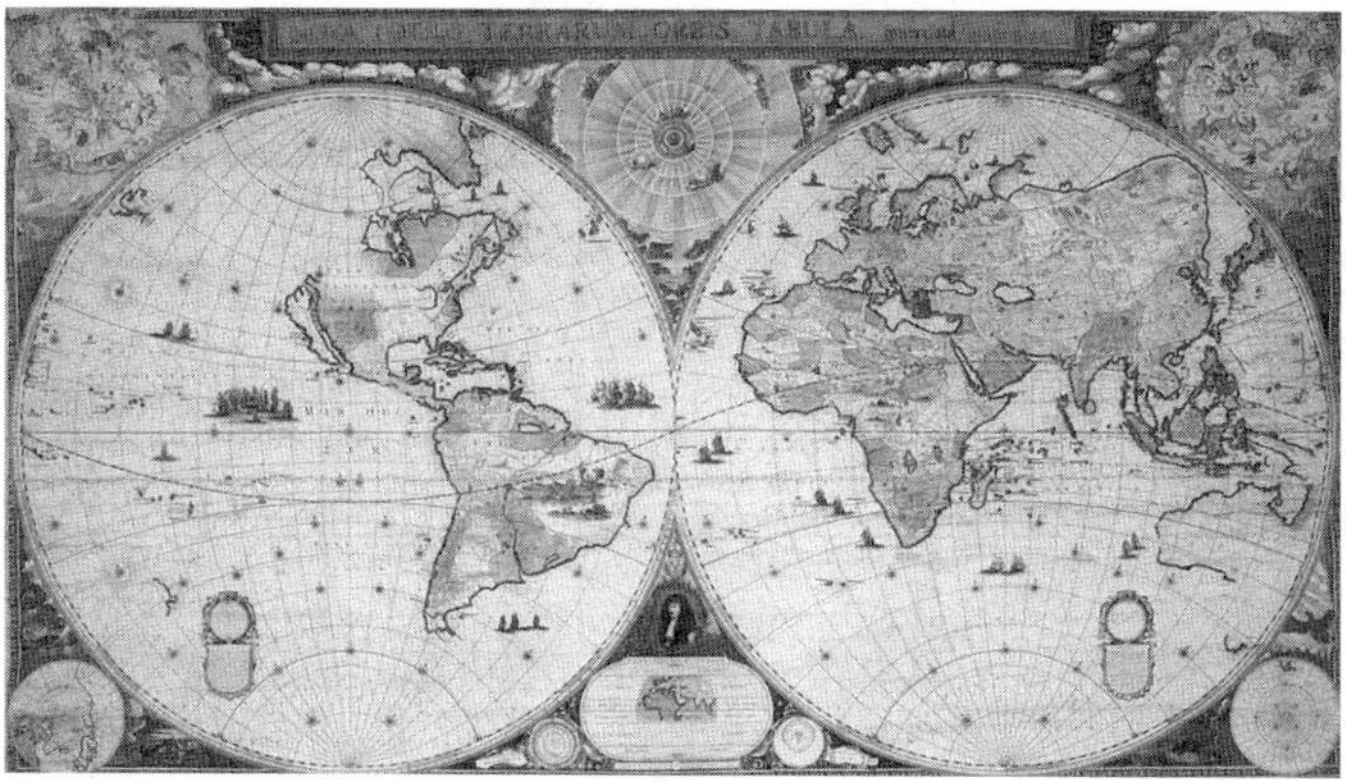
世界図（ヨアン・ブラウ作、フィッシェル改訂、1648年、オランダ）

12 米国との「貿易摩擦」 アメリカに対する日本の貿易黒字をめぐる経済紛争。例えば七〇年代に自動車が、八〇年代に半導体が問題化するなど、両国間の調整がもとめられた。

13 「北方領土」交渉 第二次大戦後、国後《くなしり》・択捉《えとろふ》・歯舞《はぼまい》・色丹《しこたん》の四島の帰属をめぐり、返還を求める立場の日本と、解決済みとの立場をとるロシア（ソ連）との交渉。

14 ＥＵ ヨーロッパ連合（European Union）の略称。

ばしばそういう態度をとった。日本の対外的態度がなぜ第三手段よりも第二手段に著しく傾いたか。個別の場合にはそれぞれ複雑な条件がからんでいることは言うまでもないが、半世紀の歴史をふり返ってみれば、大きな背景は日本国の視線が国の外部よりも内部へ向かっていたということに要約されるのではなかろうか。すなわち関心の中心は「ここ」=日本にあり、その日本を部分として含むところの世界=全体ではなかった。「ここ」文化の伝統は今も生きている。

⑦かくして「ここ」の文化も、「今」の文化と同じように、部分と全体との関係に還元される。別の言葉で言えば、部分が全体に先行する心理的傾向の、時間における表現が現在主義であり、空間における表現が共同体集団主義である。部分と全体との関係において、「今」文化と「ここ」文化は出会い、融合し、一体化して、「今=ここ」文化となる。夢幻能[15]の舞台のように。

⑧夢幻能の舞台では、磨かれた木の床の上に何もない。ただ静まりかえった静寂だけがその空間を支配している。そこへ、静かな空気を引き裂くように、あの鋭い笛が響く。一瞬に起こり、一瞬に消える笛の音。その音には登場人物たちを揚げ幕の奥から、はるかに遠い過去から、舞台へ抽《ひ》き出す力がある。舞台は忽《たちま》ちかつての宮廷の庭や、[16]壇《だん》ノ浦《うら》の戦場となる。主人公たちは思い出を語るのではなく、そこで、今、許されぬ恋にもだえ、舟上で長刀《なぎなた》をふるうのである。彼らは舞う。

問3 「『今=ここ』文化」とは何か。

15 **夢幻能** 能で、ワキ（脇役）の見る夢・幻のなかで、超自然存在であるシテ（主役）が登場するもの。

16 **壇ノ浦** 山口県下関市近辺の海岸一帯。源平最後の合戦（一一八五年）の場。

舞いは一瞬の姿から他の姿へと移り、それぞれの姿が濃密な、決定的な、それぞれの時間の表現になるだろう。せまい空間の中での一瞬の経験はどこまでも深めることができるし、その表現はどこまでも洗錬することができる——ということを能舞台は示す。観客は歴史的興味からそこへ集まるのではなく、現代劇を、すなわち彼ら自身の劇を見るために集まるのである。彼ら自身の劇を見るとは、◆「今＝ここ」文化を自ら定義するということである。

問4 「『今＝ここ』文化を自ら定義する」とはどのようなことか。

読解

1 「『時間』の典型的な表象は、一種の現在主義である。」（一四九・1）とはどのようなことか、説明しなさい。

2 「行為が社会にどういう結果を及ぼしたか（結果責任）よりも、当事者がどういう意図をもって行動したか（意図の善悪）が話の中心になるだろう。」（一五〇・10）とはどのようなことか、説明しなさい。

3 「まず世界の全体が成立し、その中に部分としての各国（たとえば日本！）が位置づけられるのではなかった。」（一五二・5）とはどのようなことか、説明しなさい。

重要語

伝統 私たちは、さまざまな過去の遺産に取り囲まれて生きている。それは目に見える物質的なものだけではなく、思考や感性のはたらき方といった無意識に至るまで、そうなのである。人間が危機に際し反射的に過去に範例を求め行動することを、マルクスは、死者が生者を引きずり回すといっているが、過去は「伝統」として意識されない状況で、その強大な支配力を振るう。「伝統から自由に」といったところで空《むな》しいことである。無意識のうちに、時間や空間の意識として、それは忍びこんでくるのだから。日本の「今＝ここ」文化を、どのように明日に、向こうの世界に開いていくか。いまなお、私たちに課せられた課題である。現実をよりよく生きること以上の文化は、ないからである。

【新しい世界へ】

学校の教科にも、音楽や美術のような芸術に関わるものがある。それは演奏や作品制作の技術を学ぶものでもあるけれど、過去の優れた芸術家の作品に触れ、その素晴らしさを鑑賞することも含まれているだろう。ところで、その作品の素晴らしさは、優れているゆえんは一体どこにあるのだろうか。

それは、優れた作品には私たちの心に触れてくるものがあること――感動をもたらしたり、格好良かったり、美しいと思わせたり――であるのは間違いない。そして、私たちは優れた作品に出会うと、何か今まで知らなかった新しい世界がそこに開けているのを感じる。

その新しさは、今までの自分の感受性になかった美しさを感じるところから来るのだけれども、その作品には今まで自分が漠然と感じていたものがうまく表されている、と思うこともある。自分にとってはじめて出会ったものなのに、出会った瞬間からすっかり気に入ってしまう、という経験は誰にもあるのではないだろうか。

それとは反対に、自分がなじんでいるものがすっかりイメージを変えて現れるという新しさであることもある（なぜピカソは「あんな風に」人の顔を描いたのだろうか？ と思わされるように）。そこで私たちは好奇心を感じたり、気に入らなかったり、嫌悪感を覚えたりすることすらあるが、自然に感じることを止めることはできない。しかし、何か気になったのなら、それもやはり新しい世界への入り口だろう。そこからピカソの「真意」が分かるようになるかも知れない、いや、受け付けない自分の美意識のあり方が見えてくるかも知れない……。

芸術は、作品だけを取り上げてどうこうするものではない。私たちが作品に出会い、私たち自身の感受性・美意識・認識のあり方が揺さぶられることによって、はじめて意味を持つのだ。それが、評価が定まったことになっている古典であろうと、学校ではなかなか取り上げられない漫画や写真や映画などであろうと……。さまざまな作品を通して、私たちはさまざまな自分に新たに出会うのだ。

【読書案内】

◇**椹木《さわらぎ》野《の》衣《い》『感性は感動しない』（世界思想社）**

私たちは美術にどう接していけば良いのか？ 著名な美術評論家である筆者だが、この本は読みやすいエッセイの形で筆者の批評の根となるものを示してくれている。

永井均《ながいひとし》『哲おじさんと学くん』（岩波現代文庫）

平田《ひらた》オリザ『わかりあえないことから――コミュニケーション能力とは何か』（講談社現代新書）

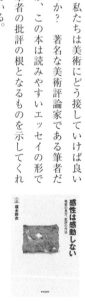

第二部

第七章

ことば、この人間的なもの

●ことばの言葉

空を飛ぶ夢を、君も見たことがあるだろう。一説によれば、幼児が人間の言葉を身につけていく経験が、その根源にあるそうだ。私たちは、他者のなかに、他者の言葉のなかに生まれてくる。大人たちの話す言葉の何一つわからない、か弱く無力な存在。それゆえに、言葉を身につけることは、人間へと大きく飛躍することである。この最初の経験が、人生の危機に際して繰り返し夢として反復されるのだという。言葉は人間の夢の世界にまで根を下ろしているのである。

一方、言葉は支配の道具でもある。「わしがことばを使うときにはな、わしが意味させようとするものを言葉は意味する、要は誰が主人か、ということだ」。『鏡の国のアリス』(ルイス・キャロル)で、卵の姿をしたハンプティ・ダンプティはいう。こうした卵は割らなくてはならない。自分の内側から。支配の欲望は自分のなかにあるのだから。

他者の言葉

内田《うちだ》 樹《たつる》

私たちは「人間らしい」ものとして生まれるが、「人間となる」のはことばのなかである。人生の経験の深まりに応じて、ことばも熟し、豊かになる。ことばの奇跡は、そうしたことばがすべて、他者からの贈り物である点にある。

[1]外国語学校に英会話を習いに行くと、しばしば外国人の教師に、「英語で」日本の文化や社会についての意見を述べることを求められる。そのとき、私たちは実に定型的な言葉づかいで自国について語っている自分に気づく。

[2]経験のある方も多いだろうが、「英語」で日本社会について語ろうとすると、私たちは好む好まざるとにかかわらず、ほとんど自動的に「欧米から見た日本社会についての固定観念」（集団主義、個性を抑圧する教育、創造性の欠如、巧妙な「ものまね」、アメリカ追随、アジア蔑視……）を語ってしまう。というのは、日本を「外から」冷たく突き放して批判的にコメントする英語のフレーズはどんどん湧き出てくるのに、その反対に、欧米の人々が見逃していること、気づいていないことのうちにも「すばらしいもの」があるのだということを説明するための言い回しが私たちの貧弱な英語語彙のどこにも存在しないからである。

内田樹

一九五〇年―。思想家・武道家。東京都生まれ。専門はフランス現代思想。ユダヤ人問題・映画・武道など幅広く発言している。本文は『女は何を欲望するか?』（角川oneテーマ21）によった。

◆**主な著書**　『私家版・ユダヤ文化論』（文春新書）、『武道的思考』（筑摩選書）など。

[3]でも、それが当然なのだ。

[4]私たちは英会話のレッスンを通じて、英語圏の人々が日常的に繰り返すストックフレーズ[1]を暗記させられる。そうやって私たちは、英語圏の人々に固有の価値観や美意識を身体化させてゆくことになる。英語的な発想法や世界の切り取り方を身体に刷り込むというのが、「英語が使える」ということである。そうである以上、英語を使って、「英語話者には見えない事象」、「英語話者がこれまで一度として言語化したことがない概念」を語るということは、きわめて困難な、ほとんど不可能な企てだということがわかる。

[5]それは英語に堪能《たんのう》になり、英語的発音、英語的表情、英語的身ぶりが自動化してくるにつれて、「英語の語彙にない概念」や「英語圏では記号化されていない事象」を語ろうとする意欲が急速に減退してくる経験に通じている。

[6]「他者の言葉」とは中性的[2]なコミュニケーション・ツール[3]ではない。「他者の言葉」はそのつどすでに「他者の精神」を受肉[4]している。「他者の言葉」を借りて語ることは「他者の精神」を内面化することである。

[7]◆それは私たち自身が日常的に経験していることである。たとえば、「怒り」の感情は「怒り」の表情や怒号を必ず随伴する。声を荒立て、表情を険しくすることによって怒りの感情がいっそう高揚することを私たちは知っている。怒りの感情がまずあって、それが表出されるのではない。外形的な「怒りの演技」を通じ

1 ストックフレーズ　決まり文句。慣用句やありふれた言い回しのような、ストック（貯めておける）フレーズ（言い回し）のこと。［英語］stock phrase

2 中性的　男性とも女性ともつかないさま。ここは、客観的で、偏りが見られない意。

3 コミュニケーション・ツール　人と人の間の伝達・交流に役立つ道具や手段。［英語］communication tool

4 受肉　原義は、キリスト教における三位一体の一部であるイエス・キリストが、人間という肉体を備えてこの世に生を受けたことをさす。転じて、抽象的概念が、何らかの具体性をもって示されること。

問1　「それ」とはどのようなことか。

て、「怒りの感情」が内面に食い込んでくるのである。

[8]私たちはある日、自分の子供に向かって、かつて私たちの父母が私たち自身に向かって告げたのと同じ言葉を、同じ表情と同じ身ぶり、同じ苛立《いらだ》ちと同じ満たされなさを通じて語っている自分自身を発見する。そのときに私たちは親たちの価値観や美意識がすでに抜きがたく血肉化してしまっていることを知って愕然《がくぜん》とするのである。

[9]ある種のストックフレーズの発語（「世の中、所詮は色と欲だよ」とか「俺は人間の弱さが嫌いなんだ」とか、何でもいいけれど）とその内的確信は同時的に生起する。発語しなければそのような価値観は内面化されないし、内面化されなければ発語されない。そして、ひとたびそのようなストックフレーズを口にしてしまった人間はもう二度と「そのような言葉を一度も口にしたことのない人間」には戻れないのである。

[10]「ある言語のイデオロギー[*5]性が、話者の自由と主体性をどのように損なっているのかを、その当の言語を用いて、反省的に記述することは可能か？」という古典的な哲学的難問については、プラトン[6]以来実に多くの哲学者が省察を重ねてきた。

[11]私たちは必ずや「すでに存在する言葉」の中に生まれてくる。

[12]私は日本語話者であるが、この言語学的環境を私は自分で選んだわけではない。しかし、私の思考や経験の様式は、私が現に用いている日本語によって深く規定

5イデオロギー　国家や政治・法体系・文化・芸術などを思想的にまとめあげる主導的観念形態。［ドイツ語］Ideologie

6プラトン　Platon　紀元前四二七頃－三四七年。古代ギリシャの哲学者で、ソクラテスの弟子。私たちが生きる現実世界と、事物の真の姿が存在するイデア界を区別する二元論的認識論において、後の哲学に大きな影響を残した。ソクラテスを主人公にした約三〇編の対話形式の著作がある。主な著書に『ソクラテスの弁明』『国家』など。

されている。それればかりか、私自身の思考が日本語によってどのように制約されているのかを問うときでさえも、私はその反省を「私自身の思考を制約している当の日本語」を用いてしか行うことができない。

[13] この「出口のない」ループ[7]の中に私たちは閉じ込められている。この閉じられた存在の仕方の元型を私たちはプラトンが『国家』で引いた「洞窟の比喩」に見ることができる。

[14] 洞窟の中に生まれ、手足を縛られて、洞窟の奥のスクリーンに繰り広げられる「影絵人形芝居」だけを眺めて育ってきた人間がいるとする。その人は、影絵の世界こそが真実の世界だと思い込んでいる。だから、かりに無理に洞窟の外に引き出されて現実の陽光を示されても、眩《まぶ》しく眼は痛み、陽光から目を背けて、踵《きびす》を返して洞窟の中に帰ろうとするに違いない、とプラトンは書く。

[15] 彼は、苦しがり、引っぱっていかれることに苦情を言い、いざ太陽の光の見えるところに来たとしても、眼は光輝に満たされて、いまや真実であると言われているものは、一つも見ることができないのではなかろうか。

[16] 私たちそれぞれの言語は私たちそれぞれの洞窟であり、私たちが真実の経験であると思い込んでいるものはそれぞれの穴居生活に固有の「影絵芝居」なのかも知れない。だからといって、「地下の住居から、力ずくで」誰かに引っぱり出さ

問2 「『出口のない』ループ」とはここではどのようなことか。

7 ループ 輪。輪状のもの。［英語］loop

れても、私たちにはそこで輝いているのが「陽光」であるのか、別の洞窟で演じられている「眩しい影絵芝居」であるのかを判定する権利を持たない。

17 おそらく、心の弱い人間は、陽光から眼をそらして、もとの洞窟に戻してくれと泣訴《きゅうそ》するだろう。洞窟の中の暗闇は、ある意味では、母の胎内にも似た居心地のよい場所でもあるからだ。そこにとどまる限り、自分の見ているものが「現実」であるのか「影絵」であるのかの判定に苦しむ必要もないし、果たしてその真偽を判定する権利が自分にあるのかという答えられない問いを引き受ける必要もない。

18 しかし、人間は「洞窟の外」へ引き出されるという宿業[8]を負っている。というより、そのような苦痛を引き受けるものだけが「人間」と呼ばれるのである。

問3 「洞窟の外」とは何を喩えているのか。

8 宿業 仏教用語。現世で償わされることになる、前世で行った罪の報い。「すくごう」とも。

読解

1 「きわめて困難な、ほとんど不可能な企て」（一五九・7）とあるが、それはなぜか、説明しなさい。

2 「かつて私たちの父母が……発見する」（一六〇・2）とあるが、なぜそう言えるのか、説明しなさい。

3 「判定する権利を持たない」（一六二・2）とあるが、それはなぜか、説明しなさい。

重要語

イデオロギー 歴史的・社会的な立場に基づいて規定された基本的な考え方のこと。しばしば特定の政治的な立場や考え方を指すが、本文では「言語のイデオロギー性」という形で使っている。言語は特定のしかたで世界を切り取り、秩序立てている体系であるが、それは一つの「立場」でしかない。別の「立場」、すなわち別の言語体系の内側では、別の秩序が広がっており、世界の捉え方も異なっている。私たちは、外国語を話す人も言葉が違うだけで見ている世界は同じだと考えがちだが、実際にはそうではないのである。

国境を越えることば

多和田葉子《たわだようこ》

外国人をさすことばとして「外人」、つまり自分たちの世界の外部の人間、という呼び方がある。しかしその外部は、多様な人々からなる多様な世界であり、「国際語」として英語だけ分かっていれば済む、というものではないはずなのだが……。日本の近現代の歴史も踏まえて、日本人の外国語意識を探る。

[1] ある言語で小説を書くということは、その言語が現在多くの人によって使われている姿をなるべく真似《まね》するということではない。同時代の人たちが美しいと信じている姿をなぞってみせるということでもない。むしろ、その言語の中に潜在しながらまだ誰も見たことのない姿を引き出して見せることの方が重要だろう。そのことによって言語表現の可能性と不可能性という問題に迫るためには、母語*の外部に出ることが一つの有力な戦略になる。もちろん、外に出る方法はいろいろあり、外国語の中に入ってみるというのは、そのうちの一つの方法に過ぎない。

[2] 外国語で創作するうえで難しいのは、言葉そのものよりも、偏見と戦うことだろう。外国語とのつきあいは、「上手」「下手」という基準で計るものだと思っている人がドイツにも日本にもたくさんいる。日本語で芸術表現している人間に対

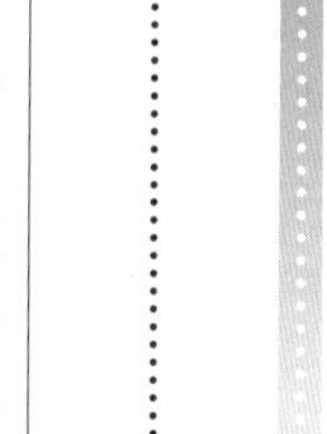

多和田葉子

一九六〇年ー。小説家。東京都生まれ。芥川賞・シャミッソー文学賞（ドイツ）受賞。ドイツに在住して国際的に活躍する作家。本文は『エクソフォニー――母語の外へ出る旅』（岩波書店）によった。

◆主な著書　『犬婿《むこ》入り』（講談社文庫）、『ヒナギクのお茶の場合』（新潮社）、『変身のためのオピウム』（講談社）、『容疑者の夜行列車』（青土社）など。

して、「日本語がとてもお上手ですね。」などと言うのは、ゴッホ[1]に向かって「ひまわりの描き方がとてもお上手ですね。」と言うようなものでとても変なのだが、まじめな顔をしてそういうことを言う人が結構いる。創作者が外国人だと、急に、「上手」「下手」という基準で見てしまうらしい。

[3] 日本人が外国語と接する時には特にその言語を自分にとってどういう意味を持つものにしていきたいのかを考えないで勉強していることが多いように思う。すると、上手い、下手だけが問題になってしまう。そうなってしまう歴史的背景もあるだろう。特に英語やフランス語など西洋の言語は、日本社会の内部での階級差別の道具として使われてきた。英語が下手だと入試に落ちて一流大学に行けないというだけのことではない。もっと漠然とした「階級意識」の演出に外国語が使われることが今でもある。最近日本のマンガを読んでいたら「このフレンチ・レストランはメニューもすべてフランス語のみ、高級な客しか相手にしない。」という文章があった。外国語を習うこと、留学するということは「高級に」なること、つまり普通の人と差をつけて、国内で階級を上へ這《は》い上がるという象徴的な意味を持っているらしい。しかも、誰が上手で誰が下手かということが確実に言えるということは、それを決定する権威が自分たちではなく、どこか「外部の上の方」にあるということである。その権威は日本で抽象化された「西洋人」の偶像であり、その権威が、自分の言葉が「上手」かどうかを決めてくれる、とい

1 ゴッホ Vincent van Gogh 一八五三–九〇年。おもにフランスで活躍したオランダの画家。『自画像』『ひまわり』など強烈なタッチの作品で知られる。

問1 なぜ筆者は「とても変」だと考えるのか。

う発想である。それは家元[2]制度的な発想と言うよりは、むしろ植民地的な発想だと言えるだろう。なぜなら、家元制度では師匠は組織の内部の人間だし、抽象化された偶像ではなく一応血の通ったひとりの人間だからだ。抽象化された「西洋人」を権威機関として崇《あが》めるということは、具体的な西洋出身の個人を無視するということにもなる。実際に生きている生身の西洋人は、トルコ系ドイツ人、韓《かん》国《こく》系ドイツ人、インド系イギリス人や、ベトナム系フランス人、アフリカ系アメリカ人、日系アメリカ人などいろいろな人たちから成り立っているが、そういう多様性があっては、「西洋」が差別の機械として機能しないので、生身の西洋人は無視し、自分の頭に思い描いている「西洋人」像を保持するというような状況が、ごく最近まで日本にあったような気がする。

④もう二十年以上も前になるが、まだ日本に住んでいた頃《ころ》、アテネ・フランセ[3]で『車に轢《ひ》かれた犬』[4]という映画を見た。日本で暮らす西アフリカから来た日本文化研究者の話だが、彼は、日本に住んでいるフランス人たちには「アフリカには餓死している人がいるのに君は日本学なんかやっていていいのか。」と言われ、飲み屋では酔っぱらった日本人に「アフリカでは人の肉を食うって本当ですか?」と聞かれ、かっとなってテーブルをひっくり返してしまう。フランス語を教えるアルバイトをしようとして広告を出すと、希望者の若い日本人女性が家に訪ねて来るが、彼がアフリカ人であるのを見ると驚いて走って逃げて行ってしま

2 **家元制度**　能楽・茶道・華道などの伝統的技芸で、各流派をひきいて流祖の正統を伝える「家元」が、代々受け継がれていく制度。

3 **アテネ・フランセ**　東京にある外国語学校。同校付設の文化センターに映画上映施設がある。

4 **『車に轢かれた犬』**　一九八〇年。フランスの植民地であったコートジボワール出身のモリ・トラオレが監督し、日本で自主製作された。製作ジンバブエ・プロダクション。

う。このシーンは、日本人が「フランス語」というものに背負わせている屈折した願望と、劣等感から来る自覚症状のない不安を鋭く照らし出しているように思った。「自分たちはアフリカと同じくヨーロッパ人が勝手に野蛮人と見なしていたアジアの人間であるが、今は金持ちになったので、そのお金で高い授業料を払ってフランス語を習うことで、野蛮人ではないことを再確認したい。」と無意識に思っているのに、よりによって野蛮人と思われ続けた被害者の代表とも言えるアフリカ人がフランス語の教師として姿を現したので、あわてて逃げていったのだろう。これはつまり、日本人はヨーロッパの野蛮観をなぜかそのまま受け入れてしまったということになる。このような妙な劣等感は、経済成長によって隠蔽《いんぺい》されはしたが、消えてなくなったわけではない。日本人が野蛮人ではない理由は、革靴だけが文明なのではなく◆足袋も文明なのだという単純な理由からなのだが、そういう考察は省略されてしまって、日本人はお金を持っているから野蛮人ではない、という変な形で傷を癒《い》やそうとしていた時代に、わたしはまさに生まれ育ったことになる。わたしがドイツに移住した一九八〇年代には、ヨーロッパで高級品を買い漁《あさ》ったり、高級レストランに行くのが日本人ばかりであることを中年以上の日本人自身が変に強調したがったのは、それで潜在的劣等感の巻き起こすストレスが解消されたからだろう。泡立つバブル[5]の泡銭《あぶくぜに》を使って贅沢《ぜいたく》して楽しんだというなら分かるが、そうではなくて、その買い物熱には、怨《うら》みを金で晴らす

問2 「足袋も文明なのだ」とはどのようなことか。

5 バブル 泡。あぶく。一九八〇年代後半から株価や地価が異常にふくれあがり、九〇年に入ってはじけるまでの好景気状態をさして「バブル経済」と呼び、この時期を「バブル期」「バブル時代」などという。[英語] bubble

というような攻撃性が感じられた。その結果、ヨーロッパ中心主義を外から見て無力化するチャンスを逃してしまっただけでなく、ヨーロッパ文明を消費者の文明としてのみ捉《とら》え自分たちをその一部であるという考え方が一般化し、歴史が消しゴムのカスになって机の下に払い捨てられてしまったような気がする。たとえば、最近の日本人は「アジアに行く。」などと言う。わたしなどは「え、どういう意味?」と驚くが、彼らにとって「アジア」には日本が入っていないから、この言い方はおかしくないのだそうだ。アジアを地理的、歴史的に捉えず、経済的な単位として捉えているらしい。

⑤日本の劣等感を取り上げるのは時代錯誤で、今の人はそのようなことは問題にしていない、と言う人がよくいる。フランス語を学ぶのは単に楽しいから、パリに行くのは買いたいものがあるから、フランス料理を食べるのは単に美味《おい》しいから。それだけのことで、もう劣等感も怨みもどこにもない、何も難しいことなど考える必要はないのだ、と。でも、ヨーロッパ中心主義と日本のねじれた国粋主義[6]の問題は、乗り越えられたかのように見えるだけで、実際には手つかずのまま一万円札の下に埋まっていたような気がする。経済危機の時代が、それらの問題について考え直すいい機会になれば、バブルもはじけがいがあったというものだと思うが、なかなかそうもいかないようだ。バブルがはじければ今度は、フランス語などの「外国語」は単なる飾りであり贅沢品だからやめて、本当のビジネス

6 **国粋主義** 他国に比べて、歴史・文化等における自国の優秀性を極端に信奉し、主張する思想。

に役立つ英語だけやっていればいい、という方針に無反省に移行してしまう傾向が出てくる。それで、日本の大学は英語以外の外国語教育の予算をどんどん削っているらしい。

⑥外国語をやることの意味について本気で考えなければ、外国語を勉強することによって逆に国の御都合主義にふりまわされ続けることになってしまう。セネガルからの帰り[7]の飛行機の中で、エール・フランス[8]の出してくれた美味しいお菓子を食べながら、わたしはそんなことを考えていた。

7 セネガルからの帰り　筆者が二〇〇二年一一月に参加したセネガルのダカール市で開かれたシンポジウムからの帰り。セネガルは、フランスの植民地だったが一九六〇年に独立した。公用語はフランス語で、アフリカにおけるフランス語圏の模範的地域とされている。

8 エール・フランス　Air France　フランスの国営航空会社。

読解

1　日本人のどのような考え方が「植民地的な発想だと言える」（一六五・1）のか、説明しなさい。

2　「ヨーロッパ中心主義と日本のねじれた国粋主義の問題」（一六七・13）が「実際には手つかずのまま」（同・14）になっていると筆者が考えるのはなぜか、まとめなさい。

重要語

母語　人が（母親のことばを聞いて）身につけた最初の言語。「母国語」という言い方もあるが、一般には一つの国で複数の言語が用いられることも多いため、権力に結びつかない「母語」のほうが、公正な語法である。英語や日本語のような話し手の多い「大」言語であれ、数百人程度の話し手しか持たない「小」言語であれ、母親から伝えられ、基本的な思考と感情を養い、人間を人間たらしめているという点では、同等なのである。人間は言語による社会的動物であるから、ともすれば言語の相違が政治的差別と結びつくが、国家の制定した言語が私の言語ではない。言語と他の言語との、ある言語での私と他者との交通の可能性、すなわち多様性が言語の本質である。

動物の言葉・人間の言葉

野《の》矢《や》茂樹《しげき》

ことばは人間だけが使えるものであるがゆえに、ことばが分かる、あるいは分かるように見える動物は時に話題になるし、インコのように人間同様のことばを「話せる」鳥も私たちの興味を引く。では言語使用における鳥と人間の違いは何だろうか。語彙の数や複雑さなどとは別の観点を筆者は提示してくれる。

[1]「動物に言葉はあるか。」と問われたとき、ひとつの答えは、「もちろん言葉をもつ動物はいる。」というものだろう。有名な[1]ミツバチの8の字ダンスや[2]イトヨのジグザグダンスを挙げる人もいるだろうし、鳥の多様な鳴き声について語る人もいるだろう。これらは、情報伝達という観点から言うならば、明らかに[3]コミュニケーションである。そして、コミュニケーションの成立ということで言語の成立を認めるならば、これらの動物たちは言葉をもっているということになる。

[2]これに対して、人間の言語だけに備わっていると思われる固有の特質が、さまざまな観点から挙げられもするだろう。ある人たちは、人間がもっている無限の構文能力に注目する。われわれ人間は、いくつもの文を教わり、そこから語を切り出して、さらにそれらの語を組み合わせて無数の新たな文を作っていく。そし

野矢茂樹

一九五四年―。哲学者。東京都生まれ。論理的思考・論理的コミュニケーションのあり方を説き、言語哲学者ウィトゲンシュタインの研究でも知られる。本文は『他者の声 実在の声』（産業図書）によった。

◆**主な著書** 『哲学の謎』（講談社）、『哲学・航海日誌』（春秋社）など。

1ミツバチの8の字ダンス 巣に戻ってきた働きバチが、仲間に蜜のある方角と距離を知らせるため、数字の「8」の字を描くような動きをすること。

2イトヨ トゲウオ科の魚。日本では北日本を中心に生息する。オスはジグザグに動くようにして雌を巣の中に誘い入

てまた、そうして作られた新しい文を理解することができる。だが動物はそうではない。動物はたんに定型化した反応を示すにすぎない、と。またある人たちは「シグナル」[4]に対する「シンボル」[5]としての言語の働きを述べ立てようとするかもしれない。動物の言葉は状況に促された信号にすぎない。だが人間は状況を概念によってとらえ、むしろ状況をこちらの側から構造化していくのだ、と。

③だが、こうした答えを前にして、私にはひとつの野蛮な疑問が生じる。もし、無限の構文能力を示さないようなきわめて単純な言葉しか用いない人たちの共同体があったとしたらどうか。彼らは「人間の言葉」を話さないのだろうか。たとえば、鳥の鳴き声と同程度の言葉しか話さない人たちがいたとしたら。彼らの発話は信号にすぎないのか、それともシンボルなのか。

④用いられる言語の在り方だけに注目するならば、◆この共同体は「人間の言語」をもってはおらず、むしろ「鳥の言語」のごときものをもっているとみなされるだろう。だが、ここで私は、まったく逆の答えの可能性を探ってみたい。彼らもまた、単純ではあるが、なお人間の言語を用いている。そう答えてみたいのである。しかし、このように言うと、ただちにこう問い返されるだろう。——では、鳥たちはどうなるのか。鳥たちもまた人間の言語に類するものを話しているということになるのか。——いや、そうではない。鳥たちは「動物の言語」を用い、想定された共同体の人たちは「人間の言語」を用いている。そう言いたい。いわ

れ、雌が産卵したのち卵と小魚を守り育てる。
3 コミュニケーション 意思や感情・思考などの伝達。[英語] communication
4 シグナル 信号。[英語] signal
5 シンボル 象徴。表象。記号。[英語] symbol

問1 「この共同体」とはどのような共同体か。

ば、差別したいのである。だが、これは馬鹿げているようにしか聞こえないだろう。なぜって、この共同体が鳥と同程度の言語を用いていると仮定したのは、ほかならぬ私なのだから。

⑤お湯が沸くと「ピー。」という音を立てるうるさいヤカンがある。その音を聞いて、私は火を止めにいく。そのとき、私はヤカンとコミュニケーションを行ったのだろうか。「ピー。」という音を聞いて、立ち上がりながら私が、思わず「はーい。」とか声を上げてしまったのは、あれはヤカンと私の会話だったのだろうか。まさか。では、お湯が沸くと「ピー。」と鳴くようにインコを訓練してみよう。そのインコが「ピー。」と鳴いたので私は火を止めにいく。これならば、私とインコのコミュニケーションと言えるだろうか。そう言える気もしないではない。それでは、一人の子どもをヤカンの番人として育てたとしよう。その子が「ピー。」と言う。私は火を止めにいく。さて、いったいこれらは三つとも「言語」という観点のもとで同じ身分とみなされるべきなのだろうか。私はそうではないと思う。三つとも異なったレベルの事例である（あるいは、異なったレベルでありうる）と思うのである。

⑥「ピー。」という言葉の使われ方だけを見ているならば、これらは（少なくともインコと子どもの場合は）同じものと言ってもよいだろう。お湯が沸き、「ピ

ー。」と言い、それを聞いた者が火を止めにくる。それですべて。何の違いもない。だが、「言語」という概念を明らかにするには、たんにそれがいかに用いられているかを見るだけでは足りないのである。なるほど、「言語」と呼べそうなものをその機能によって分類し、単純な機能と複雑な機能との間に線を引き、そしてここから上は「人間の言語」であるとして分類する、そのような試みにもそれなりの意義はあるだろう。だが、いま私が興味をもっているのはそういうことではない。「言語」とはけっして、たんにあるタイプの機能をもった活動の総称ではない。

7 ここで私は、「どのように言語が用いられているか。」という視点ではなく、「どのように言語が教えられるか。」という視点からことがらを見なおしてみることを提案したい。なるほど、「ピー。」という音がして聞いた人が火を止めにいくという事態は、ヤカンでもインコでも子どもでも、いずれの場合でも同じである。だが、ヤカンやインコや子どもをそのように仕向けるには、それぞれ異なったやり方が試されるのではないだろうか。われわれはここで、その教え方の違いに注目しなければならない。

8 では、考えていこう。インコの場合と子どもの場合とでは、「ピー。」という言語を習得する仕方はどのように違ったものとなりうるのか。

問2 「それがいかに用いられているかを見るだけでは足りない」のはなぜか。

[9] インコにこの言葉を教えるには、お湯が沸くという刺激に対して「ピー。」という鳴き声で反応するように条件付ければよいだろう。そしてこの場合には、お湯が沸いたという刺激に対してインコは否《いや》も応もなく「ピー。」と鳴き声をあげるようになる。それはもう訓練のたまもので、自然にそう反応してしまうのである。しかし、子どもの場合には違う。そう言いたい。子どもはお湯が沸いたという状況を認知し、この状況では「ピー。」と報告すべきなのだと考え、そして「ピー。」と口に出す。だから、それはたんなる条件付けではありえない、と。

——だが、本当にそうだろうか？

[10] 子どもに「ピー。」という言語活動を学ばせようとしたら、われわれはどうするだろうか。ここで、いささか不自然な想定だが、その子どもは他のいっさいの言葉を学んでいないとしよう。子どもは、「ピー。」という言葉の意味を、他の言葉を介してではなく、ひたすら現実に向き合うことによって学ばねばならない。そうすると、おそらくこうなるだろう。——われわれはまずやってみせる。お湯が沸く、「ピー。」と言う。それを、子どもがまねするまで続ける。そしてついに子どもがそれをまねしたならば誉める。それを繰り返せば、子どもは適切に「ピー。」と言うようになる。——いや、だめだ、これじゃあアメとムチの条件付けそのものではないか。

[11] しかし、ほかにどうしようがあるだろう。言葉によって言葉の意味を教えるこ

とはどこかで終わる。そしてその地点では、子どもは初めての言葉の意味を、他の言葉によってではなく、状況の中でつかみ取っていくしかない。そのとき、こうした原初的な場面では、けっきょくのところわれわれのやれることは動物の調教と同じレベルでしかないのである。

[12] 何かを「教える」とはどういうことなのだろう。たんに相手の行動を制御するために調教するのではなく、それによってこちら側の文化・制度・共同体に導き入れるべく、いまだ外なる者を「教える」とは。

[13] それは、たんに「教えられた者」としての達成をめざすだけではない。「教えられた者」は、同時に「教える者」ともなりうることがめざされている。つまり、われわれが子どもを教えるときの目的は、インコの場合と異なり、たんに子どもの行動を制御するだけではなく、まさにわれわれと対等の者として、それゆえやがては教える者として、子どもを成熟させるよう導くことにある。このことは、たんにアメとムチを与えるだけではなく、なぜいまアメが与えられ、なぜいまムチが与えられるのかもまた、明らかにされていかねばならないということを意味している。

[14] だから教育は、賞罰の意味がはっきりしている単純な場面から始めなければならないだろう。ごみ箱をひっくり返したら怒り、ごみを拾ったら誉める。それは、

「部屋はきれいであるべきだ。」という*規範をも同時に教えることである。子どもがいまだ「なぜ。」の問いを問うところまで行っていないときには、問わずとも、賞罰の理由がおのずと了解されてくるような場面でのみ賞罰を与えねばならない。なぜならば、賞罰を与えることの眼目は、それによって子どもの行動を条件付けることのみにあるのではなく、むしろ、賞罰を支えている理由の「意味空間」に子どもを住まわせることにあるからである。「◆因果的秩序」へと子どもを位置づけること（条件付け）ではなく、「意味的秩序」へと子どもを位置づけること。

15 このような観点から事態を眺めなおしてみるならば、教えられた者が同時に教える者ともなりえているかどうかは、決定的に重要なこととなる。「ピー。」という言語を仕込まれたインコは、「ピー。」という言語を教える者ともなっているだろうか。たとえば、新参のインコを横に置く。お湯が沸く。古参のインコは「ピー。」と鳴くが、新参者は鳴かない。「鳴かなきゃだめじゃないか。」とばかりに、古参は新参を厳しくつつく。まあ、そういう非凡なインコがいてもいいかもしれないが、偏見を承知で言わせていただければ、そんなことはないだろう。他方、これも偏見と言えば偏見だが、人間の子どもは凡庸なインコとは異なると私は信じている。むしろ人間の子どもは、積極的に自ら教える者となりつつ、他の子どもをも巻き込もうとするのではないだろうか。そしてもしそうであるならば、同じ「ピー。」という反応をするインコと子どもであっても、両者の間にはおそろ

問3 本文中にある「因果的秩序」の事例とはどのようなものか。

しく遠い距離があると言うべきなのだ。

[16] ここには、私が「観点の二重化」という用語でとらえたいと考えている事情がある。インコが、「教えられる者」としてのインコの観点からしか事態をとらえていないのに対して、われわれの子どもの場合には、「教えられる者」の観点に「教える者」の観点が重なってくる。子どもは、たんに「お湯が沸いた、『ピー。』と言おう。」というだけではなく、「この状況で『ピー。』と言えば誉め、言わなければ怒る。」という了解も合わせてもつようになる。つまり、適切に反応するだけではなく、自分のその行動を評価する観点ももつようになるだろう。

[17] ノモス[6]的秩序に属すものとしての「言語」は、規範的実践のひとつにほかならない。すなわち、たんに「ピー。」と言う（「ピー。」と言いたくなる、言わずにおれない）のではなく、「ピー。」と言うべきだから「ピー。」と言うのである。それは、その時点に観察される事実だけに関して言えば、同じであるかもしれない。しかし、いまわれわれは、この事実に接近する観点を問題にしなければならない。ひとつのことはさまざまな観点からとらえられる。いや、それだけではない。ある一人の主体は、自らの内に複数の観点をもって多相的にことがらを把握しもするだろう。そして、この多相性の緊張においてこそ、「べし」は姿を現してくるのである。

[18] ヤカンの場合には、言うまでもなく、教える者も教えられる者もない。そこに

問4 「観点の二重化」とはどのようなものか。

6 ノモス 人為的なもの。対立する概念を「ピュシス」という。自然や現象の基底にあるとされる永遠に真なるものを指す。古代ギリシア哲学のテーマの一つ。［ギリシア語］nomos

はヤカン自身の観点などありようはずもなく、たんにヤカンを見る者の観点しかない。そしてまた、われわれが想定しているインコの場合には、教える者の観点と教えられる者の観点は交わることがない。だから、ヤカンやインコの場合には、「ピーと鳴る」あるいは「ピーと鳴く」と描写されはしても、「ピーと鳴くべき」といった言い方はなされえない。それが、「べし」という規範性概念の文法なのである。

読解

1 「人間の言語だけに備わっていると思われる固有の特質」（一六九・7）とは何か、本文の内容を踏まえ説明しなさい。

2 「子どもを成熟させるよう導くこと」（一七四・12）とはどのようなことか、説明しなさい。

3 「『言語』は、規範的実践のひとつにほかならない」（一七六・9）とはどのようなことか、「お湯が沸く」という例を用いて、「AではなくBということ。」という形式で説明しなさい。

重要語

規範　社会の中で行動する際に従うべき基準のこと。「法律」「宗教」「道徳」などがそれに当たるが、言語も規範の一つである。ところで、私たちは言語の規範の起源を知らないし、すべての規範をあらかじめ理解しているわけでもない。哲学者ウィトゲンシュタイン（一八八九—一九五一年）は「ある語の意味とは言語におけるその使用である。」と指摘したが、例えば私たちは「楽しい」ということばの意味を初めから理解しているわけではなく、実際に「使用」することで、その語の使用規則＝規範を理解していく。その際、その「使用」が規範から逸脱した場合、その規範を保証する共同体＝「規範としての他者」（野矢）によって訂正される。私たちは、個人と共同体との、この葛藤により規範を体得していくのである。

【読むことから書くことへ】

読むことと書くことは、鏡の関係にある。私から見えるものは、鏡の側にたてば、逆の像となる。読むと書くとは、逆転しながら同一の行為として切り離せない関係にある。書く側から考えてみよう。書き手は、二種類の「読者」に向けて書く。まず、内容を気難しい読者である内部の自分に納得させなくてはならない。次に、未知の読者に向けて、正確に理解されるように周到に工夫を重ねる。読む側はどうか。テキストを読む時、それに触発されて運動する自分の思考をも読んでいる。テキストを読み取り、それに自分の思考でもって応答し書き手に答える。読むことと書くことは対話関係にあり、その行為の中で、書き手と読み手の声が重なり響きあう。だから、雑に書かれたり、きちんと読まれなかったりするテキストは、対話が欠落し、文字の羅列に過ぎなくなる。それゆえに、読むことと書くことは相互に支えあっている。応答として書くことは、もっとも深い読む行為である。ヒントをいくつか挙げよう。

①痕跡を残す

テキストを読む時、納得できたり、疑問に思ったり、それに触発されて考えが浮かんだりするだろう。その痕跡をテキストに残すことが大切だ。傍線を引く、書き込むなどやり方はいろいろだが、それはテキストをきちんと受け止めたしるしとなり、自分独自の思考を進める手がかりになる。

②問題意識を鮮明にする

どの点にどのような問題を感じるか、これが問題意識だ。問題意識が希薄な時は、ことばは対象に届かず、軽くなり、論理は弱くなる。感じやすい熱い心と、冷めた強い頭を持つことが大切だ。熱さと冷たさと、矛盾したもののぶつかりあいのなかで、新しい意味が鮮烈に発見される。若さゆえの感じやすい柔軟なこころは、問題意識の育つ場である。

③問題を分割する

近代の思考法を切り開いた哲学者デカルト（一五九六－一六五〇年）に学ぼう。第一に、すべてを疑え。人間は無自覚に先入観に囚《とら》われており、そこから解放される必要がある。第二に、問題を分割し、いくつかの問題に組み換えよ。問題はまるごと、一挙に答えることはできない。

④小論文を書く

文章を四〇〇字程度の小さな世界に限定しよう。一つの問いを設定し、答えを置く。問いは限定し答えは明確に、問いと答えは矛盾のないことばの連なり（論理）で結ぶように心がける。これが自由にできれば、より大きい世界に歩みだすことができる。最後に、読み手に自分のことばが届くかどうか、ことばの意味が曖昧でないか、説明は十分か、常に点検しよう。読み手を大切にすることが自分の文章を鍛え上げる。

第二部

第八章

問いとしての現代

●考える言葉

現代社会は、根のところを蝕《むしば》まれた建築物のように、制御できない力で崩壊していくのではないか。多くの人が抱く悪い夢である。ユートピアを作り出すかに思われた科学は、その反作用としてのさまざまな弊害を生み出した。経済や社会を自由に操作できると思いあがった経済学も、金融ギャンブルの合理化に失敗して失墜した。貧困が、豊かな社会のなかに再び回帰する。自由な資本主義が、予定調和的に社会に進歩と善をもたらすと信じないなら、現代への鋭い問いかけが、いまこそ必要だ。

危機のなかの認識は、再生の希望をはらむ。全体主義の世紀を生き延びた哲学者ハンナ・アレント（一九〇六－七五年）は言う。新しい始まりとは、一人ひとりの人間の試みのなかにある、と。

生き延びるための思想

……上野《うえの》千《ち》鶴子《づこ》

現代では、自分の意見を言うことが、雰囲気をわきまえないことになりつつある。自分を押し殺す集団同調と、ネット上でのその場限りの暴言とが、この国のことばを支配している。大事な事をまっとうに言う見事な例が、しかし、ここにある。

[1] 女自身が弱者であるかどうかは、わからない。オリンピックの格闘技で日本女性が金メダルをとるような今日、彼女たちを敵にまわしたいと思う者は誰も（男も）いないだろう。だが、女はつねに弱者の傍らにいた。女は子ども、高齢者、病人、障害者……の傍らにいた。女自身が妊婦や産婦ならば、女は最弱者のひとりとなった。なぜなら……女は「ケア[1]する者」だったからだ。女が「ケアする者」でなければ、「女の問題」と呼ばれてきたもののうち、すべてとはいわないが、かなりの部分が解消するであろう。なぜ女だけがケアするのか、ケアとは何か、なぜ家庭のなかで行われるケアは無償なのか？　なぜケアの値段はこれほどまでに低いのか？

[2] ケアする者とケアされる者とのあいだには、圧倒的な非対称性がある。それを

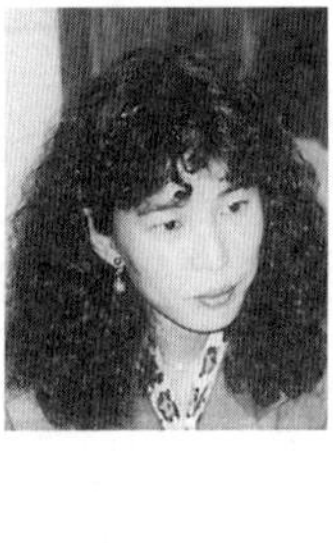

上野千鶴子　一九四八年―。社会学者。富山県生まれ。フェミニズムの代表的論客として知られる。本文は『生き延びるための思想』（岩波現代文庫）によった。

◆**主な著書**　『〈私〉探しゲーム』（ちくま文庫）、『近代家族の成立と終焉《しゅうえん》』（岩波書店）など。

1ケア　介護。看護。［英語］care

おおいかくす言説が「母性愛」や「母子一体感」だ。育児の場合には「愛」や「本能」で隠されるこの非対称性は、介護の場合には隠しようもなくあらわになる。できれば逃げ出したいこのいまいましい責務――「ママ、いつになったら死んでくれるの」と小説家[2]に言わせたケアという関係は、実の娘にさえ、逃げ出したい重荷としか受けとられない。にもかかわらず、多くの母は子どもを――時には悪魔のように感じながらも――ケアしつづけ、多くの妻や嫁や娘は――まれには虐待しながらも――要介護者を見捨てずにきた。

[3] ほんとうに◆そうか？

[4] 二〇一〇年、大阪市で起きた「幼児ふたり置き去り餓死事件」[3]の報道は、大きな衝撃を与えた。だが、メディアは「母性愛の崩壊」とは言わなかった。夫に捨てられ、頼った実家に拒絶され、シングルマザー[4]になって風俗業で暮らしを立てていた若い母親が、つらい現実から逃れたいと思ったとしていったい誰が責めることができるだろうか。自分がネグレクト[5]するだけで相手の命を奪うとわかっていたとしても、裁判で「殺意はなかった」でも「子どもたちがどうなるか、わかっていました」と言う彼女を、それ以前に彼女と子どもたちをネグレクトしてきたすべての大人たちの誰が責めることができるだろうか。

[5] この報道が与えた衝撃は、ひるがえって、同じような状況にいながらその場から逃げなかった者たち、子どもや年寄りや障害児を見捨てずにそこにとどまった者たちがどれほどいたか、そのこと自体が奇跡のような事態だという感慨だった。

2 小説家　水村美苗（一九五一年―）のこと。主な著書に『日本語が亡びるとき――英語の世紀の中で』（筑摩書房）などがある。本文中の言葉は、『母の遺産　新聞小説』（中央公論新社）の帯から。

問1　「そう」とはどのようなことをさすか。

3 幼児ふたり置き去り餓死事件　二〇一〇年、大阪西区のマンションの一室で、母親の育児放棄の結果、幼児二人が餓死していた事件。

4 シングルマザー　夫と離別し、一人で子育てをしている母親。［英語］single mother

5 ネグレクト　無視する。ここでは子供や高齢者など、広く養育・介護を必要としている弱者を放置すること。［英語］neglect

これまで人類史のなかで、どれほどの母が妻が嫁が娘が、依存せずには生きていけない者の傍らで、そこから立ち去ることを選ばずにきただろうか？　そしてまたあまたの幼児虐待や高齢者虐待の報道に接して、これまでいったいどれだけの母や妻や嫁や娘が、圧倒的に依存的な存在に対して、ネグレクトのみならず、虐待や暴力を行使せずにきたのだろうか、と問いを反転させることができる。

⑥自分の手に生殺与奪[6]を左右する権力を握った依存的な存在を目の前にして、その権力を行使せずにいることはむずかしい。なぜなら圧倒的に権力関係が非対称な状況のもとで、その権力を濫用する者があとを絶たないことをわたしたちがよく知っているからだ。セクシュアル・ハラスメント[7]、ドメスティック・バイオレンス[8]、パワー・ハラスメント[9]、モラル・ハラスメント[10]、いじめ、虐待……それらはすべて、自分に反撃するおそれのない、相手がノーを言えず、逃げ出すこともできない状況で起きていることがわかっている。非対称な権力は、わけても圧倒的に非対称な権力は、それを行使する誘惑から逃れることがむずかしい。だとすれば、同じ状況のもとで、権力を行使せずにいることの方に、努力が必要なはずなのだ。

⑦ケアとは非暴力を学ぶ実践である――この目のさめるような命題に出会ったのは、[11]岡野《おかの》八代《やよ》の近刊『フェミニズムの政治学』である。

⑧ケアとは、ケアする者とケアされる者とのあいだの、長期にわたる、忍耐のいる相互関係である。そのあいだには圧倒的な非対称性がある。なぜならケアのニ

6 **生殺与奪**　相手を生かすことや殺すこと。「生殺与奪を左右する」とは、相手の命を掌握し、思うままにあやつることをさす。

7 **セクシュアル・ハラスメント**　性的嫌がらせ。性差など、性的な観点から相手を不快にさせる言動をとること。［英語］sexual harassment

8 **ドメスティック・バイオレンス**　家庭内暴力。配偶者や子供・親など、家族に対する暴力行為をさす。［英語］domestic violence

9 **パワー・ハラスメント**　自身の地位や権力を盾にして、逆らうことのできない相手を不当に苦しめること。［英語］power harassment

10 **モラル・ハラスメント**　フランスの精神科医マリー＝フランス・イルゴイエンヌ（Marie-France Hirigoyen　一九四九年－）が提唱した概念。しばしば社会道徳や自身の信念を押しつけ、相手に精神的苦痛を与えること。［英語］

ーズを第一義的に持つ者は「ケアされる者」であって、ケアされる者はケア関係から退出できないが（退出することは死を意味する）、ケアする者はそこから退出することができるからである（これをネグレクトという）。たとえ道徳的な非難や自責の念が伴っても、ということは、裏返しにいえば、規範や規制を伴わなければ、ひとをケアに縛り付けることはむずかしいということでもある。そしてまたこの規範にはおどろくべきジェンダー[*12]非対称性があって、女には強制されるが、男には免責されてきた。

[9]女が「ケアする者」であるのは、本能やDNA[13]によるのではない。女が「ケア」を強制的または自発的に引き受けてきたからだ。そしてそれ自体が「奇跡」ではないのか？　そしてもし「母性」や「ケアの倫理」というものが、女性のなかにあるとしたら、それも「自然」や「本能」のせいではなく、女の◆この歴史的経験がもたらしたものだ。女は長期にわたるケアの実践のなかで、「非暴力」と、さらに言うなら「責任」とを学んできたのだ。そしてもし、（一部の）男性にそれがないとしたら、それはホルモン[14]のせいでもDNAのせいでもなく、彼らにその社会的経験が欠けていることが原因だというべきだろう。

[10]「男にもケアへの参加を」と久しく言われてきた。そしてそれは「わが子が育つ過程を味わう貴重な機会を失わないため」とか「親の老いを経験することで自分自身の老いへの想像力を持つため」と説明されてきた。わたし自身もそれと同じような発言をしてきた覚えがある。

moral harassment

11 岡野八代　一九六七年―。政治学者・フェミニズム思想家。著書に『フェミニズムの政治学――ケアの倫理をグローバル社会へ』（みすず書房）がある。

12 ジェンダー　文化的・社会的な側面から見た男女の差異。生物学的な性差を表すsexと区別される。［英語］gender

13 DNA　デオキシリボ核酸。生物の遺伝情報を担う物質。［英語］deoxyribonucleic acid

問2　「この歴史的経験」とはどのようなことか。

14 ホルモン　生物の体内で分泌され、特定の発達・反応を身体にもたらす物質の総称。［英語］hormone

[11]だがもっと根源的に言えば、「圧倒的な権力関係の非対称のもとで、非暴力を学ぶため」と言いかえることはできないだろうか。もしそれが可能なら、セクシュアル・ハラスメントもドメスティック・バイオレンスも、そしていじめも虐待も、およそ自分の支配下にあっていかようにも翻弄することのできる相手を凌《りょう》辱《じょく》する誘惑から、彼らを守ることができるはずなのだ。

[12]暴力も学習することができるなら、非暴力も学習することができる。女が女につくられるなら、男も男につくられる。女が「ケアする者」へとつくられるように、男は「ケアをネグレクトする（してよい）者」へとつくられてきた。公的暴力や私的暴力について語るとき、わたしたちは戦争やいじめはなくならない、という運命論にうちのめされそうになる。だが、ケアがわたしたちに希望を与えるのは、それが脱ジェンダー化されることを通じてなのだ。それだけでなく、ケアが人間の生き死ににふかく関わるかぎり、生まれ落ちるときに「ケアされる者」でなかった者は誰ひとり（男も含めて）おらず、老いて死ぬときに「ケアされる者」の立場に立たない者も誰ひとりいないからだ。岡野が言うように、近代の自立した「主権的主体」とは、自分が「ケアされる者」であったこと、そして現在も将来もそうであることの「忘却の政治」によってのみ、成立しているのだから。

[13]他者への依存なしに生きていけない「ケアされる者」は、弱者である。「ケアする者」は「ケアされる者」を抱えこむことで二次的に弱者になる。ケアの現場から立ち去ろうとしなかった者たちは、みずからも弱者になる道を選択してきた。

問3 「運命論にうちのめされ」るとはどのようなことか。

問4 「二次的に弱者になる」とはどのようなことか。

男もケアを——という提言は、男にも強者になる道ではなく、弱者としての分かち合いを選択してほしいという呼びかけにほかならない。そして超高齢社会[15]とは、誰にも依存せずに生きていけると思えた強者の時間は、人生のうちの一部分にすぎないことを、すべての人が思い知る社会なのだから。

[14]暴力への反撃——「暴力の連鎖」とも呼ばれる——によっては何も生まれない。何より反撃する能力を欠いた者たちはどうすればよいのか？　そのような弱者と呼ばれる者たちが、それでも「生き延びるための思想」こそが、求められているのである。

15 **超高齢社会**　六五歳以上の高齢者が、総人口の二一％を超えた社会のこと。

読解

1　「問いを反転させる」（一八二・5）とは具体的にどのようなことか、説明しなさい。

2　「ケアがわたしたちに希望を与えるのは、それが脱ジェンダー化されることを通じてなのだ」（一八四・10）とあるが、なぜ「ケア」が「脱ジェンダー化される」と「希望」がもたらされるのか、説明しなさい。

3　「それでも『生き延びるための思想』こそが、求められている」（一八五・7）とはどのようなことか、説明しなさい。

重要語

ジェンダー　生物学的な男女差（＝ＳＥＸ）と区別して、文化的・社会的な性差をジェンダーと呼ぶ。性的な役割差とも訳される。外で働くこと、家事をすること、子供を生み育てることなどは、どちらかの性に偏って振られてきた役割である。それは自然にそうなったのではなく、いずれも歴史的・文化的に成立したと考えられる。他にも、性的指向を示すセクシュアリティという語がある。ジェンダーもセクシュアリティも、長らく少数者を黙殺するために封じられてきたが、多様性が叫ばれる現代社会を考える上では欠かせない概念である。

現代文明へのレクイエム　松に聞け

……藤田省三《ふじたしょうぞう》

小さな水滴でさえも全世界を映し出す、という美しいことばがある。ささやかな、いかにも小さな事にも、世界の姿は現れている。しかし、それを見てとるには、澄んだ目とよい耳を持たなくてはならない。ささやかなものに、きみは何を見いだせるだろうか。

[1] 一九六三（昭和三八）年に乗鞍岳《のりくらだけ》[1]に上って行く自動車道路[2]が作られた。いうまでもなく「観光施設」として「開発」されたのである。嘗《かつ》ての「山」は恐れを以《もっ》て仰がれ、敬意を以て尊ばれる存在であった。近づくことの困難、その中に生ずる様々な不測の事態、そして水源地として、又材木や燃料や木の子の宝庫として私たちの生存を保証してくれることの有り難さ。墓場であり他界であると同時に社会《さと》の保護者であり発生の源泉でもある、その両義性◆の持つ不思議さは私たちの畏敬《いけい》の念を駆り立てずには措《お》かなかった。

[2] しかし、その「山」――しかも「山」の中の「山」としての「岳」（タケ）すらもが一個の「施設」と化したのである。しかも安全で「楽しい遊園地」の延長物へと変質したのであった。「山」の歴史はかくて終わった。そして「山の前史」

藤田省三

一九二七―二〇〇三年。政治学者・思想史家。愛媛《えひめ》県生まれ。現代日本社会の精神的欠落を鋭くえぐった。本文は『戦後精神の経験Ⅰ』（影書房）によった。

◆主な著書　『維新の精神』（みすず書房）、『精神史的考察』（平凡社ライブラリー）など。

1 **乗鞍岳**　長野県と岐阜県の県境にある北アルプス南端の山。標高三〇二六メートル。平安時代から山岳信仰の対象とされ、修験道場にもなっていた。

2 **自動車道路**　乗鞍エコーライン（長野県道84号乗鞍岳線）。一九六三（昭和三八）年開通。

問1　「その両義性」とはどのようなことか。

の終焉《しゅうえん》は、山を経験の相手として持つことによって形造《かたちづく》られて来た私たち人間の感覚の世界に構造的な終焉をもたらしている。そのことの一つの現れが、厳しい存在に対する感受性の欠落であり、さらに正確に言えば厳しさと優しさの両義的共在に対する感得能力の全き消滅である。優しさはひたすら優しいだけの微温性の中にしか発見されず、厳しさは唯々《ただただ》機械的秩序に基づく強権的命令の中にしか見つけることが出来ない。――という感受性の単元化が、今、史上初めて全般的な規模で発生している。外界と他者に対する受容器が根本的な損傷を蒙《こうむ》ったのである。そのことを証明する証拠が欲しいならば、先《ま》ず自らを省みよ。自らの生活様式の実態を省察せよ。そうしてその営みの延長線上に発生する世界への新たな認識こそが、感受性の構造的回復をもたらす第一歩に他《ほか》ならないであろう。何故《なぜ》か。次に示す小さな一例を見られたい。

[3] 一九六三年の乗鞍岳自動車道路の「開発」は当然のことながら多くの生物を犠牲にした。その犠牲の一つに「ハイマツ」と呼ばれる高山地帯固有の松の木があった。岩山の固い瘠《や》せ地に根づいて岩面を「這《は》う」ように生きている、その木の姿が「ハイマツ」という名前の由縁であったが（その木のその名前を「這松《はいまつ》」と書いたのは3元文《げんぶん》元年4坂本天山《さかもとてんざん》が著した『駒ヶ岳《こまがたけ》一覧之記』であった）、その生きる姿勢が示しているものは、厳しく苛酷《かこく》な条件と、その条件に貫かれながら屈服

3 元文元年　一七三六年。

4 坂本天山　一七四五―一八〇三年。近世中期の砲術家。高《たか》遠《とお》藩（現長野県伊那《いな》市）生まれ。

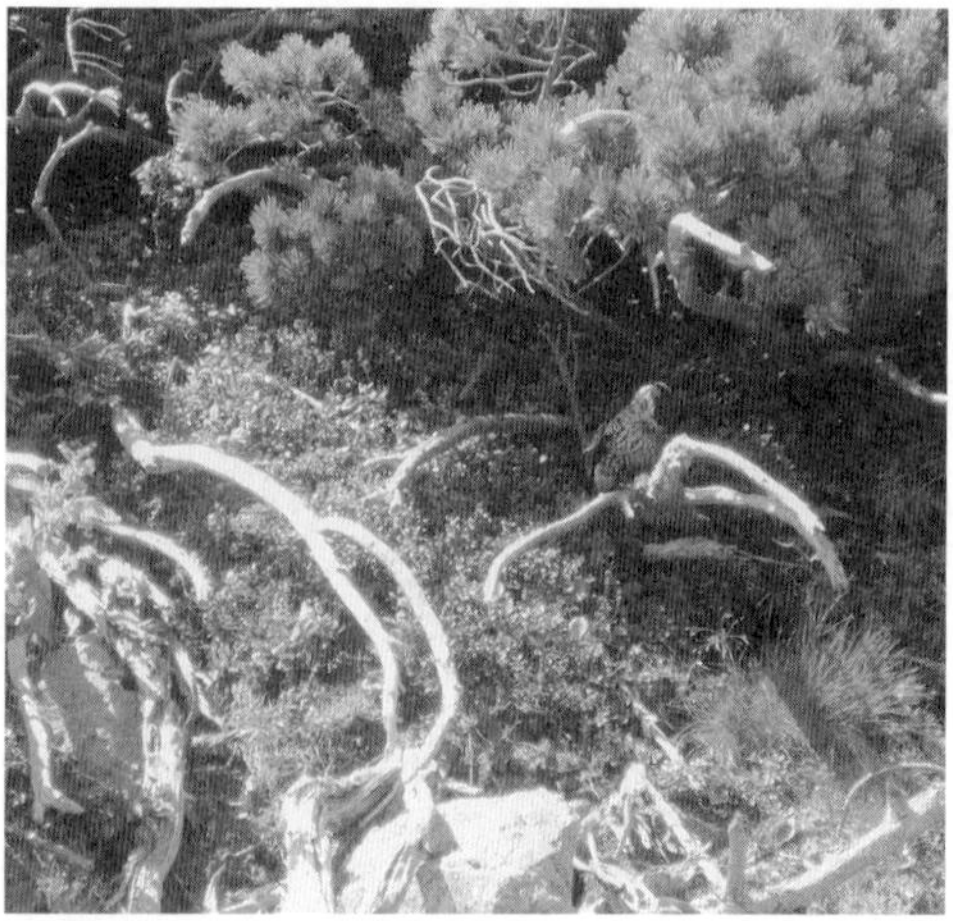

乗鞍岳のハイマツ（松本市）

乗鞍エコーライン（松本市）。2003（平成15）年より、自然保護のため自家用車での入山が禁止され、バス、タクシーのみの乗り入れとされた。

するのではなくて粘り強く成長していく、その木の生き方であった。細い枝は柔らかく密に混み合って四方に低く低く拡《ひろ》がっているが、その典型的な「低木」の形と質はどこから来たのか。観光客には分からないであろうし、己の欲求の充足しか考えない◆自我主義者にも分からないであろうが、注意をそこに（他者の生存条件に）集中することの出来る者ならば、容易に見て取れることは、斜面を匍《は》う低いその形が高山の強い風圧と冬季の厚い積雪の加重という外的条件への抵抗を秘めた対応である。その証拠に風の当たらない所のものには「立つもの」もある、

問2　「自我主義者にも分からない」のはなぜか。

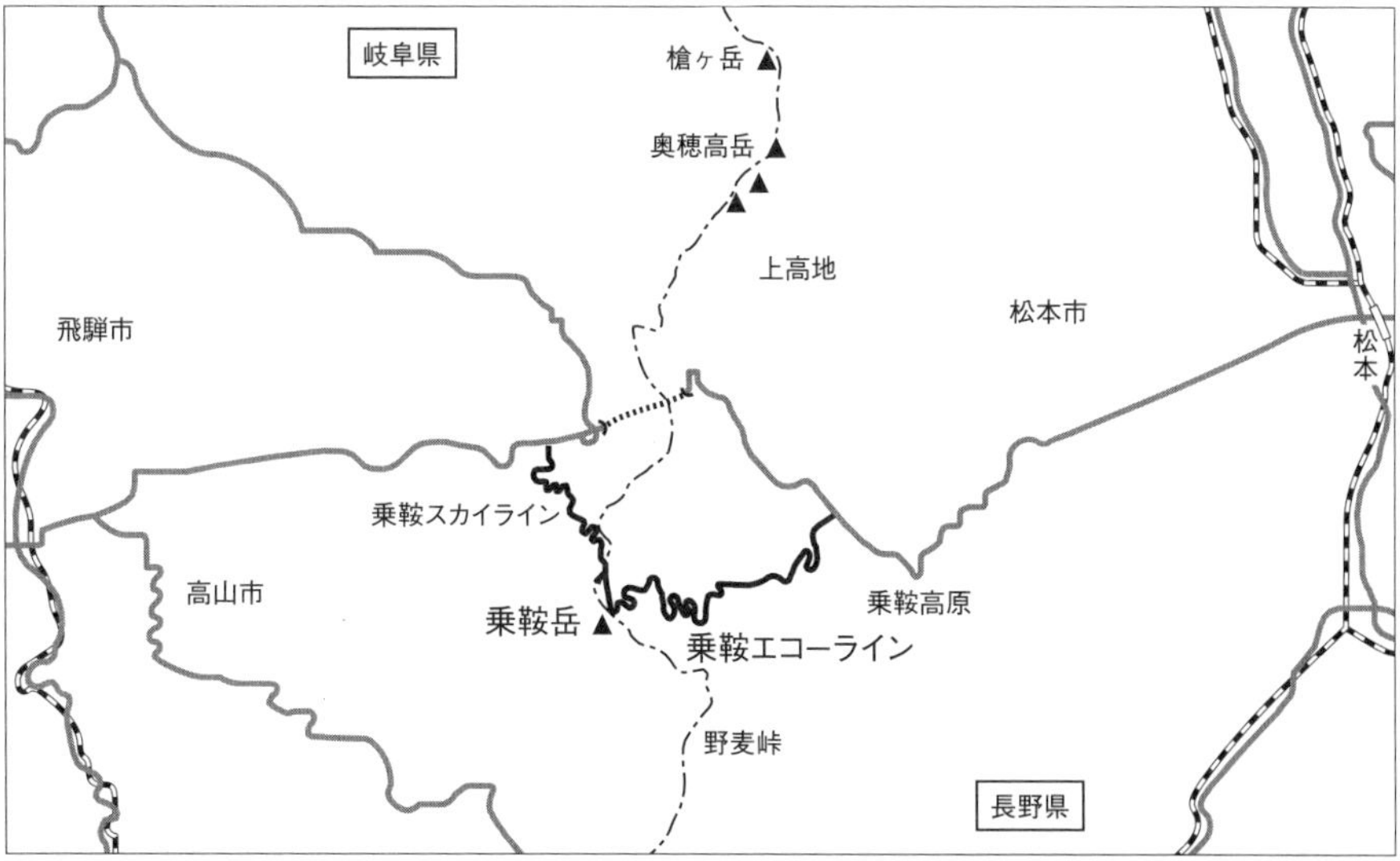

乗鞍岳近辺地図

とさえいう。そうして枝の柔らかさは風圧と積雪の二重の圧力を吸収し飲み込みながら「従いつつ逆らう」生き方を保証するものであった。しかしその生き方は絶えざる逆境を内蔵しているが故に、順調な環境の中で我《わが》儘《まま》一杯に育った者とは違って、肥え太ることも出来ないし、高く聳《そび》え立つことも出来はしない。幹すらもが細く、しかし、しっかりとしている。どのようにであるか。その点を精密に調査し観察した人がいる。樹齢[5]と幹の直径と年輪幅とを計測したのである。しかしその計測はその木を伐採することによってなされたのではない。自動車道の開発

5 **樹齢** 樹木が芽生えてから経過した年数。枝や枝の痕跡《こんせき》、あるいは幹の成長輪、すなわち年輪等によって数えることができる。

の犠牲とされたその木を一本一本集めてその悲惨な屍体《したい》の解剖として行われたのである。それは一つの葬《とむら》いであった。

④信濃《しなの》教育会に属する[6]名取陽《なとりよう》、[7]松田行雄《まつだゆきお》の両氏の丁寧な調査によると、標高二五五〇メートル地点で犠牲にされた九十五本のハイマツの平均樹齢は驚くなかれ一〇九年、そしてその平均直径は七・九八センチメートル、一年毎《ごと》の成長を示す年輪幅の平均は〇・三七ミリメートルであった。一年に一ミリの三分の一強ずつ一〇九年間成長し続けたのであった。標高二六五〇メートル地点でも九十八本のハイマツが殺害されていた。その平均樹齢は一一〇年、その平均直径は五・六八センチ、一年毎の平均年輪幅は〇・二六ミリであった。標高二七五〇メートル地点での六十一本のハイマツは、平均樹齢七七年、平均直径五・六二センチ、平均年輪幅〇・三七ミリであった。

⑤この計測結果が物語っているその木の生き方は私たちの胸を衝《つ》くものがある。少なくとも私にはそうである。何という遅々たる歩み、そして何という粘り強さ、百年にもわたって決して歩みを停《と》めないその歩みの力強さ、比喩《ひゆ》ではなくて文字通りの「風雪に耐える」辛苦を重ねて生き続けて来たその精進の厳しさ、そしてその柔軟な我慢強さ。外面的に高く聳え立つものでないだけに一層、それらの◆「隠された次元」における実質的特徴は気高い品位をもって私たちの前に立ち現れる。

6 名取陽 一九四〇年－。元長野県立高等学校教諭。専門は、高山植物生態学。

7 松田行雄 一九三四年－。元長野県松本市立小学校校長。長野県植物研究会会員。

問3 「隠された次元」とはどのようなことか。

8 高度成長 一九五〇年代後半から、七三年に第一次石油危機が起こって減速するまでの急激な日本経済の成長をいう。六〇年代を通じて、経済成長

⑥いうまでもなく一九六三年の乗鞍岳開発は高度成長[8]の所産であった。それが含む経済学的含意は、「第三次産業[9]」の国境の飛躍的な拡張であり、それに伴う土木産業と土木機械業の新たな急成長であり、「行楽人口」と「行楽距離」の増大がもたらす消費活動の急膨張であり、それによるGNP[10]の上昇であり、自動車販売市場の急速な拡大であり、それらを引金とする「産業連関表[11]」全体のスケールの巨大化であった。そのことは極めて見易い。しかし人々が一斉に「便宜」を求めてその異常な膨脹過程に「参加」したことは見過ごされ易い反面である。僅《わず》か一時《いっとき》の「享楽」を求めて、しかも労苦のコストを払うことのない一面的な（すなわち一義的な）享楽だけを求めて「乗鞍岳」に殺到する人々の群れに較《くら》べる時、その群れの通り過ぎる傍らに人知れず横たわっていた「ハイマツ」の実態は、厳しさと軟らかさと、辛苦と素直さと、遅々たる速度と長年の持続と、といった一群の◆両義性を典型的に内蔵するものであった。

⑦こうして、人間の浅薄な◆「頭の良さ」がどんなものであるかが決定的な形で明らかにされた。岩山の斜面を百年にわたって匍い続けて来た一つの樹木の生活様式とのコントラスト[12]において。そうしてその対照軸となったハイマツの実態を認識のレベルにまで高めたものは、人間の自己中心的な開発がもたらした「破壊」という危機の最中《さなか》にあって、その犠牲《いけにえ》をつぶさに見取るという、数少ない人の丹

率は年率一〇%台を維持する一方で、環境破壊をはじめとする様々な社会問題を引き起こした。

9 第三次産業 産業を三部門に分類した一区分。卸売業、小売業、金融・保険業、不動産業、運輸・通信業、電気・ガス・水道・熱供給業、サービス業、公務などが該当する。

10 GNP ［英語］Gross National Product の略。国民総生産。一国に一定期間居住した者によって生産された物の価値を合計したもの。

11 産業連関表 一国において一定期間内に行われた財やサービスの産業間の取り引きを一覧表にまとめたもの。

問4 「両義性」に対比されている語は何か。

問5 ここでいう「頭の良さ」とはどのようなものか。

12 コントラスト 対照。対比。［英語］contrast

念な行為に他《ほか》ならなかった。危機は認識のチャンスであり、その危機における認識を支える精神的動機は犠牲者への愛であり、そうしてその認識行為だけが「浅ましい人間」からの脱出と回復を――すなわち蘇《よみがえ》りと再生を可能にする第一歩に他ならないということを、これ程如実に示す一例はそう多くはない。私も又その道を、残された僅かの年月の間、歩もうとする者の一人でありたい。此《こ》の土壇場の危機の時代においては犠牲への鎮魂歌[13]は自らの耳に快適な歌としてではなく精魂込めた「他者の認識」として現れなければならない。その認識としてのレクイエム[*14]のみが辛うじて蘇生《そせい》への鍵《かぎ》を包蔵している、というべきであろう。

13 **鎮魂歌**　死者のために歌われる歌。
14 **レクイエム**　鎮魂歌。［ラテン語］requiem

読解

1 「外界と他者に対する受容器が根本的な損傷を蒙ったのである。」（一八七・7）とはどのようなことか。筆者の用いる「両義性」（一八六・6ほか）という語に関係づけながら説明しなさい。
2 「それは一つの葬いであった。」（一九〇・2）とはどのようなことか、説明しなさい。
3 「認識としてのレクイエム」（一九二・7）に筆者はどのような意味を与えているか、本文の論旨をふまえて説明しなさい。

重要語

レクイエム　死者を来世に送るカトリックのミサ儀礼が本義であるが、ひろく生者が死者の生前を思いつつ悼む行為一般に用いられる。親しい者の死ほど悲しいものはないから、葬送の儀礼は旧人類から存在しており、人間であることの根底をなす行為である。この儀礼において、死者を悲しみをもって送ることは、死者の死後の幸いを祈り、生者への加護を期待することであるとともに、その死が暴力によるような場合には、その無念を生者が引き受けることである。「生者のある限り死者は生き続ける」（ゴッホ）。悼むことは死によって奪われた死者を、生者の側に奪い返すことなのである。世界の現実を変え、無念をはらすことで。

失明の時代

市村弘正《いちむらひろまさ》

「神は細部に宿りたまふ」という。苛酷《かこく》な薬害を引きおこした錠剤、その一錠の錠剤のなかにさえ、揺るぐことのない人間への愛情と透徹した歴史感覚、鋭利な思考力を備えた者は、その薬を作り出し流通させた近代技術や資本主義、日本社会の本質を見てとる。利潤追求の果ての「荒地」に立って、人間再生の道を探る。

[1] 画面に一個の錠剤が映しだされる。どこから見ても薬物に見える。それが恐るべき毒物に変質することを映画『[1]薬に病む――[2]クロロキン網膜症』(一九八〇年)は明らかにしてゆく。私たちが生きるこの社会は、薬物から毒物へとたやすく逆転し変貌するような危うい社会なのだということ、いや、そのような危うさをこそ基礎とすることを、画面は静かに真正面から提示する。この錠剤はクロロキン製剤の丸薬である。この「薬品」が一体どのようにして、日本社会に生活する人たちの身体のなかへと浸透することになったのか。映画は、その歴史的な出自と社会的な経路とを明らかにする。

[2] クロロキンという薬物は、一九三四年にドイツで合成開発され、一九四五年にアメリカで抗[3]マラリア剤として再発見されたという経歴をもつ。その日付に注目

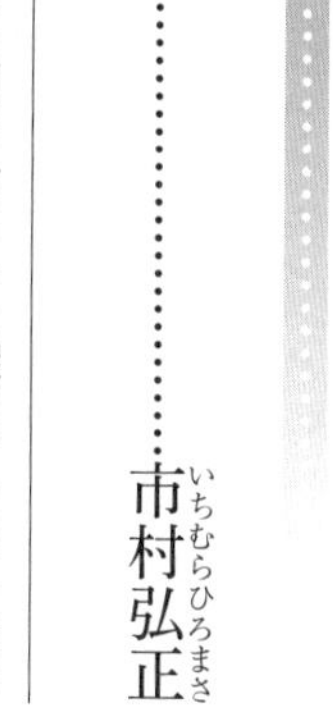

市村弘正

一九四五年―。思想史家。変質する現代社会と精神のありかたを深い思索の中で捉える。本文は『社会の喪失――現代日本をめぐる対話』(中公新書)によった。

◆**主な著書**　『「名づけ」の精神史』、『読むという生き方』(ともに平凡社)など。

1 **『薬に病む――クロロキン網膜症』**　小池征人監督のドキュメンタリー。青林舎製作。

2 **クロロキン**　抗マラリア剤の一種。一九四五年にアメリカで発売されるも、一九五九年には網膜障害などの重大な副作用が報告された。しかし当時の厚生省はクロロキンの悪影響に関して情報開示を怠り、流通するに任せたため、被害

すれば、この薬物の身元は明瞭だろう。世界大戦が種々様々の化学薬品を生みだしたことを、私たちはしっかりと記憶にとどめておかなければならない。したがって、この薬物が戦後の日本社会で大量に製造され販売されたとき、それは腎炎の特効薬として、いわば市民社会に向けて変身した姿形で現れたのだった。言いかえれば、私たちが生きる「市民社会」とは、このような戦時体制の遺産をひそかに、あるいは公然と引きつぎながら、変態をとげたものなのであった。そのことを、この薬物が辿《たど》る「戦後史」は冷酷に教える。

③ クロロキンは市民社会に合わせて変貌しただけではない。それが一九六〇年代、とりわけその後半の日本社会に集中して現れた、というもう一つの日付がある。映画に登場するクロロキン網膜症者のほとんどが、一九六五年頃から七〇年にいたる時期に大量に投薬された人たちなのである。その人たちの視力を剝奪し視界を破壊するほどの大量投与がなされたということ、それは急成長し膨張する医薬産業の存在なしにはありえないだろう。それを保護し支援する社会体制なしには不可能だろう。このようにして一九六〇年代の社会に暮らす人々の身体のなかへ、この薬の装いをもつ毒物は浸透していった。すなわち、この人たちの極限まで狭められた視界が映しだすのは、日本経済の高度成長過程そのものなのである。

④ この映画が丹念に追跡調査する一人一人の急激な視力の低下と視野の狭窄《きょうさく》[4]は、その急激さそれ自体において、高度成長社会とはそこに生きる人々をどのように

患者は千人以上に上った。日本でクロロキンの使用が禁じられたのは一九七九年。

3 マラリア 熱帯から亜熱帯にかけて生息するマラリア原虫が引き起こす感染症。高熱や吐き気をともない、重篤化した場合は意識障害や腎不全につながることもある。主にハマダラカを媒介して人に感染する。

問1 「戦後史」とはここではどのような社会史をさすか。

4 狭窄 空間が狭まり、小さくなること。

変形するものであるかを否応《いやおう》なく示している。それが制度ぐるみである以上、その残酷さはほとんど逃れがたく思われてくる。たとえば映画に登場した一人の男性は、七年半の間に八千錠近いクロロキンを投薬されている。彼が服用をやめたのは、クロロキンが製造中止になる二年前であり、イギリスの医学雑誌がクロロキン服用に伴う網膜症の報告をしてから一三年後のことであった。彼の眼はわずかに光を感じることができるだけである。この投薬の期間といい、錠剤の数量といい、まさしく常軌を逸している。◆それが、この社会の姿形なのだ。

⑤ クロロキン網膜症に冒された人たちの投薬期間や障害の状態に関する字幕とともに、各人の「視野図」が映しだされる。[5]輪状暗点《りんじょうあんてん》や[6]島状視野《とうじょうしや》といった視野の極度の狭窄化を示す文字が、それぞれの人の苦痛を表している。しかも、それはなお進行中である。この病気の恐ろしさは、薬物の服用をやめても症状が停止せずに進行しつづけることだ。苛酷《かこく》に「成長」しつづけるのである。その視野図の表示のなかに、「測定不能」という衝撃的な文字が現れてくる。映画に登場した人たちの半数がそうである。測定不能。これが物理的な計量と計算を規準とする社会、つまりこの測定社会が産み落とした事態なのである。この社会が自己の欲望を貫くことによって生みだした生活破壊は、その社会形態に相応して「測定不能」という冷徹な表記によって示される。私たちが陥っているのは、測定の果ての状態なのだ。

問2 「それ」とはどのようなことをさすか。

5 輪状暗点 視野の中心部を輪のように取り巻く形で、見えない部位が生じてしまう視覚障害の一種。中心視野と周辺視野は保たれるので、見えない部分はドーナツ状を呈する。

6 島状視野 視野内に見えない部分がまだらに表れるので、見える部分がまるで諸島のように拡散する視覚障害の一種。

⑥結果責任を問う通常の損害賠償とは違う取り組み方が必要である、と映画のなかで弁護士が語る。それは交通事故の補償などとは根本的に異なっている。どういうからくりでどういう無茶苦茶をやったのか、という「行為の悪性」が問題なのだ、と。その通りである。私たちは、誰がどのように何をしたのかを問いつづける必要がある。厚生省、製薬会社、医学界、病院はそれぞれ何をしたのか。それは同時に、それぞれは何をしなかったのか、なぜしなかったのかを考えることでもなければならないだろう。つまり、この社会における「行為」のあり方を問わなければならないのである。薬の危険性を察知して自分だけ服用をやめた厚生省の役人や、実験もせずに有効性を説いた大学教師は、けっして特別のエピソードではない。

⑦ここには、中身を問わず何事かを行うこと、何かをつくりだすことそれ自体に対して肯定的な社会が前提されているのである。高度成長社会とはそれが極度に加速された社会にほかならない。企業は膨大な量の薬品を製造販売し、役所はそれを後押しし、学界はそれに関する論文を生みだし、病院はその薬物を大量に使用する。正負を問わず間断なく物を生みだしつづけること、その物件の増大が経済成長の中身となる。つくらないこと、生みださないこと、差し控えることは、この社会では文字どおり否定的な「無為」以外のものではない。このような行為

問3 「行為の悪性」とはここではどのようなことか。

基準のもとに社会を押し進めるとき、そこに何が生まれるかを、この映画は痛切に教える。数千人といわれるクロロキン被害者は、「行為」の集積によってつくりだされたのである。

[8] たえず何事かを行うことを肯定する社会は、厚生省や製薬会社や病院の加害行為をくいとめられないだけでなく、現在の私たち自身におけるように健康イデオロギー[7]の強迫、すなわち自己への加害から逃れられないだろう。それは、薬物服用を主とする健康のための「行為」へと私たちを駆りたててやまない。しかも、そのための手立ては専門家集団によって独占されているのだ。この映画を観《み》ながら、網膜症に冒されたのが私自身ではなく彼らであったのは、紙一重の事情の違いにすぎないと思わざるをえないのは、◆この社会体質の遍在性のゆえである。

[9] 一個の錠剤があぶりだしてゆく情景はどのようなものであるか。それは何よりも現代という時代において経済社会が帯びる、身体的振るまいとでもいうべきものである。そこには、関係の基礎をなすべき信頼によって仲立ちされない「社会」のあり様が、残酷なかたちで露《あら》わになっている。それは、被害者の一人が言うように、「もう人ば信用するちゅうことができんごとなった」[8]社会である。私たちが生きている社会は、いかに凄《すさ》まじく恐るべき場と成り果てていることか。それはまさしく荒地といっていい。しかもそれは、荒地であることの自己意識な

7イデオロギー 国家や政治・法体系・文化・芸術などを思想的にまとめあげる主導的観念形態。［ドイツ語］Ideologie

問4 「この社会体質」とはどのようなものか。

8もう人ば信用するちゅうことができんごとなった もう人を信用するということができなくなった。

き「荒地」というほかないようなものである。そうでなければ平然と他人に苦痛を与えつづけ、自分自身を含む社会関係の破壊を押し進める行為に、集団的に加担するなどという振るまいは考えられないだろう。「信用」の暴力的な毀損は、社会関係を寸断し破片化するだけではない。それは社会の核を腐蝕《ふしょく》しつづけることによって、その破片を無力化し全体へと組みこんでいくのである。

⑩大量の化学薬品は、個々人の間の信頼関係の喪失ないし欠如を前提として、そこに介在し流通する。そしてそれが流通すればするほど、その不信感を増幅しつづける。この前提と帰結とはおそらく二〇世紀という時代を貫く固有の運動過程をなしている。クロロキンが世界大戦——すなわち従来の社会関係のあり方を根こそぎする総動員の戦争——に出自をもつことの社会的含意を改めて想い起こさなければならない。薬害を生みだしつづける社会とは、二〇世紀という時代の刻印を色濃くおされて産み落とされ、戦後の成長過程のなかで自己増殖をなしとげた社会なのである。

⑪この経済社会の振るまいは、物事を徹底的に対象として扱う思考の帰結でもある。人間が自分たちをとりまく世界を対象化*し、切り分け、支配統制することの上にのみ存立してきた社会は、ここでその運動のほとんど極限的な事態を生みだすことになる。◆ここでは「人間」自身が、どこまでも対象化されつづける。「人体」という実験対象として、また薬物投与の数値対象として、一方的に対象化さ

問5　「ここでは」とは何をさすか。

れつづける。それが相互性をもちえないことを、クロロキン網膜症者におけるほど残酷に示す場所もないだろう。暴力的に視力を剝奪されることによって、この人たちは文字どおり見られるだけの対象に貶《おとし》められているからである。

[12]人間を対象とみなし、それに向けて薬品を大量に投下するというこの行動様式は、まぎれもなくこの世紀のものだ。それは社会のなかに、あるいは人間のあいだに、隙間や余白を残すことを許容しない思考様式によって促されている。総動員の思考である。そのような空隙は患部とみなされ、根絶されなければならない。この社会的患部の発想はそのまま身体の患部に向けられるだろう。それは治癒する肉体でも病気とつきあう体でもなく、根治されるべき対象となる。根絶といい根治といい、その余すところなき「根こそぎ」の発想は、皆殺しの思想といっていい。全体主義的思考そのものである。このような思考が個々人を襲い、その身体に投下される。身体は放置されることはないのだ。

[13]「働きたいんです。とりあえず働いて……どういったらいいんですかねえ……病気のことなんか忘れて一生懸命働こうとしてるんです、ぼくは。それを病気がじゃまして、働かさないように働かさないようにするんです」。これは、網膜症のほかに難聴や手のしびれや頭痛などの薬害に苦しむ、まさに手足をもがれた元造船所の労働者の言葉だ。この高度産業社会は、◆自分の基礎を食い破りながら膨張してゆく。体を動かして働きたいという欲求すら破壊していく社会は、自らの未

問6 「自分の基礎」とは何をさすか。

来を食い潰すほかないだろう。そしてその負債を、もっとも脆弱《ぜいじゃく》な者たちの苦難において一時的に決済しながら進行するのである。

読解

1 「『測定不能』という衝撃的な文字が現れてくる」(一九五・13)とあるが、どうして「衝撃的」なのか、説明しなさい。

2 「荒地であることの自己意識なき『荒地』」(一九七・17)とあるが、「荒地」とは「社会」のどのようなあり方をさすのか。「身体的振るまい」(同・12)と関連させて説明しなさい。

3 「隙間や余白を残すことを許容しない思考様式」(一九九・6)とあるが、そのような「思考」にとって「隙間や余白」はどのようなものか。「総動員の思考」(同・6)、「全体主義的思考」(同・11)と関連させて説明しなさい。

4 クロロキンが浸透する「歴史的な出自と社会的な経路」(一九三・7)とあるが、その観点から、全文を二〇〇字以内に要約するとともに、表題「失明の時代」にこめられた意味を、一〇〇字以内で説明しなさい。

重要語

対象化 何らかの物事について考える際、私たちはどうしても主観的な好悪に囚われがちだが、それでは他者を納得させるに足る主張・認識とは言えない。論じる事柄を個人的な印象や思いから切り離し、客観的に見つめ直すこと、それが「対象化」だ。しかし、筆者が言うように、極端な対象化は時として社会に害をなす。例えば、戦火に追われる難民たちにむやみに同情していては現実的な対策もおぼつかないが、かといって彼・彼女らを十把一絡げに「数」としてしか考えず、一人一人の事情を黙殺したのでは十分な支援はできないだろう。大切なのは、「対象化」した後、いかに再び対象に寄り添うかなのだ。

第二部

第九章

明日の世界を構想する

●みちびく言葉

未来について語ることが難しい時代となった。かつて高度成長の盛りには、多くの論者が威勢良く花火を打ち上げたものだが、彼らはいま口を閉ざしている。恥ずかしくなったのだろう。歴史の堆積が引き起こす負の要因は、大きな危機として地球規模にあらわれている。グローバル・システムとは、危機のグローバル化のことである。気候変動は地球の未来を揺るがし、国境を超えた資本主義は、資源と労働力の収奪によって、貧富の格差を極端に広げてしまった。反動として、各地にナショナリズムが燃えさかり、民族間の差別敵対関係が激しさを増す。現代社会では、個人は他者から切り離されて、ますます孤独となる。眼前に生起する物事の基礎に達するラディカル（根底的）な思考が求められている。絶望の虚妄なるは希望のそれに等しい。であれば、希望を創りだすしかないではないか。

空虚な承認ゲーム

山竹伸二《やまたけしんじ》

果汁を失ってひからびた果物のように、他者への思いやりと配慮、そして哲学の伝統に立っていえば「友情」を失った社会は、制度と規則だけのバラックになる。そのような社会でも、規則に従ってさえいれば、円滑に動いてはいくだろう。だが、それで「空虚」が紛れるだろうか。

〔1〕[1]見田宗介《みたむねすけ》によれば、日本において社会共通の価値観が壊れはじめたのは一九七〇年代以降であり、以後、「虚構の時代」と呼ぶのがふさわしいような新しい時代に突入する。それは「関係の、最も基底の部分自体が、『わざわざするもの』、演技として、虚構として感覚される」時代である、と見田は言う。たとえば親子や夫婦といった関係も、親として、子として、夫として、妻として、各々が自分の役割を演技として感じている、どこか現実ではない虚構として感覚されている。

〔2〕[2]東浩紀《あずまひろき》はこうした「虚構の時代」について、「大きな物語がフェイク[3]としてしか機能しない時代」だと指摘している。

〔3〕「大きな物語」とは宗教やイデオロギー[4]など、個人が生きる意味を見出《い》だすための社会共通の価値観であり、たとえばキリスト教が強い影響力を持つ社会では、

山竹伸二　一九六五年―。心理学者・哲学者。広島県出身。主に現象学・精神分析学の観点から、現代日本人の心理や関係性のありかたを広く研究している。本文は『「認められたい」の正体――承認不安の時代』（講談社現代新書）によった。

◆**主な著書**　『子育ての哲学――主体的に生きる力を育む』（ちくま新書）など。

1 **見田宗介**　一九三七年―。社会学者。社会学の立場から、現代日本社会の心情や感覚を捉える。二一七ページ参照。

2 **東浩紀**　一九七一年―。思想家・哲学者。

3 **フェイク**　偽造品。模造品。［英語］fake

4 **イデオロギー**　国家や政治・

神への信仰を示す行為や生き方こそ、その人の生の意味を決定するし、共産主義[5]の国家では、国家に忠誠を示す行為こそが賞賛され、その価値を認められるだろう。

[4]しかし、こうした「大きな物語」が信用を失い、社会共通の価値観がゆらいだとき、私たちは何をすれば社会に認められるのか、そして生きる意味を見いだすことができるのか、その規準を見失ってしまう。そのため、「大きな物語」のフェイク（偽物）を無自覚のうちに捏造《ねつぞう》し、それを信じようとすることで、かろうじて生きる意味を見いだそうとする。家族が各々の役割を演じるのも、一方では家族の理想像を見失っているにもかかわらず、幸せな家族の像をあえて信じようとしなければ、自分の居場所を見いだせないからなのだ。

[5]このように、信じるべき価値を持たないからこそ、形式だけでも信じるふりをしてしまう精神、これをスラヴォイ・ジジェク[6]はシニシズム[7]と呼んでいる。

[6]たとえばナチズム[8]やスターリニズム[9]といった二〇世紀のイデオロギー崇拝の根底にあるのは、こうした意味でのシニシズムであるという。民衆はそれを本気で信じていたわけではなく、ただ形式的に信じるふりをしていたにすぎない。「ふりをしていた」と言っても、自覚的に演技していたわけではない。自分がそうした思想を信じていることに対して、意識の上で疑念はないのだが、しかし心のどこかで疑っているため、自分の態度にどこか「わざとらしさ」を感じてしまうのだ。

[7]「シニカル[10]な主体は、イデオロギーの仮面と社会的現実との間の距離をちゃんと

法体系・文化などを思想的にまとめあげる主導的観念形態。［ドイツ語］Ideologie

5 共産主義　私有財産を廃絶し、生産手段を集団で所有して、不平等や不公平、差別や搾取の無い社会を建設しようという考え方。

問1　「大きな物語」とは、ここでは何のことか。

6 スラヴォイ・ジジェク　Slavoj Žižek　一九四九年－。スロベニアの哲学者・思想家。精神分析理論を適用し、現代政治・社会・芸術を批評した。

7 シニシズム　世間を嘲笑し、冷ややかに侮蔑する態度。［ドイツ語］Zynismus

8 ナチズム　ナチスの思想。民族社会主義。［ドイツ語］Nazism

9 スターリニズム　スターリン主義。共産党独裁体制。［英語］Stalinism

10 シニカル　皮肉な態度をとるさま。［英語］cynical

知っているが、それにもかかわらず仮面に執着する」。ジジェクによれば、これは「王様は裸だ」と知っていながら知らないふりをしていた、あの寓話《ぐうわ》における民衆たちと同じなのである。

⑧しかし、こうしたシニシズムの時代は終わりに近づいている、と東浩紀は主張する。もはや意味への渇望を人間関係のなかで満たすことはできず、他者の承認を求めることもなく、自分だけで欲求を満たすしか道はない。そして東浩紀はこのような変化を「動物化◆」と呼んでいる。

⑨だが、はたしてそうだろうか。確かに人間は他者の承認ばかりを求めているわけではないし、単独で欲求を満たす可能性もあるかもしれない。「他者の承認など必要ない」と主張する人間も、決して少ないわけではない。しかしそれでも、他者の承認は自分の存在価値に関わる、最も人間的な欲望であり、長期にわたってそれなしに生きていける人間はほとんどいないだろう。

⑩確かに現代の日本社会では、社会共通の大きな価値観に対する信頼はゆらいでいる。だからといって、他者の承認を求めないような、自分一人で動物的に欲求を満たす人々が多数派を占めているわけではない。大多数の人間は現在もなお、身近な人間関係や小集団のなかで承認を求めている。そのため、学校や職場、趣味の共同体など、自分が属する集団において共有された価値観を重視し、その価値観に準じた言動を心がけている。

問2 「動物化」とはどのようなことか。

[11] 小集団ごとに異なった価値観が信じられているとしても、集団内で共有された価値観は、集団に属する者として承認されるための参照枠として機能する。食品の研究所では新食品の開発が、サッカーの部活動ではチームワークや高度なプレーが、「価値ある行為」と見なされ、仲間としての承認を高めてくれる規準となる。この点は社会共通の価値観が社会的承認の参照枠でもあるのと同じである。

[12] しかし一方では、自分が属する小集団の価値観は、誰もが信じている価値観というわけではないこと、世の中には多様な価値観が存在することを、普通は誰もが知っている。そのため、自分が属する小集団の価値観への熱狂が冷め、関心が薄れると、その価値観に準じた行為に意味を見いだすことができなくなる。それでも仲間の承認だけは維持したいため、そうした行為の価値を無意味に感じる反面、それをやめることができない。

[13] たとえば営利目的の職場であれば、売り上げを伸ばせば評価され、承認を得ることはできるし、うまくいっている間はそれも楽しめる。だが一方では、そのような行為が職場以外ではさして評価されないことを知っているため、仕事がうまくいかなくなれば、ただ営業成績を競う日々の生活に価値を見出だすことができなくなる。しかし周囲の批判を怖れ、彼らの承認を維持するために、そうした行為をやめることができないのだ。まして、学校の同級生や幼稚園のママ友のような仲間関係においては、目的や価値観を共有して集まったわけではないため、よ

問3 「それ」とは何をさすか。

り一層、承認を維持することだけが目的になりやすい。

[14]承認を維持するための形式化された空虚な行為という意味では、これは先に述べたシニシズムと同じだが、異なっている点は、もはや虚構としても社会共通の価値観は措定されず、そうした価値観を信じようとする自己欺瞞《ぎまん》的な意識も存在しない、ということだろう。

[15]それが「空虚な承認ゲーム」なのである。

[16]「空虚な承認ゲーム」においては、自分の思うままに行動したい、感じたままに発言したい、という思いは、「本音を出したら嫌われるかもしれない」という不安によって、ある程度まで我慢せざるを得なくなる。そもそも愛情や信頼を感じている相手でない限り、過度の配慮や同調は負担なだけであり、自分の自然な感情を抑圧することで、自己不全感を招いてしまうだろう。

[17]それは「承認」を過度に優先し、「自由」を必要以上に抑圧した結果とも言える。

[18]もともと「自由への欲望」と「承認への欲望」の間には葛藤が起きやすい。たとえば、職場で自分のやりたい仕事があっても、上司や同僚に気を遣って断念したり、休日は寝ていたいと思っても、恋人の買い物や友人の遊びに付き合ったり、私たちは他者の承認を維持するために（「承認への欲望」を満たすために）、ある程度まで自由な行動を抑制する。

[19] 一般的に、承認に対する不安が強い人間ほど、他者に承認されるための過剰な努力、不必要なまでの配慮と自己抑制によって、自由を犠牲にしてしまいやすい。自分の自然な感情や考え（本当の自分）を抑圧し、「偽りの自分」を無理に演じてしまうのだ。その結果、心身ともに疲弊してうつ病になったり、心身症や神経症を患ってしまうケースも少なくない。

[20] すでに述べたように、社会共通の価値観（＝大きな物語）への信頼が失墜したため、何をしたら承認されるのかがわかりにくくなり、結果として承認不安*が強くなっている。だが、「自由と承認の葛藤」という観点からもう一歩踏み込んで考えると、そこには「自由な社会の到来」という、より大きな時代背景が見えてくる。

[21] 近代以前の西欧社会ではキリスト教の価値観が強い影響力を持っていたので、その価値観に反する行動はほとんど不可能であり、個人の自由は存在しなかった。ところが一八世紀以降、市民革命と資本主義の発展にともなって、個人が自由に生きる条件も次第に整いはじめた。といっても、「人間は生まれながらにして自由であるが、しかしいたるところで鉄鎖につながれている」というルソー[11]の言葉が示すように、最初はまだ伝統的価値観の影響力が強く、自由な行動には数多くの制約があった。伝統的価値観に反する行動は社会的承認が得られず、周囲の信用を失ってしまう危険性が高かったのだ。

[22] ここに「自由と承認の葛藤」が生み出されたのであり、それはまず「個人と社

11 ルソー Jean-Jacques Rousseau 一七一二－七八年。フランスの思想家・作家。その自由思想はフランス革命にも大きな影響を及ぼした。著書に『社会契約論』『エミール』などがある。

会の葛藤」として現われ、「個人は社会に抑圧されている」といった世界像を生み出した。自由に生きる条件は確実に増大していたが、しかし自由への欲望が高まったことで、むしろ「社会によって自由が抑圧されている」と感じられやすくなったのである。

[23]たとえば精神分析を創始したフロイト[12]は、「個人と社会の葛藤」を軸に据えて神経症を説明している。彼はこの葛藤をもっぱら「性欲と道徳心の葛藤」として据えていたが、それは神経症が増加しつつあった当時（一九世紀末）、性的欲望の自由な発露を許さないような伝統的な道徳観が根強く残っていたからだ。伝統的な道徳観に反する行為は社会的承認の剥奪を意味している。そのため、◆この道徳観に反する性的欲望は抑圧され、神経症が発症する。個人の自由と社会の承認の葛藤は、神経症という心のねじれを生み出したのである。

[24]現在では、（性に限らず）社会の抑圧がそれほど強いわけではなく、自由に生きることを妨げる足枷《あしかせ》はほとんど存在しない。科学の進歩と産業の発展、二度の世界大戦、マルクス[13]主義の退潮、そして消費社会の到来によって、先進資本主義諸国においては伝統的価値観の影響力が弱くなり、多くの人が特定の考え方に縛られず、自由に生きられるようになっている。

[25]しかしその一方で、誰もが認めるような行為の規準が見えにくくなり、何をすれば他者に認めてもらえるのか、きわめて不透明な状況になったのも事実である。

12 フロイト Sigmund Freud 一八五六－一九三九年。オーストリアの医師・心理学者。心を「欲望の葛藤」として捉えた。著書に『夢判断』『精神分析学入門』などがある。

問4 「この道徳観」とはどのようなものか。

13 マルクス Karl Marx 一八一八－八三年。ドイツの社会主義思想家。経済学・哲学など広範な領域で多くの業績を残した。マルクス主義はフリードリヒ・エンゲルス（Friedrich Engels 一八二〇－九五年）と共に確立したこのため多くの人間は、自分の感情や思考を自由に表出すること、自由に行動することを抑制し、身近な人々の承認を維持するために、彼らに同調してしまいやすい。自由と承認の葛藤は、いまや「個人の自由」と「社会の承認」の葛藤ではなく、「個人の自由」と「身近な人間の承認」の葛藤になっている。

[26]いま、コミュニケーション[14]能力が重要になり、「空虚な承認ゲーム」が蔓延《まんえん》しているのは、社会共通の価値観を基盤とした「社会の承認」が不確実なものとなり、コミュニケーションを介した「身近な人間の承認」の重要性が増しているからなのだ。

社会主義ならびにその諸思想の体系。

14コミュニケーション 本来、人間と人間との間で意味を伝える過程、の意。［英語］communication

読解

1 「空虚な承認ゲーム」(二〇六・6)について、「シニシズム」(二〇三・11)と比較して説明しなさい。

2 「それ」(二〇六・12)とはどのようなことか、説明しなさい。

3 「自由と承認の葛藤」(二〇七・18)はどのようなことによって生み出されたか、説明しなさい。

4 「何をすれば他者に認めてもらえるのか、きわめて不透明な状況になった」(二〇八・17)という事実の結果、どのようなことが起こったか、説明しなさい。

重要語

承認不安 ポストモダン社会における価値の多様化は、自分のどんな価値観も認めてもらえて、自由に生きるのには都合がいい。しかし、その一方で、共通の価値観が薄れれば、どのような行為をすれば他者の評価が得られるのか、その基準がわからなくなり不安である。これを「承認不安」といい、これを起点に、現代の様々な精神疾患や社会病理を説明できる場合が多い。多くの価値観を合わせ持つ若者ほど、これを強く意識して生きねばならないのが現代という時代なのである。

現代における人間と政治

丸山眞男《まるやままさお》

二〇世紀の全体主義は、暴力を用いた画一的支配、メディアの大量宣伝に伴う価値観の一元化により、社会と文化を野蛮状態へ退行させた。本文は映画を話題に、その恐怖と悲惨とを鮮明に描きだす。過去のこととして忘却できるだろうか。

1 チャップリン[1]の映画『独裁者』[2]のなかで、“What time is it?”というセリフが出て来る場面が二度あった。最初はシュルツという負傷した士官が砲兵のチャップリンに助けられて飛行機で脱出する途中でこうたずねる。この時飛行機は逆さに飛んでいるのだが、二人とも雲海の中にいてそのことが分らない。チャップリンが懐中から時計を出すと忽《たちま》ち、時計は鎖からニョッキリと眼の前に聳《そび》え立って彼をおどろかす。二度目は、ゲットー[3]（ユダヤ人街）で乱暴をはたらいた揚句、アンナにフライパンでのされた突撃隊員[4]の一人が意識をとりもどして立ち上って、真っ先にいう言葉がやはりこれである。私は最初の時はただゲラゲラ笑っただけだったが、再度同じセリフが出て来たときには「オヤ。」と思った。「いま何時だ。」などという問いはもっとも日常的なありふれた言葉だから、同じ映画に二度でて来てもべつに不自然ではないともいえるが、それが使われた場景との関連

丸山眞男
一九一四－九六年。政治学者・思想史家。大阪府生まれ。戦後日本の思想基盤に大きな影響を与えた。本文は一九六一年に発表されたもので、『丸山眞男セレクション』（平凡社）によった。
◆**主な著書**　『日本政治思想史研究』（東京大学出版会）、『現代政治の思想と行動』（未来社）など。

1 チャップリン　Charlie Chaplin　一八八九－一九七七年。イギリス出身の俳優・映画監督。哀愁をこめた滑稽なしぐさと扮装で、弱者の悲しみと社会の不正を表現した。
2『独裁者』　チャップリン監督・脚本・主演の、一九四〇年のアメリカ映画。ナチス・

を考え、さらには、床屋の時間感覚の喪失ということが、あの映画のギャグ全体を貫く筋金になっていることなどを思い合せると、どうもただのセリフではなさそうな気もする。つまりそこで問われているのは、『モダン・タイムス』[5]や、さかのぼっては、『ゴールド・ラッシュ』[6]に直接つらなっているような、そういう◆「時代《タイム》」なのではないかということである。

[2]そういう目で見ると、チャップリンは、現代とはいかなる時代かを執拗《しつよう》に問いながら、くりかえし同じ規定をもって答えているように見える。それは「逆さの時代」だということである。何をもって「逆さの時代」というか。それは常態と転倒[7]した出来事があちこちに見られるとか、人々の認識や評価が時折狂いだすとかいうような個別的な事象をこえて、人間と社会の関係そのものが根本的に倒錯している時代、その意味で倒錯が社会関係のなかにいわ

『独裁者』の飛行機で脱出する場面（右がチャップリン）。

ドイツのアドルフ・ヒトラーの独裁政治を滑稽かつ痛烈に風刺した。▼**あらすじ**　トメニア（トメニヤ）国のユダヤ人床屋は第一次大戦中の飛行機事故で記憶を喪失。病院から抜け出して店に戻り、ユダヤ人の少女アンナと親しくなるが、独裁者ヒンケルの弾圧が強まり、ユダヤ人狩りにより収容所に入れられる。脱走し、逃亡先のオーストリッチ国境でヒンケルに間違われると、兵士たちに向け人間性を取り戻すよう大演説する。

3 ゲットー（ユダヤ人街）　ヨーロッパ諸都市でユダヤ人を隔離し居住させた区域。［イタリア語］ghetto

4 突撃隊　ナチス直属の義勇兵的性格の組織。

5『モダン・タイムス』　チャップリン監督・脚本・主演の、一九三六年のアメリカ映画。資本主義社会や機械文明を痛烈に風刺している。▼**あらすじ**　大工場で働くナット締めの職工が、体がスパナのよう

『モダン・タイムス』で主役を演じるチャップリン。

ば構造化されているような時代ということである。『モダン・タイムス』の冒頭の著名なシーン——囲いのなかに追い込まれる羊の群に、工場に吸い込まれる出勤時の労働者の群をかぶせたシーンがすでにそうした構造的倒錯の暗示であった。しかもチャップリンがそこで戯画化したのは、マルクス[8]が百年も前に古典的定式を与えた、労働過程における機械と人間の倒錯だけではなくて、一九世紀における予言者たちの想像をもはるかに越えた規模と深さにおいて——たとえばテクノロジーによる深層心理の開発と操作の問題一つをとれば十分であろう——現代生活に浸透した「人間の自己疎外」のさまざまの局面なのである。食事という人間のもっとも原初的な「自然」な欲求さえも、能率のための能率の崇拝によって自由な選択を奪われる（『モダン・タイムス』）。いや、自由な選択を「奪われる」段階さえも通り越して、いまや商品の購買から指導者の選出まで、「自由な選択」それ自体が宣伝と広告によって造出されるのだ。かつてはともかく「再創造《リクリエーション》」という意味付けを与えられていた娯楽やスポーツまでが巨大な装置となって大衆を吸い込み、規格化する。

に動かなくなる。精神病院や刑務所に入れられ、職も転々と変わり、知り合った孤児の少女と逃亡を重ねる。

6『ゴールド・ラッシュ』　チャップリン監督・脚本・主演の、一九二五年のアメリカ映画。邦題は『黄金狂時代』。**▼あらすじ**　金鉱探しの男が、凶悪犯、大金鉱の発見者と吹雪の小屋に閉じこめられた縁で大金持ちとなり、美女にもめぐり会う。

問1　「そういう『時代』」とはどのようなことか。

7 転倒　さかさまになる。

8 マルクス　二〇八ページ参照。

「ヒンケル」の獅子吼《ししく》[9]の前に一斉に右手をあげる群集（『独裁者』）と、ワイドスクリーンの前に一斉に首を左右にふる観客（『ニューヨークの王様』[10]）とはけっして◆別の種族ではない。性もまた倒錯し、男が女の声を出し、女が低音で応ずる（同上）。「プロデュース」とは現代では価値の生産ではなくて、なにより価値の演出なのである。

③そうして神話と科学を満身にちりばめた二〇世紀の独裁者こそは現代世界の最大の「演出」者であり、そこでの政治権力の自己目的化は、現代文明における手段と目的の転倒のクライマックスにほかならない。目には目を、演出には演出を。こうして庶民の床屋チャップリンは、整然と仕組まれたオーストリッチ進駐の政治的演出をそっくり逆用することによって独裁者に見事復讐《ふくしゅう》する！

④しかし"What time is it ?"という問いのシンボリックな意味は、たんに現代が逆さの世界であるという事実命題の提示だけではない。とくにあの飛行機の場面での重要な暗示は、「逆さの世界」の住人にとっては、逆さの世界が逆さとして意識されないという点なのだ。倒錯した世界に知性と感覚を封じ込められ、逆さのイメージが日常化した人間にとっては、正常なイメージがかえって倒錯と映る。ここでは非常識が常識として通用し、正気は反対に狂気として扱われる。まさに時計は鎖から逆上し、水は水筒から噴出するのである。これが意識を喪失している間に世界が一変したことを知らずにわが家へ立ちかえって来た床屋を待ち

9 獅子吼 大演説。

10『ニューヨークの王様』 チャップリン監督・脚本・主演の、一九五七年のイギリス映画。共産主義者とみなされアメリカを追放されたチャップリンが、アメリカの政治や商業主義を強い皮肉で風刺した、最後の主演作。▶**あらすじ** ある小国からニューヨークへ亡命した王（チャップリン）は、首相に財産を持ち逃げされ、大画面映画やテレビコマーシャル、共産主義者への「赤狩り」などに翻弄される。

問2 「別の種族ではない」とはどのようなことか。

もうけていた運命であった。彼は何事も知らないから、きわめて普通の常識にしたがって普通に行動する。ユダヤ人の店先のガラスに勝手に「ユダヤ人」とペンキでぬりたくるのは、もってのほかの非礼であるから彼はしごく平然と突撃隊員の目の前でそれを消す。なんの罪もない市民や婦女を集団的にいじめるのは街のギャングのすることだから、彼は義憤を感じて制止しようとする。かけつけた突撃隊員を彼は服装から警官と思って、乱暴者をとりしずめてくれと訴える。彼の判断や行動はどれもきわめて自然なのだが、それが一つ一つ、この世界ではとんでもない無鉄砲なことか、あるいは異常な勇気を要すること——いずれにしてもまさしく不自然なことなのだ。このチグハグが私達の滑稽感をさそう。この滑稽感はベルグソン[11]流にいえば、床屋の世界——ゲットー——の出来事に私たちが情緒と共感をもってではなく、われ関せず焉《えん》[12]の見物人として、「純粋理知」をもって対していられるからである。日常性の倒錯は自然の流れにたいするこわばりを示すからこそ好んで喜劇の題材として扱われる。役割の交換も何が何ととりかわっているかが観客に自明であるからこそ狂言になる。だが『独裁者』における倒錯は一見するよりはるかに複雑である。あの時のあの世界における日常性を所与とすれば、床屋の行動はまさに転倒しているが、実はその日常性自体が「逆さの世界」における日常性だとするならば、転倒しているのはトメニヤ国の全体*なのであり、真っすぐに立っているのは、床屋とその周囲のほんの一にぎりの人間に

問3 「普通の常識にしたがって普通に行動する」とあるが、傍点にはどのような意味があるか。

11 ベルグソン Henri Bergson 一八五九－一九四一年。フランスの哲学者。生命は、因果的、目的的な活動ではなく、予測できないような飛躍によって進化する創造的活動であるという「創造的進化」を提唱した。

12 焉 口を開かない。

すぎない。私たちは一体どちらの日常性の側から、どちらの倒錯を笑っているのか。『独裁者』にしても『モダン・タイムス』にしても、そうした現代における日常感覚の分裂の問題をなまなましく提出しているからこそ、そこでの滑稽感はほとんど痛苦感と背中合せになって私たちに迫ってくるのである。

読解

1 「『プロデュース』とは……価値の演出なのである。」(二一三・4)とはどのようなことか、説明しなさい。

2 「政治権力の自己目的化」(二一三・7)とはどのようなことか、説明しなさい。

3 「現代における日常感覚の分裂の問題」(二一五・2)とはどのようなことか、説明しなさい。

重要語

「全体」主義　個人の自由や自発性を根絶やしにし、国家全体に奉仕するように人々を画一化する政治体制または思想支配のこと。国家は特定の個人や政党によって支配され、国民は国家目的実現の道具として動員される。暴力による威嚇、内部の敵への迫害、メディア統制による洗脳、支配者の神話化が、その特色である。以上は辞書的定義であるが、ハンナ・アレント(一九〇六―七五年)が伝えるエピソードがそれに光彩を加える。第二次大戦末期のドイツ、バルト海からの引き揚げ船の中で、ナチスの女指導者が、総統は皆さんに毒ガスによる安楽な死を用意してくださっています、と言った。アレントは補足する。「誰か、女の声で、そんな貴重な毒ガスをあのユダヤ人に使ってしまうなんて、と叫んでも不思議でない」。これが全体主義の病理である。

現代社会はどこに向かうか

見田《みた》宗介《むねすけ》

人の欲望に駆動されて、資本は地球をグローバルに運動し、大量生産、大量消費の世界ができあがる。それは自然に破滅的な変動を加え、「人新世」と言われるようになった。かつて恐竜が絶滅したように、人類もまた死滅するのだろうか。

[1] 一九七〇年代までの人びとの歴史意識は、というよりも「自明」のように前提されていた歴史感覚は、歴史というものが「加速度的」に進歩し発展するという感覚であった。この感覚には客観的な根拠があった。図1にみるような例えばエネルギー消費量の、加速度的な増大という事実に、それは裏付けされていた。けれども少し考えてみると、このような加速度的な進展が、永久に続くものでないことは明らかである。一九七〇年代ローマ・クラブ[1]の『成長の限界』以来すでに多くの推計が示しているとおり、石油をはじめいくつもの基本的な環境資源を、人間は今世紀前半のうちに使い果たそうとしている。われわれのミレニアムは、二〇〇一年九月一一日世界貿易センタービル[2]への爆破テロによって開幕しているが、ハイジャック犯によってビルに激突する数分前の航空機にわれわれの星は似ているのであって、どこかで方向を転換しなければ、このまま進展する限り破滅

見田宗介
一九三七－二〇二二年。社会学者。東京都生まれ。現代社会の本質的課題をしなやかな文体で浮き彫りにしている。真木《まき》悠《ゆう》介《すけ》の筆名でも執筆活動を行う。本文は二〇〇九年に発表されたもので、『定本見田宗介著作集Ⅰ 現代社会の理論』（岩波書店）によった。
◆**主な著書** 『現代日本の感覚と思想』（講談社学術文庫）、『自我の起原』（岩波現代文庫）など。

1 ローマ・クラブ スイスに本部を置く民間のシンクタンクで、世界全体に関わる諸問題に対処するため一九七〇年に設立。『成長の限界』は七二年刊行で、人口増加と経済成長が変わらず続いた場合、一

に至るだけである。

[2] 一定の環境条件の中に、たとえば孤立した森の空間に、この森の環境要件によく適合した動物種を新しく入れて放つと、初めは少しずつ増殖し、ある時期急速な、時に「爆発的」な増殖期を迎え、この森の環境容量の限界に接近すると、再び増殖を減速し、やがて停止して、安定平衡期に入る。

[3] 生物学者がロジスティックス[3]曲線と呼ぶS字型の曲線（図2の実線）である。これは成功した生物種であり、ある種の生物種は図2の点線のように、繁栄の頂点の後、滅亡にいたる。これを「修正ロジスティックス曲線」という。再生不可能な環境資源を過剰に消費してしまったおろかな生物種である。哺乳類などの大型動物はもっと複雑な経緯を辿《たど》るが、基本の原則を免れることはできない。地球

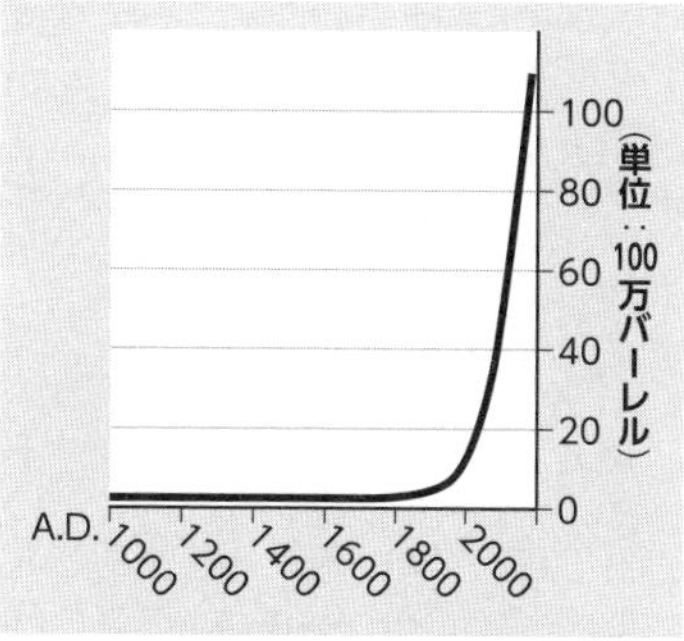

図1　世界のエネルギー消費量の変化。右目盛りの単位は石油換算して1日あたり（環境庁長官官房総務課編『地球環境キーワード事典』中央法規出版、1990年などから）。

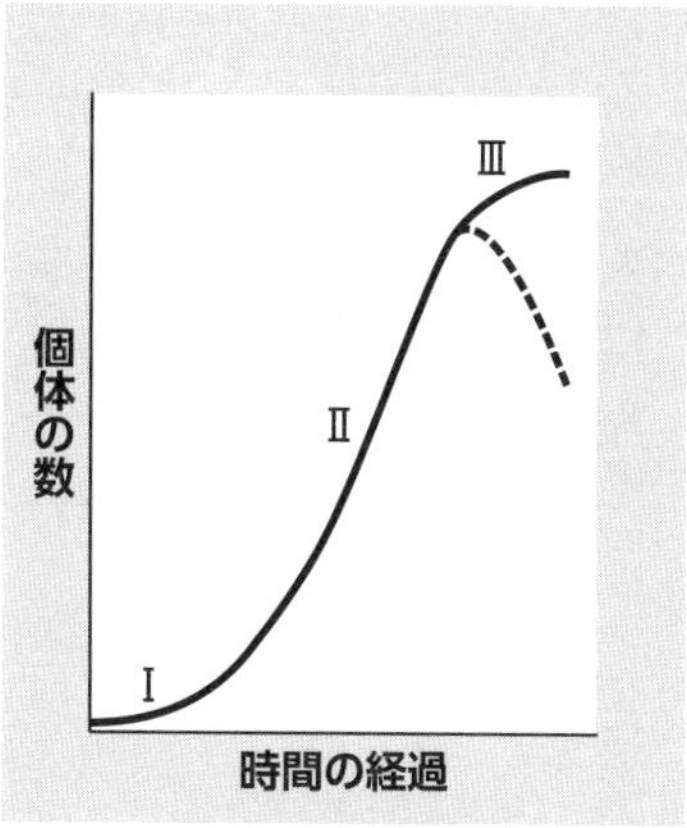

図2　ロジスティックス曲線

〇〇年以内に地球の資源は限界に達すると提言した。

2 世界貿易センタービルへの爆破テロ　二〇〇一年九月一一日、イスラム過激派組織「アルカイダ」にハイジャックされた旅客機が米ニューヨークの世界貿易センタービルなどに激突し、約三〇〇〇人の死者を出した事件。テロはテロル（[ドイツ語] Terror）の略。

3 ロジスティックス曲線　人口増加や生物の増殖過程を近似的に表す数学的曲線。[英語] logistic curve

という有限な環境下の人間という生物種もまた、このロジスティックス曲線を免れることはできない。

④◆これは比喩でなく、現実の構造である。

⑤一九六〇年代には地球の「人口爆発」が主要な問題であったけれども、前世紀末には反転して、ヨーロッパや日本のような「先進」産業諸国では「少子化」が深刻な問題となった。「南の国々」を含む世界全体は未だに人口爆発が止まらないというイメージが今日もあるが、実際に世界全体の人口増加率の数字を検証してみるとおどろくことに、一九七〇年を尖鋭《せんえい》な分水嶺《ぶんすいれい》として、それ以後は急速にかつ一貫して増殖率が低下している。つまり人類は理論よりも先にすでに現実に、生命曲線の第Ⅱ期から第Ⅲ期への変曲点を、通過しつつある。この時点からふりかえってみると、「近代」という壮大な人類の爆発期はS字曲線の第Ⅱ期という、一回限りの過渡的な大増殖期であったことがわかる。そして「現代」とはこの「近代」から、未来の安定平衡期に至る変曲ゾーンと見ることができる。

⑥「現代社会」の種々の矛盾に満ちた現象は、「高度成長」をなお追求しつづける慣性の力線と、安定平衡期に軟着陸しようとする力線との、拮抗《きっこう》するダイナミズムの種々層として統一的に把握することができる。

⑦われわれは変化の急速な「近代」という爆発期を後に、変化の小さい安定平衡期の時代に向かって、巨大な転回の局面を経験しつつある。この展開の経験が、

問1　「これは比喩でなく」とあるが、なぜか。

「現代」という時代の本質である。

[8] 二〇世紀の後半は図1に見るように「近代」という加速する高度成長期の最終の局面であった。この最終の局面の拍車の実質を支えていたのは〈情報化／消費化資本主義〉のメカニズム[4]である。〈情報化／消費化資本主義〉のメカニズムの範型は、一九二七年の歴史的な「GM[5]の勝利」であった。それ以前の古典時代の資本主義の、消費市場需要に対応する生産というシステムの王者フォード[6]が、規格化された大量生産を通して低価格化された堅牢《けんろう》な「大衆車」の普及によって、自ら市場を飽和してしまったことに対して、GMは発想を逆転し「自動車は見かけで売れる」という信条の下、「デザインと広告とクレジット[7]」という情報化の諸技法によって車をファッション商品に変え、買い替え需要を開発するという仕方によって市場を「無限化」してしまう。このように〈情報化／消費化資本主義〉とは、情報による消費の自己創出というシステムの発明によって、かつて「◆資本主義の矛盾」と呼ばれた恐慌の必然性を克服し、社会主義との競合に勝ちぬき、二〇世紀後半三〇年余の未曽有の物質的繁栄を実現したシステムであった。二〇〇八年このGMの突然の危機と暗転は、人間の少なくとも物質的な高度成長期の究極のシステムであるこの〈情報化／消費化資本主義〉の限界を露呈することとなった。〈情報化／消費化資本主義〉はなぜ人間の、少なくとも物質的な高

4メカニズム　物事や物体の仕組み・仕掛け。［英語］mechanism

5GM　ゼネラルモーターズ（［英語］General Motors Company）の略。アメリカ合衆国の自動車メーカー。一九三〇年代から六〇年にかけて世界最大の自動車メーカーとして繁栄したが、七〇年代以降は輸入車との競争に敗北して低迷し、二〇〇九年に倒産、国有化された。二〇一三年国有化解消。

6フォード　フォード・モーター・カンパニー（［英語］Ford Motor Company）の略。アメリカ合衆国の自動車メーカー。

7クレジット　信用。信頼。［英語］credit

問2　旧来の「資本主義の矛盾」とはどのようなものか。

度成長期の「究極の形態」であるといえるのか？　なぜそれは「限界」を露呈するのか？

⑨見たように「情報化／消費化資本主義」とは「デザインと広告とクレジット」という情報化の力によって消費市場を自ら創り出すシステムであり、このことによって旧来の「資本主義の矛盾」をみごとに克服するシステムであった。それは消費の無限拡大と生産の無限拡大の空間を開く。けれどもこの「無限」に成長する生産＝消費のシステムはその生産の起点においても消費の末端においても、資源の無限の開発＝採取を前提とし環境廃棄物の無限の排出を帰結するシステムである。この資源／環境は現実に有限であるが、この新しい有限性もまたいったんはのりこえられる。資源を「域外」に調達し廃棄物を海洋や大気圏を含む「域外」に排出することをとおして、環境容量をもういちど無限化することができる。けれどもこのグローバル[8]なシステムはそれがグローバルであるがゆえに、もういちど「最終的」な有限性を露呈する。

⑩球はふしぎな幾何学である。無限であり、有限である、球面はどこまでいっても際限はないが、それでもひとつの「閉域」である。

⑪＊グローバル・システムとは球のシステムということである。どこまで行っても障壁はないが、それでもひとつの閉域である。これもまた比喩でなく現実の論理である。二一世紀の今、現実に起きていることの構造である。グローバル・シス

8グローバル　全世界の。地球上の。［英語］global

問3　「グローバルなシステムは……露呈する。」とはどのようなことか。

テムとは、無限を追求することをとおして立証してしまった有限性である。それが最終的であるのは、共同体にも国家にも域外はあるが、地球に域外はないからである。

[12] 種の生命曲線（図2）の第Ⅱ期にある動物種にとって、たとえば森は、「無限」の環境容量として現象し、旺盛な増殖のための「征服」の対象である。種の生命曲線の第Ⅲ期にある動物種にとって、森は「有限」の環境容量として立ち現れ、安定した生を永続するための「共生」の対象として存在する。

[13] 「近代」という高度成長期の人間にとって自然は、「無限」の環境容量として現象し、開発と発展のための「征服」の対象であった。「近代」の高度成長の成功の後の局面の人間にとって自然は、「有限」の環境容量として立ち現れ、安定した生存の持続のための「共生」の対象である。

[14] かつて交易と都市と貨幣のシステムという、「近代」に至る文明の始動期に、この新しい社会のシステムは、人びとの生と思考を、共同体という閉域から解き放ち、世界の「無限性」という真実の前に立たせた。カール・ヤスパース[9]が「軸の時代」と名付けたこの文明の始動期の巨大な思想たち、古代ギリシアの哲学とヘブライズム[10]と仏教と中国の諸子百家[11]とは、世界の「無限」という真実への新鮮な畏怖と苦悩と驚きに貫かれながら、新しい時代の思想とシステムを構築してき

9 **カール・ヤスパース** Karl Theodor Jaspers 一八八三–一九六九年。ドイツの哲学者・精神科医。現代の倫理学や精神病理学に大きな影響を与えた。

10 **ヘブライズム** ヘブライ宗教（ユダヤ教）によって特徴づけられた思想・文化。ギリシア思想に基づくヘレニズムと並び称されることが多い。［英語］Hebraism

11 **諸子百家** 中国の春秋戦国時代（紀元前七七〇年–前二二一年）に現れた学者・学派の総称。

た。この交易と都市と貨幣のシステムの普遍化である「近代」はその高度成長の極限の形態である〈情報による消費の無限創出〉と世界の一体化自体を通して、◆球表の新しい閉域性を、人間の生きる世界の有限性を再び露呈してしまう。

[15] かつて「文明」の始動の時に世界の「無限」という真実に戦慄した人間は今、この歴史の高度成長の成就の時に、もういちど世界の「有限」という真実の前に戦慄する。

[16] 宇宙は無限かもしれないけれども、人間が生きることのできる空間も時間も有限である。「軸の時代」の大胆な思考の冒険者たちが、世界の「無限」という真実にたじろぐことなく立ち向かって次の局面の思想とシステムを構築していったことと同じに、今人間はもういちど世界の「有限」という真実にたじろぐことなく立ち向かい、新しい局面を生きる思想とシステムを構築してゆかねばならない。

[17]「近代」の思考の慣性のうちにある人間にとってこの「歴史の終息」は、否定的なもの、魅力に乏しい未来であるように感覚される。けれども幾千年かの間、人間が希求し願望した究極の世界のビジョン、「天国」や「極楽」のイメージは、歴史のない世界、永劫《えいごう》に回帰する時間を享受する世界である。◆天国の歴史はあるが、天国に歴史はない。「天国」や「極楽」という幻想が実現するということはない。「天国」や「極楽」という幻想に仮託して人々の無意識が希求してきた、〈持続する現在〉の生の輝きを享受するという世界が実現する。

問4 「球表の新しい閉域性」とは何か。

問5 「天国の歴史はあるが、天国に歴史はない。」とはどのようなことか。

18 けれどもこのことは、質実ではあっても健康な生の条件を万人に保障する科学技術の展開と、他者たちや多種の生命たちとの自由な交響を解き放つ社会の思想とシステムの構築と、なによりも〈存在すること〉の奇跡と輝きを感受する力の解放という、幾層もの困難な現実的な課題の克服をわれわれに要請している。この新しい戦慄と畏怖と苦悩と歓喜に充ちた困難な過渡期の転回を共に生きる経験が「現代」である。

読解

1 「『現代』という時代の本質」（二一九・1）とはどのようなものか、説明しなさい。
2 「グローバル・システムとは球のシステム」（二二〇・16）とはどのようなことか、説明しなさい。
3 「この新しい戦慄と……『現代』である。」（二二三・4）とあるが、ここで言う「現代」はどのような時代か、本文全体の論旨を踏まえて説明しなさい。

重要語

グローバル・システム　二〇世紀に入り、交通手段や情報技術の革命的変化に伴い、人間・資源・商品・情報が地球上を「自由に」行き交うグローバル・システムが確立された。問題は、その恩恵が、一部の先進国・階層に偏っていることである。グローバル・サウスと呼ばれる資源の収奪対象である地域では、低賃金・過剰労働の中で自然と人間の貧困が進む一方、一握りの人々が富の大部分を専有する異常事態が生じている。また、移民増大による文化摩擦、気候変動、民族間の対立など、現状の世界は、まさに噴火口の淵で死のダンスを踊っている。これは単なる比喩ではない。新型コロナの爆発的流行も、グローバル化が引き起こした事態である。

【編者】
岩間輝生（いわま・てるお）　元東京都立高等学校教諭
太田瑞穂（おおた・みずほ）　東京都立西高等学校
坂口浩一（さかぐち・こういち）　東京都立小山台高等学校
関口隆一（せきぐち・りゅういち）　筑波大学附属駒場中・高等学校

図版・イラスト協力者（敬称略・数字は掲載ページ）
ユニフォトプレス　46, 211, 212
atelier PLAN　217

表紙／有賀史
装幀・本文デザイン／白尾隆太郎

高校生のための現代思想ベーシック
ちくま評論入門　二訂版

二〇二一年一一月二〇日　初版第一刷発行
二〇二三年九月一五日　初版第三刷発行

編者…………岩間輝生・太田瑞穂
　　　　　　坂口浩一・関口隆一
発行者…………喜入冬子
発行所…………株式会社筑摩書房
東京都台東区蔵前二―五―三
郵便番号　一一一―八七五五
電話　〇三―五六八七―二六〇一（代表）
印刷・製本…………大日本法令印刷

ISBN 978-4-480-91741-6 C7095

高校生のための
現代思想ベーシック

ちくま評論入門 二訂版

解答編

筑摩書房

高校生のための現代思想ベーシック
ちくま評論入門 二訂版

第二部 解答編

目次

話しかけることば

（本文32ページ）

【解説　黒田あつ子】

【本文解説】

　借り物ではない「自分のことば」を手に入れるのはとても難しい。それはどうしたら手に入れられるか――加藤氏のエピソードをきっかけに「いろいろ」と考える筆者は、私たちにも、いろいろ考えようと促す。

　言いたいことがうまく表現できずに苦しんだ経験は誰にもあるはずだ。日本語の素晴らしい使い手の一人である筆者ですら、加藤氏への追悼文に半年以上もかかっている。いっそのことお手本を写せば「はやい」ではないか。そのための手本、「形式」はとても「役に立つ」――そんな声が世間から聞こえてくる。しかし、それでは収まりきらない、「自分のことば」が求められる場面が、必ずある。そのような時にことばを選び損なえば、謝罪のつもりが責任逃れに、励ましのつもりが一層人を苦しめる結果にもなりかねない。慌てず、ゆっくり、自分の頭で考える必要がある。本文には改行とひらがな書き、「　」のついた語が多く、自然に読むのが遅くなる。それが、慎重な思考を促そうとする筆者の意図にも見えて、示唆的である。

　ところで、当然のこと、人は自分の知らないことを知ることはできない。誰か／何かに刺激され、はじめて自分の知らなかったことを知る。ブロックさんの授業に異を唱えた学生は、自分の語学力を自負していたに違いないが、ブロックさんに尋ね返され「自分のことば」を手にできていなかったことに気づかされた。彼の気づきは、成果や効率を問わない「大学」で「文学」を学んでいたからこそもたらされたのではなかったろうか。しかもその学びは、加藤氏、筆者という仲介者（＝「あいだ」）を通し、こうして私たちのもとにまで届けられた。つまり、私たちが大切なことばを手に入れるには、この社会とは異質な時間と空気が流れている場所、異質な価値観が生きながらえる場所が不可欠なのである。

【読解の視点】

　筆者は、急逝した加藤典洋氏の著書からブロックさんのエピソードを読んでいろいろ考えてみたくなったと問題提起（1～9）。社会がいらないとする「あいだ」にこそ「ことば」の学びがある（10～21）。自分の中に求めるしかない「ことば」を前もって準備することはできない（22～27）が、それを準備できる場所として「大学」がある（28～33）。そこには「役に立つこと」に価値を置く社会とは異質な時間と空気が流れ、じつは社会の存続のためにも不可欠な場所であると結ぶ。（34～36）。

▼**キーワード**　大学・ことば・文学・役に立つ・準備

▼**中心段落**　19・20・21・36

▼**主題**　自分の中に「ことば」を準備することについて。

▼**論点**　友達が亡くなったとき、どんな「ことば」で挨拶するか。

▼**結論**　「ことば」を自分の中に準備するには「役に立つこと」や「はやさ」を求める世間とは価値観を異にする、文学や大学のような「あいだ」が不可欠である。

▼**要旨**　社会はフランス語を学ぶことと会話や作文ができることをイコールで結ぶが、ブロックさんは「あいだ」に日本文学をフランス語で説明させる過程を挿入する。親しい友達を追悼する時のような本当に大切なことばは自分の中に求めるしかなく、文学の学びを通してことばそのものを深く学ぶ必要があると考えるからである。

「大学」はそのための場所であり「はやく役に立つ」ことを求める社会とは違った価値観が生き延びている場所である。（二〇〇字）

【脚問解答】

問1 放ったまま長いときを過ごしてしまったということ。

問2 学校では役に立つことを教えるべきだという世間や社会の考え。

問3 筆者自身、自分の中に加藤さんを追悼することばを見つけられずに半年以上も苦しんだから。

問4 「大学」は世間や社会に出る「準備」の場所ではないと考えているということ。

【読解 解答・解説】

1 ブロックさんは「温厚な物腰」であるが、学生達への課題の難しさを見ても、学生への要求は大変厳しい。また、「おだやかに尋ね返した」ことばには率直で説得力がある。温厚な物腰がいっそうその厳しさを際立たせている。

解説 日本文学を日本語で説明するのでさえ容易でないのに、ブロックさんはフランス語で説明させる。授業に異議を唱えた学生への応答も率直なだけに強く響き、教室はさぞかし緊張したことだろう。しかし、筆者自身が加藤氏への追悼文に半年以上も悩んだように、偽りのない「自分のことば」を育てるには時間がかかる。ことば選びに慎重さを欠けば、誤解を招いたり人を傷つけることもあるだろう。自分の中にことばを育て、育てた自分のことばで考える――それを可能にするゆっくりした時間と空気が流れる場所、それが「大学」である。性急に成果を求めがちな社会の存続のためにも、それは不可欠である。

2 「自分のことば」は、手本のある形式のことばのように容易く手に入るものではないが、いつか必ず必要になるものである。したがって、世間では役に立たないものの代表のように言われている文学であるが、文学を学ぶことで「ことば」が豊かになるのであるから、実際に文学はとても役に立つ、私たちにとって必要不可欠のものだと言うことができるから。

解説 人とのコミュニケーションは、手本のある形式的なことばだけではすまされない。本当に重要なことは自分のことばで語るしかなく、その典型が親しい友への追悼である。荒川氏は次のように述べる。「この世をふかく、ゆたかに生きたい。そんな望みをもつ人になりかわって、才覚に恵まれた人が鮮やかな鋭いことばを駆使して、ほんとうの現実を開示してみせる」（『文学は実学である』）。

3 大切な友達への追悼文は簡単には書けないからといって、友達が生きているうちから準備することなどできない。しかし、まだ何のために、いつ使うとも決まってはいないけれども、いざとなれば友達への思いも語ることのできるような「ことば」を、自分の中に育み、蓄え、鍛えておくことはできる、ということ。

解説 思いが特別であればあるほど、そのためのことばを前もって準備することなどできないから、「その時」に表現するしかない。その究極の場面が親しい友達への追悼である。そしてそのようなかけがえのない特別な場面は誰にもいつか必ずやってくる。だから、「その時」手に取ることができることばを自分の中に準備しておくこと、つまり「自分のことば」をもっていることは、とても大切なのである。

【読書案内】

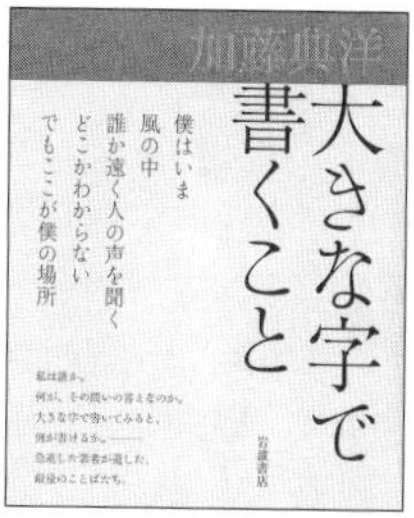

『大きな字で書くこと』加藤典洋《かとうのりひろ》（岩波書店　二〇一九年）　筆者は文学者でありながら、戦後の日本社会、天皇制や憲法九条など、込み入ったテーマを論じてきた。しかし本書では、父親や友人といった印象的な人たちのエピソードを挙げながら、自分自身についてシンプルに綴《つづ》っている。簡単に一つのことだけを書く文章とはどのようなものだったか、少年時代のように「大きな字で」書いてみたら何が書けるか、何が思い出せるかなど、原点に戻ってものごとを捉え直す。「自分のことば」で様々な問いを考え続けてきた筆者は、「自分の中にもう一人の自分を持ち、それと対話することが考えることを可能に」すると述べ、よりよく生きることに繋《つな》げていこうとする。

『文学は実学である』荒川洋治《あらかわようじ》（みすず書房　二〇二〇年）　自らを「現代詩作家」（筆者の造語）と称する筆者は、ことばと人間、世間、文学などを深く見つめ続けてきた。本書は、筆者の二八年間を凝縮したベスト・エッセイ集である。文学離れが進んでいる現状に危機感を抱く筆者は、これまで実学だと思われていた科学・法学・経済学などが現代ではかなり「あやしげ」になってきており、こうした困難な時代だからこそ、人間についての総合的な認識や感性に着目してきた文学が役に立つはずだと主張する。加藤典洋氏への追悼文も収められている。

『コロナの時代の僕ら』パオロ・ジョルダーノ（早川書房　二〇二〇年）　現代イタリアの文壇を代表する若手作家が、新型コロナ感染症を科学的な視点で、シンプルかつ明解な言葉で捉えたエッセイ。「ゆっくり」思考することを提唱する筆者は、感染の「はじまり」を見事に捉えた著者の思考の「はやさ」と「コロナ後」の世界を見据えて「忘れないこと」の大切さを強調する姿勢に強く共感する。ことばへの信頼について、深く考えさせられる。

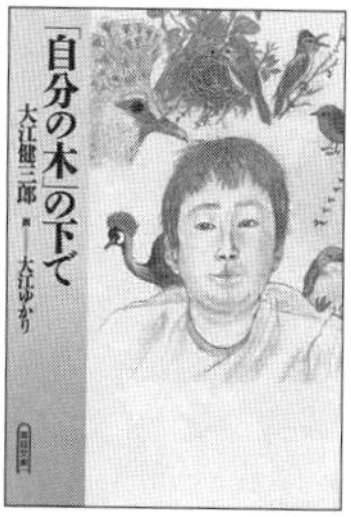

『「自分の木」の下で』大江健三郎《おおえけんざぶろう》（朝日文庫　二〇〇五年）　大江健三郎は一九九四年にノーベル文学賞も受賞した、日本を代表する文学者であるが、本書は大江が若い世代にバトンを渡すという気持ちをこめて、「これが大切だ」と思うことをやさしく明快に書き記した書。メッセージ性が強く感じられる文章が多く収められているが、特に最後に位置する「『ある時間、待ってみてください』」は、重要な問題や課題に出会った時、短絡的な解決策に走らず、自分の成長をあきらめずに「待ってみる力」を奮い起こす勇気の大切さを訴えたもので、短期的な思考の陥穽に落ちるまいとする筆者の姿勢と通底している。重要な「生きるヒント」として、そばに置いてほしい一冊。

【論の構成】

導入 1～9 **亡くなった加藤典洋氏の本のエピソード**

フランス人講師ブロックさんの授業……自分の好きな日本の短編の一部を訳させ、それについて語らせる

反発 → **留学から帰ってきた学生** → 「実際的な会話・作文からやるほうがよい」

ブロックさん「あなたの親しい友達が亡くなったとき、あなたはフランス語で何と挨拶しますか」

＝親しい友達への追悼に手本はない → **手本のない自分の言葉が必要**

展開一 10～21 **「あいだ」なんかいらない？**

荒川洋治さん「文学は実学だ」↔ **世間・社会**「文学は役に立たない」「国語教育に古典なんか必要ない」

＝**「あいだ」なんかいらない**

ブロックさん……「フランス語を学ぶ」と「フランス語の会話と作文ができる」の「あいだ」に「日本の文学」を挿入

→日本文学を介して「ことば」を習う＝**問い**「**あなたは友達が亡くなったとき、どんなことばで挨拶しますか？**」

展開二 22～33 **大学とは何か**

親しい友達への追悼⇔「**形式**」のことば＝知識・常識は役に立たない

「大学」……世間や社会に出る「準備」のため？ **例** フランス語会話・いまはフランス語より英語

筆者 →「そうではない」＝**形式のないことばを「準備」することができる「場所」**

結論 34～36 **多様な価値観の生き延びる場所**

「あらゆる場所がみんな同じ価値観の社会」＝「ちょっと怖い」

↓

世間や社会とは異なる価値観／異なる空気・時間が流れる場所＝社会の「すき間」「穴」が必要

ほんとうの「わたし」とは？

（本文38ページ）

【解説　編集委員会】

【本文解説】

「相手によって態度を変えるな」。そのように言われた経験はないだろうか。この社会では、相手次第で、あるいは周囲の環境次第でコロコロと言動を変えることは、あまりよくないことと見なされがちであり、私たち自身もそのような価値観を当たり前のように受け取っている。就職活動では「これまで自分がどのような経験を積んできたか。」「そしてそれが今、自分のどのような個性・長所として結実しているか。」という首尾一貫した「物語」が要求され、学校や会社での振る舞いとプライベートでの振る舞いが異なれば「家ではキャラが違うんだね。」などと「いじられる」。そんな息苦しさの中に私たちは生きている。

筆者が本文で問うているのは、そのような「首尾一貫した存在としての自分であるべき」「素のままの、ほんとうの『わたし』がどこかにある」という考えは本当に正しいのか、ということだ。人は誰しも、生まれ落ちたその瞬間から「他者」と交わる。他者とは自分を世話してくれる人びとであり、自分の周囲に存在している事物であり自然であり、つまりは「世界」そのものである。確たる自分を持たずに生まれてくる私たちは、世界が見せてくれる表情だけを頼りに周囲との向き合い方を作り、変化させていく。そこでは、どの態度が「真実」か、あるいは「嘘か」ということは意味を為さない。そのどれもが、世界が私たちの中から引き出してくれた、真実の「わたし」なのだということを、文化人類学の知見を用いて筆者は解き明かしていく。

他の誰とも異なる「個人」としての自己という考え方は、西洋で始まった「近代化」の産物であり、「市民国家」という制度を確立するために都合のいい存在へと人間をとらえ直すことでもあった。その意味で本文は、西洋近代社会と、その理念を吸収することで築き上げられた近現代日本のあり方そのものを批判するものであるとも言えるだろう。「輪郭」は決して単体では生み出せない。二つの異なるもの同士がふれあうところに生まれる、せめぎあいの形が輪郭であり、その表層にこそ、真に豊かな個性が立ち現れているのである。

【読解の視点】

[1]〜[3]段落で、外部から独立したものと感じられる一方で、外部と交わって変化していくものとしてある「わたし」という感覚の不思議さについて問題提起する。この問題提起を踏まえて[4]〜[15]段落では、「わたし」が多様な他者とのつながりによって変化し続ける存在であり（[4]〜[8]）、人はつねに「複数の『わたし』」を生きているという重要な着眼が展開される（[9]〜[10]）。そしてその着眼から「ほんとうの『わたし』など存在しない＝「分人」」の概念を導き出す（[11]〜[15]）。それを受けて[16]〜[22]段落では、メラネシア地域のハーゲンに暮らす人びとのあり方が「分人」の具体例として紹介され（[16]〜[20]）、西洋近代社会における「個人」とは異なる人間のとらえ方があることが論証される（[21][22]）。そして[23]〜[28]段落で、「わたし」は「わたし」だけで形作ることができるものではなく、周囲の人物や事物を含めた多様な「他者」によって「引き出される」ものであるということを再確認してまとめている。

▼**キーワード**　他者・境界・近代・個人主義

▼**中心段落**　[24]・[25]・[26]

▼**主題**　「わたし」という存在のあり方について。

▼**論点**　「ほんとうの『わたし』」は存在するのか？

▼**結論** 「わたし」とは、多様な他者との出会いによって変化し続ける、複合的な存在である。

▼**要旨** 「わたし」という存在の輪郭は、外部と自分を区別する境界であると同時に、多様な他者との出会いによって変化し続けるものであり、人はみな自分を取り囲む状況や相手との関係に応じた「複数の『わたし』」を生きる、分人的存在である。そのような複数の「わたし」は、「わたし」自身の意図によって自由に選び取ることができるものではなく、周囲の人びとや事物との交わりによって「わたし」の中から引き出されるものなのである。（一九九字）

【脚問解答】

問1 「わたし」は外部に向けて開かれていながら、同時に外部から独立した存在であるとも感じられる、矛盾したものだから。

問2 自分と他者との出会い方と、そこから築かれた関係は、他の誰とも異なる自分固有のものであるということ。

問3 対面している相手に合わせて選ぶ自分の役割。

問4 個人の人格は複数の社会関係の結果としてあり、それ独自で存在するものではないということ。

問5 つねに同一であり、その労働の産物についてすべての権利を持つ存在。

【読解 解答・解説】

1 「わたし」の輪郭が他者との接触の中で揺らいだとしても、それを「わたし」の喪失ではなく、新たな「わたし」へと変化し成長する機会と見なすことができるようになるから。

解説 筆者にとっての「ネガティブな受けとめ方」とはどのようなものか、本文から読み取りながら答える。1・2段落目で、「統合失調症」について触れながら「輪郭が維持できないこと」に触れているので、それをどうポジティブに捉え直すことができるかを述べる。

2 ハーゲンの人々は常に一定の人格を持つ個人として存在しているのではなく、さまざまな社会状況に即した複数の人格を合わせ持っており、ある社会的行為を行うときには、その状況にふさわしい人格が表出するということ。

解説 前段落の内容の言い換え。18〜19段落の内容をまとめる。

3 「わたし」は他者とのつながりのなかで形作られるものであり、自分の意思だけで作り、演じられるようなものではないと自覚することが必要だから。

解説 直後の25段落以降で具体的に説明がなされる内容で、筆者の結論に直接つながっている。どの「わたし」が表れてくるかは「わたし」が主体的に決められることではなく、周囲の「他者」によって決められているという逆説を強調する。

【読書案内】

『〈自分らしさ〉って何だろう？ 自分と向き合う心理学』榎本博明《えのもとひろあき》（ちくまプリマー新書 二〇一五年）「自分らしさとはどこにあるのか」と悩む思春期の若者に贈る名著。「自己」とは他者との相互依存の中にあると論じ、「自分とは何か」ではなく「自分はどう生きたいか」と問いを転換することの重要性を説く。

【論の構成】

導入 1～3 **「わたし」という輪郭**

「わたし」という存在の輪郭＝ 感情や身体経験 を**ひとまとめ**にしておくために必要 ↑ まとめていられないと ― 統合失調症

「わたし」の経験 は外部の世界へと拡張しながら、それらとの交わりをとおして構成

＝私たちの身体的な境界は、つねに外部の「わたし以外のもの」と連動する**開かれたもの**

↓でも「わたし」をしっかりとした輪郭のある独立した存在として経験できる＝けっこう**不思議**

展開一 4～15 **複数の「わたし」**

「わたし」という存在＝外部の要素を取り込んで変わる**「やわらかなもの」**↓蓄積されていく**変化** 例 進学／クラス替え＝「わたし」の**固有性**

←**複数の「わたし」／複数の役割** 例 大学では生徒／バイト先では先生

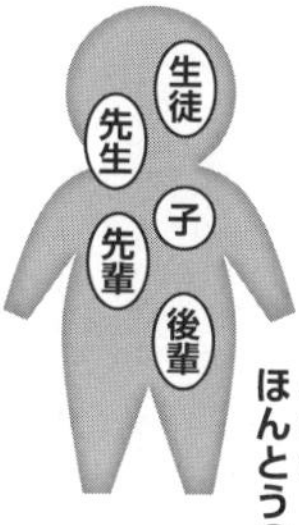

←どれが **ほんとうの「わたし」？**

- **だれとも関係を結ばないほんとうの「わたし」**がいるのか？
- **何も演じていない「わたし」**にどんな意味があるのか？

考えるに値する問い

アイデンティティ＝同一の揺るがない核＝**近代の個人主義**的人間観

⇔平野啓一郎〈**「ほんとうの自分」**や**「本来の自己」なんてない**〉＝ **分人** dividual ⇔ **個人** individual

展開二 16～22 **メラネシアの「複合的な人格」観**

メラネシア地域のハーゲン高地に暮らす人びとの人間観……「**個人**」ではなく **分割可能な複合的な人格**

＝人格を含めたあらゆるものが「**複数の社会関係の結果**」↓行為に応じて**特定の人格が可視化**される⇔**近代西洋社会**が前提としてきた「**個人**」

結論 23～28 **他者に支えられる「わたし」**

重要 どの「わたし」が引き出されるかは「**他者**」によって決まる＝「わたし」自身が選んでいるのではない

← **他者との「つながり」によってつくりあげられる「わたし」というやわらかな輪郭＝自己は「他者」によって支えられているという文化人類学的自覚**

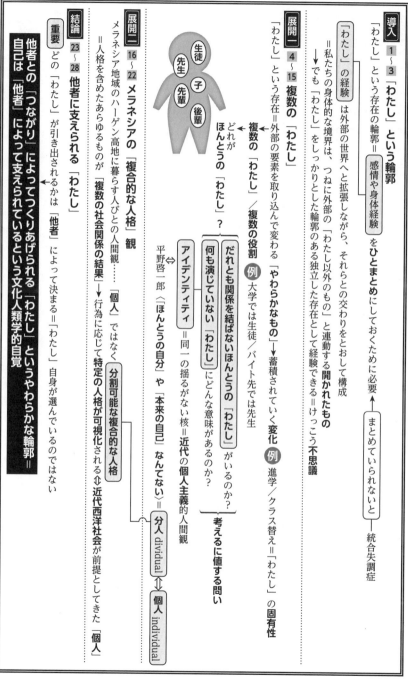

未来の他者と連帯する

（本文45ページ）

【解説　太田瑞穂】

【本文解説】

原子力発電の稼働に関する諸課題を、政治的または技術的な問題ではなく、未来の他者との連帯という哲学的な観点から考察した文章。

二〇一一年三月一一日に起こった未曽有の地震は、大規模な津波による被害をもたらし、中でも福島第一原子力発電所に壊滅的なダメージを与えた。拡散した放射性物質の除去や、排出され続ける汚染水の処理など、多くの問題は今でも解決していない。にもかかわらず、二〇一五年八月現在、鹿児島県川内《せんだい》原発は再稼働した。それは一体なぜか？　たとえ事故が起こらなくとも、将来的に原発は廃炉を迎え、莫大なコストがかかることが判明しているが、現在の経済的な利得への期待が、将来的なリスクを上回っているからである。これが本文中で述べられている「双曲割引」現象に他ならない。われわれには将来的に廃炉のコストを負わされる未来世代を思いやることが困難なのである。

一方で、人間は自分が恩恵を受けることのない長期的な仕事を行う。名園と呼ばれるような場所は、最初から今見るような完成形であったわけではなく、遠い将来を見据えて植栽され、世代を超えて育成保護された結果なのである。

未来世代を思いやるのは難しいが、未来の自分のために努力することの意味を否定する人はいまい。未来の自分と未来の他者との間の差異は、双曲割引で考えると、ごく小さなものに過ぎない。とすれば、われわれは未来世代を含みこんで思考できるのではないだろうか。はかない期待かもしれないが、未来志向の認識を持つということが、今の我々の重大な課題だということを自覚しよう。

【読解の視点】

1・2段落で「未来の他者との連帯は可能か」という主題が提出され、3〜5段落では人間はしばしば未来に資する仕事を行うという希望的な事実が、6〜9段落では「双曲割引」という概念を説明しつつ、未来より現在の満足を優先するという悲観的な事実が示される。しかし10段落以後では、この二つの事実を組み合わせることで、別の希望が見えてくるのではないか、と結論づけている。

▼キーワード　未来の他者・連帯・双曲割引・未来の自分

▼中心段落　12

▼主題　未来の他者との連帯について。

▼論点　未来の他者との連帯には悲観と希望がつきまとう。

▼結論　未来の自分と連帯することが可能であれば、未来の他者との連帯も不可能ではない。

▼要旨　現在の我々が担う最大の課題は、未来の他者への配慮を組み込んで環境問題や年金問題などの政治的・社会的問題を考えられるかということである。人間が後世を見据えた仕事を行うことがあるのは希望であり、現在の満足の方を未来よりも優先させるという「双曲割引」は悲観的事実である。だが、未来の自分と未来の他者の差がそれほどないと考えれば、未来の自分のために努力するように、未来の他者と連帯できるのではないだろうか。　（一九九字）

【脚問解答】

問1　どうすれば未来の他者との連帯を実現できるかということ。

問2　現在と未来の間には圧倒的な質的差異があるということ。

問3　一〇年後の自分と一〇〇年後の子孫との差異。

【読解 解答・解説】

1 〈他者〉である「未来の自分」と連帯できるのであれば、数万年後の〈他者〉とも連帯できるはずだという希望のこと。

解説 直前に「ここから」とあるので、前の部分には「希望」の原因が書かれており、後ろに内容が書かれていると判断できる。「一〇年後の自分」と「一〇〇年後の子孫」には大した違いがないことを読み取り、次の段落をふまえて、未来の他者と連帯可能なことを記述すればよい。

2 人間は「未来の自分」のことを配慮し、長期的な視野に立って計画を立てたり、今の行動を決定することが可能だと考えているということ。

解説 「それ」という指示語の指示内容を明確にして、言い換える問題。指示内容が直前の「未来の自分のことを配慮すること」だと読み取れれば、同様の説明が後ろにも繰り返されていることはたやすく見て取れる。また「不可能」とは「思っていない」は「可能だと思っている」と言い換えると平易な文章になる。

【読書案内】

『100,000年後の安全』マイケル・マドセン（かんき出版 二〇一一年） 世界で初めてフィンランドに建設された高レベル放射性廃棄物の最終処分場「オンカロ」の現状を描いたドキュメンタリー『100,000年後の安全』（原題「Into Eternity」）の解説書。ウランを燃料に発電する原子力発電所は、発電に伴って高レベルの放射性廃棄物を排出するが、強い放射能を帯びたこの「核のゴミ」が天然ウラン鉱石並の放射能レベルに下がるまでには、一〇万年以上の時間がかかるとされる。そのような途方もない長期間にわたって核廃棄物を保管するために、オンカロの関係者が知恵を絞る様子が活写されている。例えば、オンカロでは「一〇万年後の人類は今とは言語も伝達方法も違うだろう」と予想し、ノルウェーの画家・ムンクの絵画「叫び」を危険物のサインとして用いることを考えているという。芸術作品ならば、はるか未来の人類にもメッセージが伝わるだろうと。未来の他者への責任を果たすべく、必死に想像力を働かせている人びとの姿にふれたい。

『新世紀のコミュニズムへ 資本主義の内からの脱出』大澤真幸（NHK出版新書 二〇二一年） 新型コロナウイルスのパンデミックという世界的な危機に瀕してなお、われわれ人類は連帯してその危機に立ち向かおうとするどころか、各国家は露骨な利己主義を剝き出しにし、貧富の差は顕著化の一途をたどっている。それはなぜか。私たちが「資本主義」という体制にしがみついているからだと筆者は言う。いかにして資本主義が前提とする「無限の経済成長（と、それを支える仕組みとしての格差社会）」と「私的所有」を打破し、新しい時代に即した共同体を構築していくべきか。私たちが「今」下す決断にその生存を左右される「未来の他者」たちの呼びかけに答えようとする、筆者の渾身の議論が展開されている。

【論の構成】

導入 1〜2 **原発事故が突きつけた難問**

三・一一の原発事故が開示した哲学的難問

＝**問題提起** **未来の他者といかに連帯するか** ← 著しく困難に思える

展開 3〜9 **双曲割引の深淵**

同じ **問い** はすべての政治的・社会的課題に付きまとう **例** 環境問題・年金問題・財政問題……

〈問いの二つの側面〉

◆**希望的側面**……幸福を享受するのが後世の世代となる仕事でも人はがんばれる
＝未来の他者への配慮が含まれている

⇔ **対比** ⇔

◆**悲観的側面**……「**双曲割引**」現象：遠い将来に得られるものの価値は割り引かれてしまう
→現在と未来には圧倒的な質的差異がある
「**未来の自分**」は〈〈**現在**〉**の私**〉にとって**他者**に等しい
例 ダイエットしているのに目の前のケーキを食べてしまう私たち
→どうやって「**数万年後の**〈**他者**〉」と連帯できる？

結論 10〜12 **もうひとつの希望**

「**一〇年後の自分**」と「**一〇〇年後の子孫**」は同様に「**他者**」← 二つの側面をセットにして見直せば

→人間は「**一〇年後の自分**」＝「**他者**」のためなら努力できる

＝**「未来の自分」という〈他者〉と連帯できるのであれば、数百年後、数万年後の〈他者〉とも連帯できるはず**

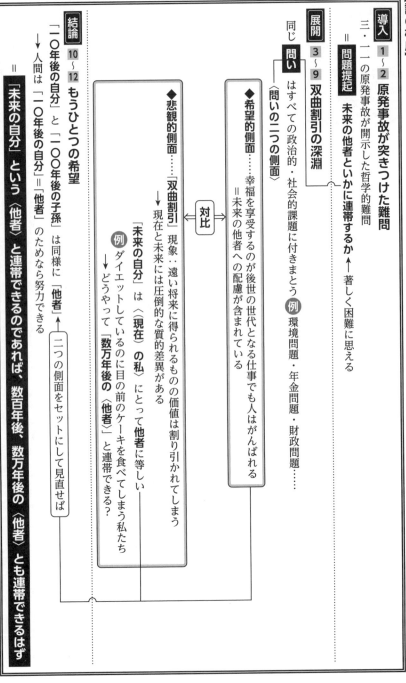

触覚の倫理

（本文52ページ）

【解説　太田瑞穂】

【本文の解説】

近接した意味を持つ二つの動詞の比較を通して、触覚に潜む人間関係のあり方を考察した文章。日常的には意識に上らない「さわる」と「ふれる」の微妙な差異を、豊富な例をあげて明確にし、それが人間同士のかかわりの重要な局面で影響を与えることを指摘している。

「さわる」が物に対して行う一方的な行為で、「ふれる」は相互に許容関係にある人間的なかかわりだとする、筆者の主張は明快で説得力がある。この二つの動詞は、ある局面においては人間同士においても「さわる」がふさわしい場面も考えられるし、物に「ふれる」こともあるわけで、単純な対立関係というわけでもなさそうだ。いずれにしろ、人間関係を照らし出す言葉であることは間違いない。

ここで、あえて筆者が例に挙げなかった一つの動詞を考えてみたい。そのことで、より一層「さわる」と「ふれる」の機微が感じられれば幸いである。

「いじる」。手で物品をもてあそんだり、改造したりするのが主意だが、昨今では、人をからかう意味で用いられることも多い。しかし、そもそもは「客いじり」という、芸能の世界で面識のない客を一気に引き込むための行為であって、そこには一定の良識や遠慮が働いていた。面識のある者同士は、いじったり、いじられたりすることはなかったのだ。だが「いじられキャラ」などという下品な言葉が流通しているように、「いじる」は確実に非対称的な一方向性を示しており、暴力性すら感じ取れる。

「ふれる」や「さわる」は許せても、「いじる」ことは許せないという人が多いだろう。本文をきっかけにして、他者との関わりを再点検してみよう。

【読解の視点】

1～10段落で「さわる」と「ふれる」の具体的な使用例を紹介し、11～15段落でその意味を解釈した上で、16～19段落では例外的な事例を紹介して、二つの言葉が対立的かつ交換可能であることを指摘する。20・21では、二つの動詞を起点として「ケア」の問題に触れ、22・23で接触することは「人間関係」だと結論づける。

▼**キーワード**　さわる・ふれる・相互的・一方的

▼**中心段落**　10・15・22

▼**主題**　人間同士の接触における関係について。

▼**論点**　人と人の接触は、どうあるべきなのか。

▼**結論**　接触のあり方を考えることが、相手の幸福に影響する。

▼**要旨**　日本語には触覚を表す「さわる」と「ふれる」という二つの言葉があり、状況に応じて無意識に使い分けている。一般的に「ふれる」は相互的で人間的な関わりに用いられ「さわる」は一方的で物的な関わりを示すが、「ふれる」と「さわる」は交換可能な行為である。障害や病気のケアを考えたとき、この二つを混同することは相手に不快感を与える。私たちは接触面を通して、相手の自分に対する態度や人間関係を読み取るのである。

（一九七字）

【脚問解答】

問1　気体に「さわる」ことはできないのに「ふれる」ことはできるということ。

問2　「さわる」と「ふれる」を使う場面。

問3 「相互的」を「人間的なかかわり」に、「一方的」を「物的なかかわり」に言い換えている。

問4 人間の身体を物のように扱うことが悪とは言い切れないように、物と人間的に関わることもあるということ。

【読解 解答・解説】

1 「さわる」は一方的で物的にかかわることであり、「ふれる」は相互的で人間的にかかわるというように使い分けている。

解説 二つの言葉の使い分けの違いを探していくと、まず坂部恵の引用文の中に発見でき、筆者はそれを次の二つの段落でさらに言い換えている部分が見つかる。問は「どのように使い分けているのか」なので、二つの用法をそれぞれ並べて示せば良い。

2 医師が患者の身体を「さわる」場合、患者の身体を科学の対象として客観的に触診しているので、「悪」とは言えないから。

解説 一般的には人間を物として扱う（物化、物象化ともいう）ことは、相手の人格を考慮せず、容姿や見かけだけで判断して対処することを意味するため、良い意味で用いられることはない。ここでは、医療行為という例外的な事例が挙げられているので、その部分をまとめて、「悪くない」という結論で解答を作成すれば良い。理由を説明する際に必須の「～から」を忘れないように。

3 私と他者が接触する場合の接触面の力加減やリズムには、相手が自分をどのように思っているのかという、態度や感情を読み取ることができるため、人間関係と呼べるということ。

解説 「接触面の人間関係」の直上に「この」が付いていることを見落とさないこと。つまり、前の段落に詳しい説明があるはずなのだ。力任せに引っ張り上げることと、優しく誘導するように手を差し伸べることに違いがあるように、接触という行為が、単なる行動を意味するのでなく、力の入れ方だけで、態度や感情までも読み取れてしまう行為だということを理解したい。

【読書案内】

『身体の零度』三浦雅士《みうらまさし》（講談社選書メチエ 一九九四年） 裸を見せる（見られる）ことは、なぜ恥ずかしいのか。髪を染めたり、刺青をいれて身体を加工することには、どんな意味が込められているのか。そこまで極端でなくとも、髪型を気にしたり、化粧したり、最新のファッションに身を包んだりすることも、身体と付き合う行為である。我々が、自分の身体とどのように折り合いをつけて来たのかを歴史的に確認する。

『手の倫理』伊藤亜紗《いとうあさ》（講談社選書メチエ 二〇二〇年） 教育、スポーツ、介助などの関わりの場面で、人は人にさわる／ふれることになる。接触することは、自分と相手の身体的な輪郭という境界線を越境する行為である。ゆえに、時に相手を侵害し、不快にさせ、時に相手を保護し、安堵感を与えうる。高齢化が進行する中で、誰しもが誰かに触れられなくては生活もままならない時代は間近い。触覚がもたらす、新たな人間関係の可能性を探る。

【論の構成】

導入 1～10 **「さわる」と「ふれる」の具体的な使用例**

問題設定→二つの動詞の使い分け＝同じ触覚なのに種類がある

展開一 11～19 **「さわる／ふれる」──二つの動詞の差異**

・「さわる」……**一方的・物的**なかかわり
・「ふれる」……**相互的・人間的**なかかわり

重要 例外が存在

相手が**人間**でも、かかわりが**人間的でない**場合＝「**さわる**」
例 相手の同意がない接触・医師による触診

↕

相手が**物**でも、かかわりが**人間的である**場合＝「**ふれる**」
例 一点物のうつわにふれる、外の空気にふれる

→「**さわる／ふれる」の逆転可能性**

展開二 20～21 **ケアにおける「さわる／ふれる」**

「**さわる／ふれる」の逆転可能性**

「ふれて」ほしいのに「さわる」のは暴力的
「さわる」の場面で「ふれる」のは感情的で不快

結論 22～23 **接触面の人間関係**

接触面の力加減・波打ち・リズム→相手の自分に対する「態度」を読み取っている

＝**接触面に「人間関係」が生じる**……幸福感にダイレクトに影響する

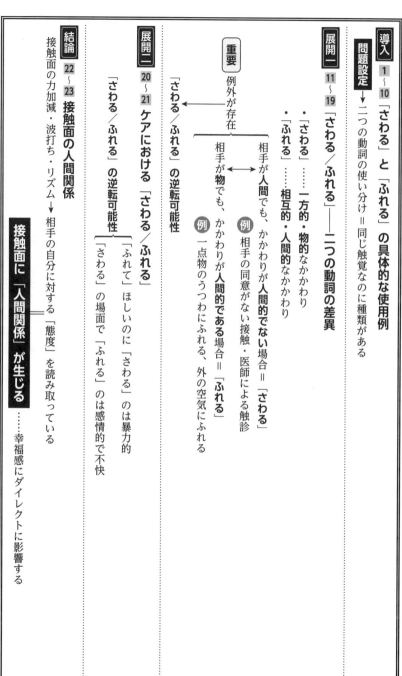

「つながり」と「ぬくもり」（本文58ページ）

【解説　境野哲夫・瀬崎圭二】

【本文解説】

筆者は、「身体」を通してわれわれの世界像や価値観に迫る論者である。本文では、「つながり」と「ぬくもり」という身体感覚を表す語をキーワードに、現代の都市生活者の存在感情である「寂しさ」の由来を説明している。「近代化」によって、ひとびとは社会の「封建的」なくびきから解放され、アイデンティティをじぶんで確立する自由を得た。つまり社会的なコンテクスト（つながり）から自由な個人になった。しかし、そのことによって世代や地縁といった生活上のコンテクストが崩れていき、個人は近代の社会システムのなかに緊密に組み込まれてしか個人としての生存を維持できなくなったのだ。また、社会のメディア化の急速な進行によって、個人は「社会」とじかに接続することを迫られるようになった。そこでひとは「じぶんの存在」をすこし急《せ》いて、私が他者の意識の宛先となっているような「私的な関係」を求め、電車内でも携帯電話でメールを打ち、他者との「接続／遮断」に拘泥《こうでい》するようになったのである。

【読解の視点】

①～⑤段落で現代社会に特徴的な「つながっていたい」という思いを携帯電話のメールの具体例を交えて説明しているが、⑤段落末尾「だれからも望まれていない生存ほど苦しいものはない。」（五九・16）という一文が中心文である。⑥段落～⑧段落では、「寂しさ」や「つながっていたい」という思いの原因を「近代の都市生活」の様態や発展から考察し、⑨段落～⑫段落では、そのような大規模な社会のシステム化が、「資格」や「条件」の問われる苦しい社会を人間にもたらしたために、愛情に渇いた人間が増加したのだろうという仮説を立てている。⑬段落では、それまでの考察から、いまの子どもたちには他者との遮断の認識が深いということを見逃してはならない、と結論づけている。

▼**キーワード**　接続／遮断・じぶん・他者・社会・個人・中間世界

▼**中心段落**　⑦

▼**主題**　「つながり」を求める若者の心について。

▼**論点**　現代社会に生きる人たちはなぜ「つながって」いたいのか。

▼**結論**　中間世界の消失によって、「社会」のなかに漂流する近代の都市生活者は、「じぶんの存在」を肯定してくれる他者とのつながりを求めている。

▼**要旨**　ひとがもっとも強くじぶんの存在をじぶんで感じることができるのは、他者の意識の宛先としてじぶんを感じることができるときである。しかし、近代の都市生活は、個人を社会的なコンテクストから自由にする一方、社会システムのなかに緊密に組み込み、じぶんと他者とを遮断し、じぶんの存在に不安を感じさせる結果をもたらした。それゆえ、だれかと「つながっていたい」と痛いくらいに思う「寂しい」ひとたちが出現したのである。（一九九字）

【脚問解答】

問1 接続／遮断

問2 身分・家業・親族関係・階級・性・民族に囚われない個人。

問3 自分の存在は他者に意識されることで明確になるから。

問4 「資格」が問われる社会。

問5 自分の存在が認められたり認められなかったりするという経験

をくりかえしてゆくから。

【読解　解答・解説】

1　自分が相手を思うだけでなく、相手も自分を思ってくれる関係。

解説　指示内容を問う問題の答えは直前にあるのが普通である。だから、「じぶん」と「そのひと」との関係が「そういう関係」の指示内容であることは明白だ。一方的ではなく互いに思いをはせ合う関係という内容にすればよい。

2　親子（核家族）以外の血縁や地縁といった、かつて個人と社会の中間として機能していた生活上のコンテクストのこと。

解説　「消失」という語をふまえ、直前の箇所で「弱体化し」「崩れていった」とされているものをまとめればよい。近代化以前の社会で、個人と社会そのものを橋渡しする媒介的な機能を担っていた親子以外の親類縁者や地域社会が「中間世界」である。

3　条件を満たすさなかの、もし満たせなかったらという不安と、満たしているじぶんを肯定できないという不安の入り交じった感情。

解説　これも指示内容を問う問題だから答えは直前にあると考えよう。ただ、「その感情」ではなく「そういう感情」とあるので、単純に本文から抜き出して答えとすることはできない。直前の「満たせなかったらという不安」と「『偽の』じぶんとして否定」という言葉を中核として使ってうまく自分の言葉でまとめる必要があるが、「否定」よりも13段落の「じぶんを肯定できるかどうか、そのことじたいに大きな不安を感じている」（六四・4）に着目した方が説明しやすい。

【読書案内】

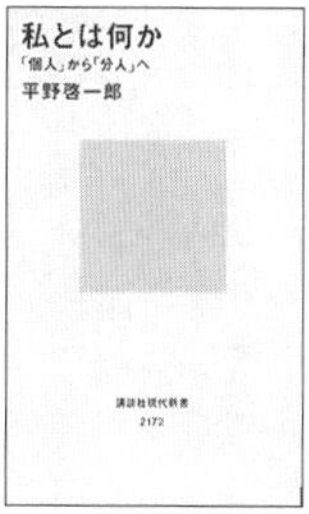

『私とは何か　「個人」から「分人」へ』平野《ひらの》啓一郎《けいいちろう》（講談社現代新書　二〇一二年）　他者との関係性の中で変化しうるにもかかわらず、一義的に定義されがちな「個人」を分割可能な「分人」という概念を用いて説明した一冊。筆者の経験を基に、社会や他者との「つながり」を捉え直すことにより、人間のアイデンティティの形成について考察している。社会の中で一人の人間がどのようにして自己肯定して生きていくのかを新たな視点から考えることができる。

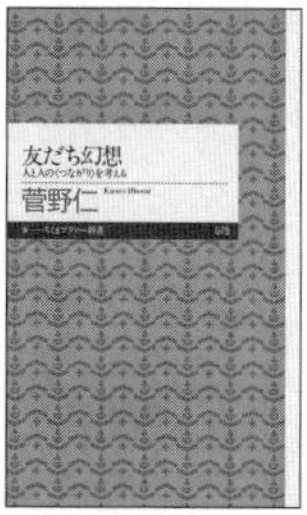

『友だち幻想　人と人との〈つながり〉を考える』菅野仁《かんのひとし》（ちくまプリマー新書　二〇〇八年）　日本の伝統的な共同体が変質し、人々は単一の共同体に属するということはなくなってきた。その結果、人々は「友だち」を求めながらも、人間関係の悩みを抱えることが増えている。著者は、このような状況にありながらも良いものとされる旧来の「人と人とのつながり」の常識を幻想とし、現代にふさわしい人間関係のあり方を提示している。

【論の構成】

導入 1～5 **接続／遮断への拘泥**

例 電車内で携帯をチェックしメールを打つ人々／「キレる」十代

問題提起 **どうして接続／遮断に拘泥するようになったのか？**

「寂しいから」＝じぶんがここにいるという感覚が、じぶんがここにいるという事実の確認だけでは足りない

だから → **他者の意識の宛先としてのじぶんを感じたい** → なぜなら → だれからも望まれていない生存ほど苦しいものはない

展開 6～8 **近代の都市生活**

「自由な個人」によって構成される社会

社会的なコンテクストから自由な個人
＝みずからコンテクストを選択しつつ自己を構成する個人

中間世界が消失して、個人と「社会」がじかにつながった

→社会から選択されているというかたちでしかじぶんを意識できない

→じぶんを意識するために、人々は**「じぶんの存在」を他者との関係のなかに求めるようになる**

結論 9～13 **「つながり」を求める人々**

ひとは「肯定」されたい

なぜ？ → システム化された社会 ＝「資格」が問われる社会
＝「資格」があれば、じぶんが認められ、「資格」がなければ、「不要」とされる社会
→ **じぶんというものの「死」**

「資格」＝「条件」を満たせなかったらという不安 ↔ 「条件」を満たしていても、じぶんを「偽の」じぶんとして否定

→ **「このままの」じぶんを認めてくれる他者の存在に渇く**

→じぶんを肯定できるかどうかへの不安→他者と「つながっていたい」という気持ち＝**接続**→裏面には **他者との遮断** の認識

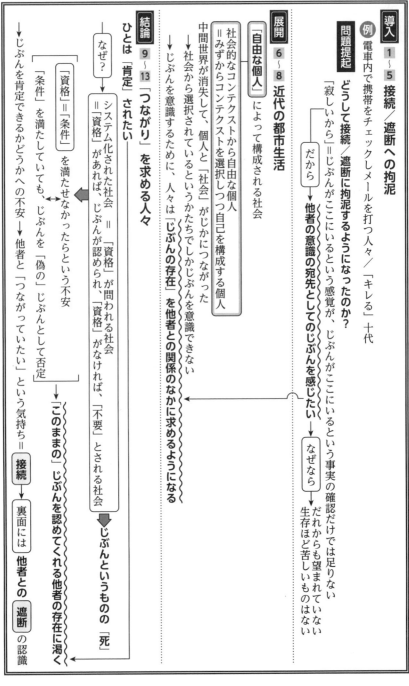

イノセンス

（本文65ページ）
【解説　長谷川達哉】

【本文の解説】

一九八〇年代は学校の荒廃がメディアによって取り上げられ、校内暴力やいじめなどが社会問題として広く認知されていった時代でもある。八〇年代の最後の年に刊行された芹沢俊介の『現代〈子ども〉暴力論』（大和書房　一九八九年）は、校内暴力・家庭内暴力・いじめ・体罰など、子どもによる暴力・子どもに対する暴力の本質を「イノセンス」という概念によって解き明かそうとする試みであった。

「子どもは根源的にイノセンスである」と筆者は言うが、筆者の用いる「イノセンス」という概念は、子どもの根源的受動性を意味する。つまり、自らの意志でこの世に生まれるのではなく、自分の親も性別も瞳の色や肌の色も自分では選択できないという、徹底した受け身の存在形式のことである。そして、そのように自己の存在のすべてに責任を負っていないからこそ、自分の目の前にある現実について「自分には責任がない」とする心のありよう（心的場所）――それが筆者の言う「イノセンス」でもある。

本文では「イノセンス」という概念を用いながら、お年寄りに席を譲らない若者のやさしさについて検討していく。――「年寄り扱いしないのもやさしさだ」とする若者の主張は、紙一重でイノセンスを脱している（目の前の現実を受けとめ、自分の内部で葛藤している）が、他者性の欠如という点ではイノセンスと通底するものがある。しかし、それをイノセンスや病理だと捉えるだけでは不十分だろう。席を譲らないことをやさしさだとするのは、今までとは異なる価値観や感性であり、それは若い世代のモラルや価値観が変容しつつあることの現れではないのか――と筆者は結論づけるのである。

【読解の視点】

1～3段落では、虐待する親や体罰を加える教師の心性が、イノセンスという概念によって説明される。それを踏まえて、4～11段落では、お年寄りに席を譲らないことをやさしさだとする若者の感覚・感性について検討が行われる。イノセンスとの差異や共通点に触れながら、若者のやさしさは旧来のやさしさとは異なるものであって、それをイノセンス＝病理（若者が成熟していないこと、イノセンスを解体できていないこと）として捉えるだけでは足りないことが指摘される。つまり、それは社会・時代のモラル・価値観が変質・変容しつつあることの現れではないか、という分析である。最後に、12・13段落では、距離のエロスの崩壊（逆転）という現象を通して、若者たちのモラルや価値観の変化、時代精神の変容が説明されることになる。

▼**キーワード**　モラル・他者性・エロス・時代精神

▼**中心段落**　13

▼**主題**　「やさしさ」というものの変容を通して見えてくる、若者たちの新しいモラルや価値観について。

▼**論点**　年寄りを年寄り扱いしないことがやさしさだとする、若い人たちの論理からは、どのような問題が見えてくるか。

▼**結論**　他者に対するやさしさというもののあり方が、若い人たちにおいては変質し、変容しつつあるのではないか。

▼**要旨**　年寄扱いしないのがやさしさだとする若者の主張は、相手を思いやるやさしさを含みながらも、老人を立たせたまま放置する残酷さともなる。心の中にやさしさがあっても、そのやさしさは外にいる相手には向けられない。若者にとって、近しさは親しさでなく、

逆に相手との距離を保つことが親密さなのである。若者のやさしさが旧来の価値観と対立するものであることは、時代の精神が今、変容しつつあることを示しているのではないか。（一九九字）

【脚問解答】

問1 言っても聞かない子どもがいるなら、その責任は自分にあるのではない。非は子どもの方にあるのだから、殴ってでも言うことを聞かせるべきだとする発想が、暴力をふるうことにつながるのだ、ということ。

問2 年寄り扱いをしないのがやさしさだという論理を持ち、結果としては年寄りを立ったまま放置することになるような考え方。

問3 他者を巻き込むことを回避しようとする態度。

【読解 解答・解説】

1 しつけや教育などと称して暴力を振るう行為に比べたら、相手のことを考えて思い悩む過程を経ている分だけ、ほんのわずかだが健全であると言えるから。

解説 イノセンスとの差異については6段落に、イノセンスとの共通点については8段落に述べられている。9段落にある「他者性の欠如」も、イノセンスとの共通点として加えることができる。

2 外側から自分を評価する他者を必要とせず、また外側にいる他者へとはたらきかけようともせず、他者との関係性を回避することこそがやさしさであるとするような価値観・感性。

解説 右のような価値観・感性をイノセンスと批判することもできるが、しかしそれはイノセンスを解体できていない（大人になれない、未成熟な）人間だけの問題なのか。筆者は10・11段落で、それを現代社会におけるモラルや価値観・感性の変容という、時代的・社会的な現象・問題として捉えようとしているのである。

3 これまでは他者との距離を詰めることがエロスすなわち親密さの現れであったが、若い人たちは相手との間に距離を取ることで親密さを保とうとする。距離と親密さの関係が壊れ、近づきすぎないことが親しさであるといったように、距離と親密さの関係がそれまでとは逆になっているということ。

解説 旧来の価値観では、近しさが親しさだった。だから、好きな人に近づきたい、触れたい、となる。しかし、若者においては、距離を詰めすぎないことが親密さの現れとなっているのである。

【読書案内】

『ブラック校則』荻上《おぎうえ》チキ・内田良《うちだりょう》編（東洋館出版社 二〇一八年）教師たちが校則を決め、生徒たちはその校則に従うことを求められる。しかし、学校の決めた規則には、例えば、服装や髪型に関する決まりなど、「まるで根拠のないものが多い」と芹沢俊介は指摘する。芹沢『現代〈子ども〉暴力論』の刊行から三〇年近くを経て、二〇一七年に「ブラック校則をなくそう！プロジェクト」が発足した。不合理で理不尽な校則、生徒の人権を侵害するような校則を見直そうという一つのムーブメントである。本書は、同プロジェクトのスーパーバイザーを務める荻上チキや教育社会学者の内田良らが、校則をめぐる問題について様々な観点から論じた一冊。

【論の構成】

導入 1〜3 イノセンスとは？

イノセンス
- ⓐ自分の生は自分が選んだものではない、という**根源的受動性**
- ⓑ自分が直面する現実に対して**自分は責任がない**、とする態度

⇕ 自立＝イノセンスの解体「自分には責任があるのだ」

例 **わが子を虐待する親たち、生徒に体罰を加える教師たちの場合**

相手に非があり、自分には責任がない［＝ⓑ］。自分は相手に殴らされたのだ、という受け身の論理［＝ⓐ］

暴力＝子どものための**教育**であり、**しつけ**であり、**やさしさ**である、という論理（＝自分勝手な論理）

↓ **イノセンス＝やさしさ（＝しつけ・教育）と残酷さ（＝暴力）という二つの感情が重なり合う場所**

展開一 4〜7 若者たちの新しいやさしさ

若者
- **内部**→お年寄りの立場に立って考えた結果、席を譲らないことに決めた……相手に対するやさしさ
- **外部**→お年寄りを立たせたまま放置する……**相手に対する一種の残酷さ**

内面での他者との葛藤（「お年寄り扱いしたら……」等）を経ている点で、紙一重でイノセンスを脱してはいる

しかし

↓ **内面では相手に対してやさしくありながらもやさしさを外側（相手）に向けて表そうとしない**＝**新しい「やさしさ」**

展開二 8〜11 変容する価値観

他者性の欠如
- やさしい＝自分に対する自分の評価……**自分に対して評価を下すべき他者が存在しない**
- やさしさ＝他者を巻き込まないこと……**自分の外側にいる他者と繋がろうとはしない**

年寄り扱いしないのがやさしさだとする考え —類似— 暴力をしつけ・教育だとして正当化する論理（＝**イノセンス**）

↓ **「他者性の欠如＝イノセンス・病理」**と否定的に捉えるだけでは、**真実の半分を言い当てているに過ぎない**

↓ **「他者性の欠如＝若者たちのモラル・価値観」であり、「今」モラル・価値観は変容しつつあるのではないか？**

まとめ 12〜13 「距離のエロス」の崩壊

エロス
- 旧来の価値観：親しさ＝近しさ……他者との**距離を詰める**ところに現れる**濃密さ**（＝**エロス**）
- 新しい価値観：親しさ＝適度な距離……他者との**距離を保つ**ことで成立する**希薄さ**（＝**エロス**）

↓ **距離のエロスの崩壊**（あるいは**逆転**）→**新しいモラル・新しい価値観の出現**

↓ **時代精神は今、新しい価値の領域に入ろうとしているのではないか？**

ふたつの誤り

（本文72ページ）

【解説　坂口浩一・関　睦】

【本文解説】

二〇世紀に入り、科学は飛躍的な進歩を遂げた。科学の専門化が進み、その研究は個人のレベルではなく、企業や国家のレベルで組織的に行われるようになった。現代社会に生きる我々にとって科学は大きな知の体系として存在している。しかしそれは本当に永遠に変わらない客観的な真理なのだろうか？

あまりに科学が大きくなりすぎたために忘れられているが、科学の出発点は人間による仮説である。その仮説が人間によって実験され、証明されることによって、法則として認められ、科学の知となる。確かに実験は高度に機械化された複雑なものとなったが、それを操作するのも人間である。人間とは離れた客観的なものに思われている科学も、実は人間がその根本にある。科学者の長谷川真理子《はせがわまりこ》は我々現代人を「ラップトップ（ノートパソコン）を抱えた原始人」といったが、人間の脳自体はそれほど進化していないことを忘れてはならない。また、人間は社会に生きる存在である。これはその時代の思考の枠組みに縛られていることを意味している。「コペルニクス的転回」という言葉が示すように、真理と思われていたものが全く逆転するような思考の枠組みの変化はありえることだ。科学を絶対視するのではなく、その本質を見極めることが求められている。

【読解の視点】

「仮説」「第一種の誤り」「第二種の誤り」というキーワードの意味を正確におさえたうえで、それぞれの関係を整理しよう。1～4段落の導入部分で仮説についての説明を行い、5～10段落でその仮説を実験で実証する際の二つの誤りについて述べている。そして11段落で、そこから生じる科学研究の問題点を説明している。主張は明確な形で述べられていないが、「つまり」から始まる最後の一文に注目すると、研究者の研究に対する謙虚な姿勢の必要性が述べられていることがわかるはずだ。

▼**キーワード**　科学・仮説・実験・第一種の誤り・第二種の誤り

▼**中心段落**　11

▼**主題**　科学研究の問題点について。

▼**論点**　なぜ、科学研究に問題点が生じるのか。

▼**結論**　研究者は自分の仮説に固執して、益のない実験を繰り返さないようにしなければならない。

▼**要旨**　研究者はさまざまな現象をうまく説明するような仮説を立て、それを実験によって検証する。結果が仮説を証明しない場合、その結果からは仮説が間違っているか、実験方法が間違っているかの判断はできない。多くの研究者は自分の仮説に自信を持っているので、仮説が証明されるまで実験を繰り返す。これが科学研究に時間がかかる理由で、最大の問題点である。科学者は実験結果を素直に受け止め、自分の仮説に固執してはならない。　（一九八字）

【脚問解答】

問1　さまざまな現象をうまく説明するために想定された仕組み。

問2　仮説の誤り。

問3　仮説を立証する実験方法の誤り。

問4　本当は誤っている仮説に固執して、益のない実験を繰り返すこと。

【読解 解答・解説】

1　研究者は自分の仮説に自信があり、実験の結果が仮説を証明することを期待しているから。

解説　科学者が仮説の間違いを素直に認めない理由を説明する。7段落に「この結果を虚心坦懐に解釈すると、それは仮説が間違っていたから実験結果がそうならないのだ、となります。」（七二・4）とある。この段落は「しかし」と逆接で始まるので、その前の段落に理由があることがわかる。6段落をまとめて解答する。

2　実験の結果からは、仮説が誤っているのか、仮説を証明する実験方法が誤っているのかを判断できないから。

解説　設問部分の前に「仮説に固執して」とあるので、それが理由であるが、なぜ間違った「仮説に固執して」しまうのかを説明する。この部分は「かくして」で始まるので、この「かく」の指示内容が書かれている10段落をまとめて解答する。

3　人間の思考はそれほど進歩しているわけではないことを自覚して、実験の結果を素直に受け入れ、いたずらに自らの仮説にこだわらないように注意すること。

解説　「自戒」とは、自分で自分に注意すること。設問部分の前を見ると「この文章には」とある。文章全体では、誤った仮説に固執して無駄な実験を繰り返すという科学研究の問題点について述べられている。これを踏まえてどのような態度で研究に臨むべきかをまとめる。仮説の問題点について述べている3 4段落にも着目したい。

【読書案内】

『生物と無生物のあいだ』福岡伸一（**講談社現代新書　二〇〇七年**）

何をもって「生命」と「非生命」を分けるのかという根幹的な問いに対して、「生命現象とは、崩れては構築し、また崩れては再構築するというサイクルを繰り返す、緩やかなシステムである」という「動的平衡」の概念を提唱した、筆者の代表的著作。重厚な科学論であると同時に、初めて顕微鏡を覗き込んだ時のワクワクした気持ちを思い出させるような語り口が魅力の、良き入門書。

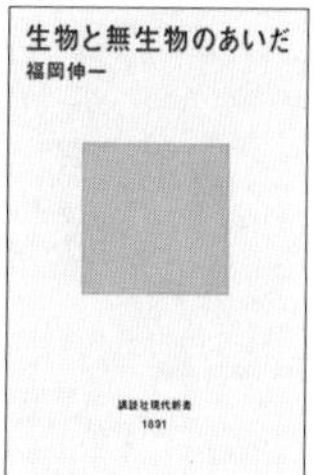

『ルポ　人は科学が苦手――アメリカ「科学不信」の現場から』三井誠《みついまこと》（**光文社新書　二〇一九年**）

「温暖化はでっちあげ」「人類は月へ到達していない」「地球は本当は平らである」――このような、これまでの「科学的常識」を真っ向から否定する考えが、世界最先端の科学力を有するアメリカ合衆国で共感を呼んでいるのはなぜなのか。近代以来の発展を支えてきたはずの人間の科学的思考が、その信条によっていかに左右され、曇らされるかを詳細なデータによって明らかにする一冊。思想信条は時として人から単純な計算力さえ奪うという衝撃の事実も語られている。

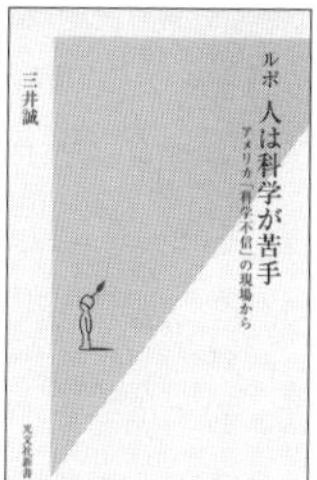

『若い読者に贈る美しい生物学講義――感動するせいめいのはなし』更科功《さらしないさお》（**ダイヤモンド社　二〇一九年**）

書名は「生物学講義」となっているが、内容は生物学という一個の学問を超えて「生物とは何か」「科学とは何か」という根源的なテーマを平易に語るもので、科

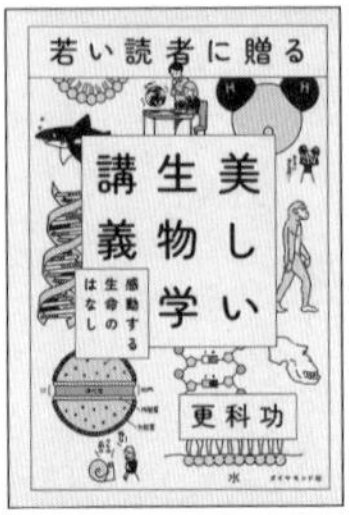

学についての入門書として最適。特に第2章「イカの足は10本か?」では、本文で論じられている「仮説と実験(検証)」という科学的思考の過程がユーモラスかつ具体的に説明されており、「科学」がより身近に感じられるようになるだろう。

【論の構成】

前提 **近代科学の方法**

①仮説 →（実験）→ ②検証 → ③法則化

導入 1～4 **科学研究における仮説**

問題提起 仮説とは何か。

＝**さまざまな現象をうまく説明することができる想定** 例 精子の中の小人の仮説

仮説の問題点
- 人間の観察眼を曇らせ、ある方向へ導く＝バイアスがかかる
- 人間の仮説には限界がある

展開 5～10 **実験科学における「ふたつの誤り」**

仮説を検証する実験……自身の仮説に沿う結果を期待

第一種の誤り 7

仮説（A）→ 結果 {（A）×（B）}＝誤 → 誤？

対比

第二種の誤り 8 9

仮説（A）→ 検証実験の方法 → 結果 {（A）×（B）}＝誤 → 誤？

実験結果から → 判断不能 {仮説の誤り／実験方法の誤り} → 条件を変えて実験を繰り返す

＝**実験科学最大の問題点**

＊仮説のもたらすバイアスによって、想定された結果が出ない原因を仮説ではなく実験方法に求めてしまう

結論 11 **研究者の自戒**

本当は誤っている仮説に固執し、多大な税金を使って益のない実験を繰り返している科学研究の実態

↓

自分を含めた、科学者への重い自戒

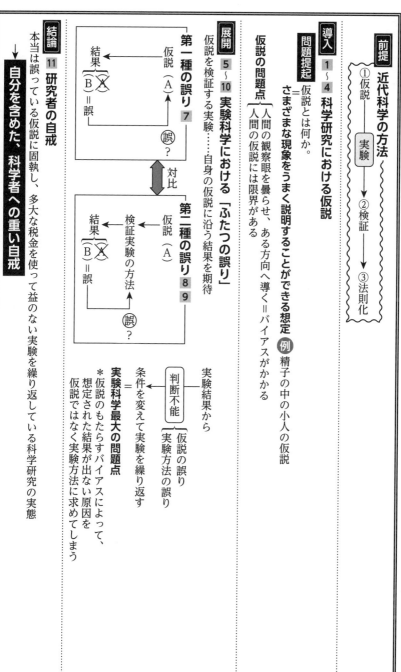

人工知能は椅子に座るか

（本文76ページ）

【解説　塚原政和】

【本文の解説】

「二〇四五年にシンギュラリティ（技術的特異点）がくる」という話や、キャリア学習などで「AIの進歩によってなくなる仕事」の一覧などを見た人も多いかもしれない。AI技術者である筆者は「人工知能は椅子に座れるのか」という問いかけから、人工知能の「限界」について論じている。筆者の考察は技術論から人間の「知能」「認識」「意識」そして「生命」とは何か、という深い部分まで広がり、現状は生物のような意思を持つ「強い人工知能」の実現の目処は立っていないと説明する。

　一つのキーワードが文中に出てくる。「無限定空間」という言葉である。毎日通る道であっても、道にゴミが落ちていたり工事中だったり、人が歩いていたりと無限に環境は変化する。AIは事前に与えられた情報を元に全ての可能性を判断することができるが（弱い人工知能）、世界は「事前の情報」を常に更新してしまう。ロボットはこれに対応することができないのだ。一方で生物はこの無限定性に対して、コミュニケーションを行うことで環境に適応しているというのが筆者の立場である。

　私たちは「岩」を状況によっては障害物として見るが、歩き疲れたときにはそれを「椅子」と認識する。岩を「椅子」にするのは私たちと「岩」とのコミュニケーションの結果である。「腰を下ろして休みたい」という意思・目的が「岩」を「椅子」に変える。ではAIに「岩は椅子である」と教えたらどうなるか。全ての「岩」を椅子と認識するだけである。あるいは私たちが暴漢に襲われている時は、手に持つことのできる岩は「武器」と位置付けられるだろう。「椅子」や「武器」とは、私たちが世界と結んだ「関係」の名前、私たちと世界との「物語」の名前なのだ。だから、世界と関係を結ぶための「身体」を持たない人工知能は、永遠に「椅子」に座ることはできない。

　AIと共存する現代こそ「無限定空間」に対抗できる生物のみがもつ「生命知」が重要になるのだろう。

【読解の視点】

　[1]段落で「コンピュータに『椅子とは何か』を教える方法には、どのようなものがあるでしょうか。」と問題提起する。[2][3]段落で「形」の特徴によって教えるという例を挙げてその困難を指摘し、それを受けて[4][5]段落で椅子に対する「目的」を作り出す「意図」について考察する。[6]段落でこの後の議論を予告、[7]〜[9]で私たちが無限定空間の中で生きているために必要な認識について指摘し、[10][11]で椅子の例を取り上げ、椅子を認識するということは「物語」の中に「関係」が作り出されるということと位置付け（[12]）、その行為は現状では人間や生物にのみ許された行為であると結ぶ（[13]）。

▼**キーワード**　人工知能・物語・コミュニケーション・無限定空間・場・認識

▼**中心段落**　[12]

▼**主題**　実現されている「弱い人工知能」の限界と人間が見出《い》だす意味について。

▼**論点**　人工知能はなぜ椅子に座ることができないのか。

▼**結論**　自分の人生を生きることは、人工知能にはできない私たちのみに許された行為である。

▼**要旨**　私たちが椅子を認識するとき、単に特徴を探すのではなく、

人生という「物語」を「場」として、椅子との「関係」を作り出すことで「意味を見出だ」し人生を生きる。人工知能が自らの意思で「椅子に座る」ことがあるとすれば、人工知能も身体を持ち、人生という物語を置かれた場と共に創造し続けるはずだが、こうした「強い人工知能」は実現していない。「自らの人生を生きる」という行為は人間や生物にのみ許された行為なのだ。（一九八字）

【脚問解答】

問1 身体を持ち、目的を作り出すことで、事物を椅子と認識しなければ、それは椅子ではないということ。

問2 形の定まったものではなく、時々刻々と変化する変幻自在の空間。

問3 私たちは、特定の特徴を持っているものを「椅子」と見なすのではなく、自分の身体の求めを満たす事物を「椅子」と見なすということ。

【読解 解答・解説】

1 自分自身の物語を生きている中で作り出した「目的」こそが世界に対する「意図」であり、意図があるからこそ世界に対し能動的に働きかけ自分自身の物語を発展させようとするのだということ。

解説 指示語が含まれるので、その直前の一文（「その目的こそが……」）を指すが、それだけだと「その目的」の説明が不足してしまう。「目的」の説明となっている、5行目以降をまとめていく。具体例を交えても良い。

2 身体を用いて自分の人生という物語を生きる中で、自分自身や自分自身以外のものとの関係を作りだすこと、つまり意味を見出だすということ。

解説 「自分の人生を生きるということ」（八一・14）の部分にまとめがある。岩を「椅子として使う」には、岩を椅子とする理由・物語が必要になる。「人生」という「物語」の中に「もの」を位置付け関係を結ぶことで、我々は意味を見出だす。筆者はこれを「人生を生きる」と言っているのである。

3 自らの人生を生きるという行為が人間にはできるが、人工知能にはできないという点。

解説 ものを認識するにはものの「意味」を理解しなければならないが、「意味」の理解には、「読解2」で見てきたように、「物語」の中に位置付け、関係を結ぶことが必要になる。そういう意味での「意思」を、現時点では人工知能は持っていないのである。

【読書案内】

『AIに心は宿るのか』松原《まつばら》仁《ひとし》（集英社インターナショナル新書 二〇一八年） かなりライトで読みやすいが、AIにまつわる基本的な考え方や問題点、フレーム問題、ディープラーニングといった用語についてもわかりやすく説明している。「創作」とAIについての考察は本文と比較しながら読むと興味深い部分もあるだろう。

【論の構成】

導入 1 問題提起「コンピュータに、『椅子とは何か』を教える方法には、どのようなものがあるでしょうか。」

→「**人間がものを認識する際に脳内で起こっていること**」**を明らかにすることになる**

展開一 2〜5 「**身体**」**と私たちの世界認識**

例 椅子を「形」の特徴によって教える

→「椅子は必ずしも四脚でなくてよい」=「例外」の存在を処理できない

⇔ 人間は岩であっても「椅子」と「認識」することができる

=「**身体**」**と**「**環境**」**との関係によって即興的に**「**行為の意味**」**を作り出す**（椅子に対する目的=意図）→コンピュータには無理

展開二 6〜11 「**世界**」**と**「**生物**」**のコミュニケーション**

人間（生物）は形の定まらない「**無限定空間**」の中に生きている

→不確実な世界の中で頼りにできるものが「**身体**」=「**身体**」**を基準とする**「**自己**」**と周囲の環境**（=「場」）**を同時に認識**

例 **椅子を認識する**｛単に物体としての椅子を見て特徴を探すのではなく、「それに座って考える」などの「**物語**」を創る（椅子とのコミュニケーション）｝

結論 12〜13 「**自らの人生を生きる**」**知能**

私たちは「椅子を認識する」以前に「**身体**」を持ち、「**人生**」という「**物語**」（=「場」）を生きている

例「山道を歩き続けくたくたになり、休みたいと思っているところに岩を見つける」

→「岩」を「椅子」として使う（「岩」を「椅子」として認識する）

=「**物語**」の中に「**関係**」が作り出される=**意味を見出だすということ**（人生を生きるということ）

強い人工知能 自分の意思で「椅子に座る」=自分自身の身体を持ち、人生という物語を自分自身の置かれた場と共に、創造し続ける知能↑実現の目処すら立っていない

「自らの人生を生きる」という行為は、現状では人間や生物にのみ許された行為

視線のカスケード

（本文83ページ）
【解説　鐿水浩二】

【本文の解説】

「人間は悲しいから泣くのか、それとも泣くから悲しく感じるのか」との問いに対し、我々の直感は前者と答える。しかし研究者たちは、「身体の情動反応（泣く）が先にあり、それが原因になって感情経験（悲しい）が自覚される」のだと主張する。筆者は「視線のカスケード」現象（人間が好きな物を選ぶ時、「好きだ」と意識する前に視線が好きな方に一方的に偏り、見ることでさらに好きになるという連鎖増幅現象）を元に、視線を合わせて親密度を増すというヒトのコミュニケーションの特徴について述べ、ヒト独自の「目で語る」社会行動が進化した理由を探る。そして最終的に、ヒトのコミュニケーションにおいて、言葉による自覚的・意識的なやりとりは、視線や身ぶりなどの無自覚的な情動反応に支えられているという、新しい人間観を提示する。

グローバル化が著しい時代にあって、外国語能力やコミュニケーション能力の重要性が叫ばれて久しい。世界中の人々との意思疎通を可能にする力、また相手の考えを的確に理解し、自分の考えを論理的に述べる力を求める声は高まるばかりだ。しかし、実はそれらはあくまで視線や身ぶりなどの無自覚的なコミュニケーションに支えられているのである。中でも「好き」という感情は心と体の相互作用によって増幅するという筆者の指摘は重要である。世界的な潮流として「ダイバーシティ」（多様性）が重視されているが、本当の意味での性別・国籍・人種・年齢・価値観に左右されない社会を築くためには、言葉で分かり合おうとするだけでなく、無意識に、あるいは自発的に視線を合わせるといった身体によるコミュニケーションこそが重要なのかもしれない。

【読解の視点】

1～2段落で「身体の情動反応が感情に先立つ」という直感と異なる説を提示し、3～8段落で「視線のカスケード」という現象を元にヒトに特有のコミュニケーションのあり方を示す。9～13段落ではその要因を分析した上で再度自説を強調し、14段落では他者を好きになるために自発的に視線を合わせることを勧めて結ぶ。

▼**キーワード**　情動反応・感情経験・無自覚的・自発的・相互作用

▼**中心段落**　2・7・13

▼**主題**　ヒトのコミュニケーションの特徴について。

▼**論点**　ヒトのコミュニケーションのメカニズムはどのようなものか。

▼**結論**　ヒトのコミュニケーションは、視線や身ぶりなどの無自覚的な情動反応に支えられている。

▼**要旨**　無自覚的な身体の情動反応は、感情経験に先立つものである。これは、ヒトは選好判断の際、意識する前に視線が好きな方に一方的に偏り、見ることで一層その感情が増幅するという「視線のカスケード現象」にも表れる。視線を合わせることで親密度を増すというヒトに特有のコミュニケーションは、「目で語る」社会行動の進化をもたらした。言葉による自覚的なやりとりは、身体の無自覚的な情動反応の上に成り立つものだと言える。　（一九八字）

【脚問解答】

問1　人は泣くから悲しく感じるというように、身体の情動反応が先にあり、それが原因となって感情経験が自覚されるという説。

問2 目の動きという身体反応が、意識よりも先に判断を下すということ。

問3 ヒトは選好判断の際に、無意識のうちに好きな方に視線が偏り、見るから余計に好きになるという連鎖増幅現象。

問4 ヒトは生存・繁殖を有利にするために独自の「目で語る」社会行動を進化させてきたから。

【読解 解答・解説】

1 身体の情動反応は無自覚的であることが多く、気づきにくいから。

解説 「この説は直感に反するように見える」という指摘は、2段落で「『身体の情動反応が感情に先立つ』という話の順序が逆に見える」（八四・1）という表現で言い換えられており、それに気づけば解答にたどり着くことができる。

2 視線によるコミュニケーションが重視されるヒトの社会においては、視線による表現能力と、視線に対する敏感性とが、互いに自然淘汰《とうた》の圧力となったから。

解説 「このような知覚能力」とは「他人の視線の方向や動きを素晴らしい感度で検出できる」ことである。その理由は10～12で説明されるが、結論を述べた12段落が解答になる。12段落の「他の種にはないヒト独自の『目で語る』社会行動の進化をもたらしたと考えられる」（八七・1）という部分も大きなヒントになる。

3 「無意識のうちに好きという判断をして身体反応として視線を向ける」という経路と、「見るという身体反応が好きという感情を自覚させる」という経路が、互いに促進するから。

解説 「視線のカスケード現象」が起こる理由については5段落で述べられている。「カスケード」とは「なだれ現象」のことで、本文では「連鎖増幅」と補足されているように、一つの動きが他の動きを促し、一気に大きな流れとなることを指す。「視線のカスケード」とは、無意識に好きな方に視線を向けるという身体反応がまず起こり、見ることによって好きという感情を自覚させ増幅し、さらにその好きという感情が対象に視線を向けさせるという連鎖を引き起こす現象のことである。

【読書案内】

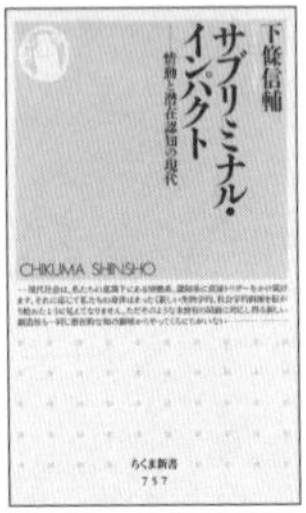

『サブリミナル・インパクト 情動と潜在認知の現代』下條信輔（ちくま新書 二〇〇八年） 本文筆者による認知神経科学にまつわる一冊。「視線のカスケード現象」についての詳細な説明を踏まえた上で、現代社会において感覚経験を与える刺激の過剰がもたらす危険性に言及。潜在認知や情動に直接働きかけることで、私たちの消費行動や政治的選択はどのような影響を受けているのかを検証する。

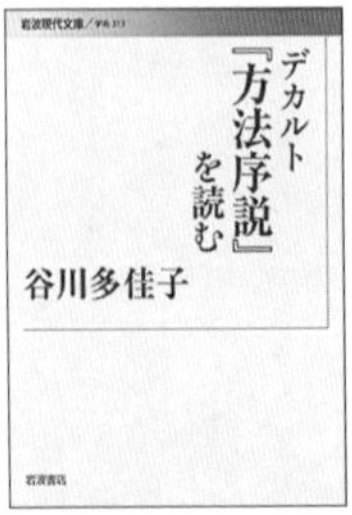

『デカルト『方法序説』を読む』谷川《たにがわ》多佳子《たかこ》（岩波現代文庫 二〇一四年） リード文でも触れられているデカルトの「心身二元論」は、精神と物体を全く異質な実体として峻別《しゅんべつ》するもので、主体／客体という近代認識論の基本前提ともつながる、現代においても重要な考え方である。そのデカルト思想について、現代における賛否も含

めてわかりやすく解説しており、入門書として最適である。

『「色のふしぎ」と不思議な社会――2020年代の「色覚」原論』川端裕人《かわばたひろと》（筑摩書房　二〇二〇年）　一九五八年の学校保健法施行以来、日本社会では長い間、学校健診で児童の色覚異常を検査してきた。そうした色覚検査は二〇〇四年に事実上、廃止されたが、二〇一五年頃から再びその必要性を訴える声が医師を中心に広がり始めた。本書は、科学ジャーナリストであり、小学校での学校健診をきっかけに「先天色覚異常」と診断された当事者でもある著者が、色覚検査復活の背景を探る過程で明らかになった「色覚」についての知見をまとめたものである。色覚検査の歴史や色覚異常に対する差別の問題を論じると同時に、色覚の仕組みの詳細な分析を通じて、「人の色覚が元来いかに多様なものであるか」を浮き彫りにする著者の議論は、やがて社会における「正常／異常」の区分を解体していく。濃密な内容が、豊富な実験例を交えながら平易な文体で語られており、人間の認知のあり方と社会との関係を学ぶ上で大いに役に立つ。

【論の構成】

導入 1〜2 **身体の情動が感情に先立つ**

【私たちの直感】
感情経験（悲しい・怖い）← 身体の情動反応（泣く・逃げる）

対比

【心理学者・生理学者の説】
身体の情動反応（泣く・逃げる）→ 感情経験（悲しい・怖い）

◎**順序が逆に見える？**
→ 身体の情動反応は無自覚的（不随意的）で気づきにくいため

身体の情動反応が先にあり、それが原因になって感情経験が自覚される

展開 3〜8 **視線のカスケードとヒトのコミュニケーションの特徴**

例 **【ヒトの選好判断のプロセスを調べる実験】**
…結論を出す直前から視線の向き方が偏りはじめ、それが80％以上に増大した時点で、そちらを魅力的と判断
＝
目の動きという身体反応が、**意識**よりも先に判断

【視線の配分の操作による、選好判断を偏らせる実験】
…**自発的に長く注視した方の顔を魅力的と判断**

視線のカスケード ＝
身体の情動反応（見る）⇄ **互いに促進** ⇄ 感情経験（好き）

「目で語り合う」ことで親密度を増すヒト独特のコミュニケーションの進化に貢献

結論 9〜13 **「目で語る」能力が進化した理由と無自覚的なコミュニケーションの役割**

目を使って心をよく表現できる → 生存・繁殖に有利
＋
視線を敏感に知覚できる → 繁殖に有利
↓
自然淘汰の圧力 → **「目で語る」**社会行動の進化

補足 14 **実生活への応用のすすめ** 誰かを好きになるために自分からその人と幾度も視線を合わせる

【結論】 **言葉による自覚的なやりとりは、視線や身ぶりなどの無自覚的なコミュニケーションに支えられている**

東京タワー

（本文90ページ）

【解説　朝妻　秀・瀬崎圭二】

【本文解説】

筆者の言う「死霊の気配」（九〇・7）という言葉に、面食らった読者もいるかもしれない。この科学技術が発達した高度情報化社会において、「死霊」など存在する余地があるのだろうか、と。しかし、それを「今は亡き人々の息吹が感じられる場所」「人の理解を超えた世界が、その一端を覗《のぞ》かせているように思える場所」と考えてみればどうだろうか。広大な霊園、さまざまな禁忌の設けられた霊峰や森、あるいは都市の中心にありながら、突然周囲の喧噪がかき消えたように感じられる神社仏閣の境内……。そのような場所に足を踏み入れた時、たしかに私たちの肌に伝わってくる感覚。こころをざわめかせるようで、しかしどこか安らぎを与えてくれるような気配。それを、「死霊の気配」と呼ぶことができるのかもしれない。

本文は、地質学や考古学の成果を借りながら、このような感覚の基層にあるものにかたちを与えている。「東京タワー」は建設当時、世界一の高さを誇る鉄塔としてもてはやされたように、現代文明の象徴的存在でもあったが、同時に、縄文時代以来の聖地に立ち、未知である死の領域に掛け渡された橋でもあった。このように、現代の東京にまつわる思考や感覚は、縄文時代以来の「野生の思考」と分かちがたく結びついているのである。

そして、このような「野生の思考」が息づいているのは、もちろん「東京」に限らない。人類が暮らしを営んできた場所には必ず、そのような土地が見つかるだろう。そうした土地からの時を超えたメッセージを見逃さず、想像力を働かせることの豊かさを、本文から学び取りたい。

【読解の視点】

「東京タワー」という場所の深層に横たわる「意味」が明らかにされていく過程に注目してほしい。1～4段落の導入では東京タワー近辺に感じられる「死霊の気配」について語られる。そして、5～7段落では、その原因が古代の地形やものの考え方にさかのぼって説明され、東京タワーが建てられた土地の性質が明らかにされる。それをもとに、8～11段落では、エッフェル塔と対比しながら、東京タワーそのものの性質が示され、最後に12段落で、都市にいまだ残る「超越性の思考」についてまとめ、結論としている。

▼**キーワード**　野生的な概念・超越的領域・野生の思考・超越性の思考

▼**中心段落**　12

▼**主題**　縄文人の野生の思考から見える東京タワーの意味。

▼**論点**　東京タワーに死霊の気配を感じるのはなぜなのか。

▼**結論**　東京タワーは縄文時代よりつづく思考が表現された、人間と死の領域とをつなぐ存在としてある。そうした「超越性の思考」は、われわれのリアルを問うことである。

▼**要旨**　東京タワーに死霊の気配を感じるのはなぜか。それは、東京タワーの立つ土地がかつて死霊の集合する神聖な土地であったからだ。人間が超越的な死の領域に触れる場所として縄文時代より扱われてきたこの土地に立つ東京タワーは、死霊の王国に突き出されたアンテナとして、人間の既知と未知とをつないでいる。東京タワーは、東京に生きる人々が抱く「超越性の思考」を表現しているのだ。

（一八一字）

【脚問解答】

問1 死霊の気配を感じたから。

問2 大きな死霊の集合地。

問3 人間的なものとそれを超越したものとがたがいに触れあう、接触点や陥入の場所のありか。

問4 古くから古墳や埋葬地として知られていたような土地。

【読解 解答・解説】

1 人々は、古代からずっと芝の土地に超越的な死の領域に向かい、触れるためのアンテナとしての機能を感じてきた。それを極限的に表すものが、東京タワーであるということ。

解説 「その」という語の指示する先をたどって、何の「極め付き」なのかを確定すること。それは、7段落の末尾にある内容。6段落の内容を補いながらまとめればよい。

2 エッフェル塔は「天界」と「地上界」という、明確に概念化された二つの領域をつなぐ橋であるのに対して、東京タワーは思考でも言葉でもとらえることの不可能な死の領域にさしこまれたセンサーとして、既知と未知とをつなぐ橋であること。

解説 10 11段落で、エッフェル塔と東京タワーとが対比されている。両者は二つのものをつなぐという点で共通しているが、大きな差異もある。前者でつながれる「天界」と「地上界」は、人間によってすでに明確に概念化されている。他方、後者で人間とつながる先は、死の領域、すなわち概念化不可能で未知の領域なのである。

3 東京タワーに象徴されるように、東京は表面的には高度に文明の発達した都市の様相を示しながら、縄文時代からの野生の思考というべきものが無意識のうちに現在にも残っている場所であるから。

解説 本文では、東京タワーの立つ土地に死霊の気配を感じるのは、その背後に、人間と人間を超越する領域の接点を指す「サッ」のような縄文時代の野生の概念に通じるものを感じ取るからとされていた。この東京タワーに象徴されるように、東京という都市の不思議さとは、縄文人の視点から見直したとき、そこに時代を超えた思考表現が存在することである。

【読書案内】

『乱歩と東京――1920 都市の貌』松《まつ》山巌《やまいわお》（ちくま学芸文庫 一九九四年）

江戸川乱歩の探偵小説を通して、東京を論じる都市論。乱歩の作品の多くが発表された一九二〇年代は近代都市となっていく東京の礎が築かれた時期であった。松山は「二〇年代と現代、二つの都市文化を現像すること」を本書の主題とし、「今日の都市文化が否応もなく抱え込んでしまっている問題の祖型」を一九二〇年代に見る。元々、建築家であった筆者は一九二〇年代の面影が失われつつある現代の東京を歩き、都市計画・建築はもちろん、風俗や教育などにも豊富な資料を示し、乱歩の作品を引用しながら当時の東京の姿を私たちに見せる。探偵小説が優れた都市小説でもあることを実感させてくれる一冊である。

【論の構成】

導入 1～4 **東京タワーと死霊の気配**

東京タワーのまわりの土地に**死霊の気配**を感じ取った

→ **問題提起** なぜこれほどまでに**死の香り**を発散していなければならないのか？

東京タワーの立つ芝増上寺の近辺にはかつて遺跡が存在

＝**死霊のつどう神聖な土地**

展開一 5～7 **古代の地形と人々の考え**

縄文時代の東京タワー周辺の土地

海原に突き出た半島は「**サッ**」と呼ばれる重要な聖地

人間の意識（**心**）と、それを**超越した領域**とが触れあう**野性的な概念**

→ 縄文以来、芝に立てられてきた古墳・寺・墓地……

＝人々はこの土地に、**超越的領域**（**死の領域**）に向かって立てられた「**サッ**」の**アンテナ**機能を感じ取ってきた

展開二 8～11 **東京タワーとエッフェル塔**

エッフェル塔
「**天と地をつなぐ橋**」
＝
天なる神

⇔

東京タワー
「**死霊の王国**に向かって突き出されたアンテナとしての橋」

- 死の領域にさしこまれたセンサーとして**既知**と**未知**をつないでいる
- **生**と**死**＝**過去を生きた死者の魂**と**いまだに生まれ出ていない未来の生命**をつなぎながら、不確定な空間を揺れ動く

結論 12 **都市の中の「超越性の思考」と我々の「リアル」**

現代の東京には縄文時代以来の野生の思考＝「超越性の思考」が残っており、それを東京タワーがあからさまな形で表現している

← **「我々のリアルはどこにあるのか」という問いかけへの、ひとつの答え**

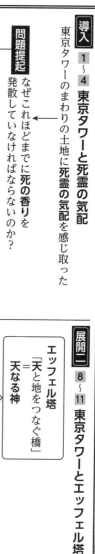

グーグルマップの世界

（本文97ページ）

【解説　坂口浩二】

【本文の解説】

グーグルマップという新しい地図が地図と人間・社会との関わり方をどのように変えたかを論じた文章である。本文はグーグルマップの問題点と可能性を考察した松岡慧祐の『グーグルマップの社会学　ググられる地図の正体』（光文社新書　二〇一六年）によるが、その問題点について論じた部分である。

本文を読解する前に、地図の意味について確認する必要がある。普通わたしたちは地形を調べたり、目的地の場所を確認するために地図を見る。近代的な地図に慣れ親しんだわたしたちは、記号によって現実世界を縮小し、平面化して再構成した客観的なものが地図であると考えている。しかし、それが記号表現である以上それは恣意的なものであり、そこには地図を作製した表現者がその生きる世界・社会をどのように理解したのかが反映されているはずだ。社会学者の若林幹夫《わかばやしみきお》は地図とは「透明な表現の媒体ではなく、それ自身の内に思想やイデオロギーを内在させた不透明な厚みをもったもの」であると述べているが、地図とは一つの社会における文化や制度のあり方を眼《め》に見える形で表現したものなのである。そして、地図を見ることで、わたしたちは現実世界、「社会」全体を理解する。つまり、地図とは地形を捉えるための単なる道具ではなく、わたしと世界を媒介するメディアである。このような地図と「社会」の関係を松岡は「地図が社会をつくる／社会が地図をつくる」と述べている。ではグーグルマップとはいかなる地図なのか。

本文では紙の地図とグーグルマップを対比する形で論を展開している。筆者は、従来の紙の地図は自分で地図を読みこんで情報を主体的に選択するもので、わたしたちは地図を見ることで、可視化された「社会」全体を見わたし、想像力を「ここではないどこか」へと拡張することができるとしている。それに対して、グーグルマップは「導く」地図で、わたしたちはコンピュータが探索した情報に従属しているだけだとする。グーグルマップは「フラットな地図のデータベース」であり、ユーザーは自分の行動を基準にして、検索機能とナビ機能によって最適化された情報を取得し、それに従うだけであり、ユーザーは個人化・断片化され、「見たいものしかみない」ようになることにグーグルマップの問題点があると主張する。

本文でも述べられているが、これはウェブユーザー全般に当てはまる問題だ。検索という行為自体は主体的なものに見えるが、探索しているのはコンピュータであり、その情報は既に選別されている。たしかに検索によってあらゆる情報が表示されるが、そこには順位がつけられている。検索結果のうち、わたしたちが見るのは上位に表示された情報だけだ。そして、その順位を決定しているのは、グーグルでいえば、ページランクというアルゴリズム（計算方法）だ。現在ではその方法の内容は明らかにされていないが、表示される情報はグーグルによって選別され、検索者にカテゴライズした個人化・断片化の結果だ。つまりわたしたちは「いま・ここ・わたし」という自己の世界に適合したものを見ているだけなのである。これは自己の視野を内に閉じこめ、自己を絶対化することにつながる。人間が他者との関係性のなかで「社会」を生きている以上、そこで求められるのは、多様な意見に接することで、自己の日常世界を相対化して「社会」全体を見わたすことだ。そして、「社会」のなかに自己を位置づけて、理解することだ。しかし、グーグルマップはわたしたちが気づかぬうちに、私と「社会」全体を遮断している。
　グーグルマップは確かに便利なものだ。しかしその新しい技術が単なるテクノロジーの問題ではなく、メディアとしてわたしたちのコミュニケーションの形式を変化させ、意識や行動を規定するものであることに眼を向けることが肝要である。インターネットの普及によってわたしたちはあらゆる情報を手に入れることが可能になり、世界を見わたすようなグローバルな視点を獲得したように思えるが、実は極めて個人的なローカルな視点しか獲得していないのかもしれない。

【読解の視点】

　1～6段落で、人びとの想像力を外へ開くものであった紙の地図（1・2）に対して、グーグルマップが、「フラットな地図のデータベース」であるゆえに、人びとのまなざしを「いま・ここ」へと内閉させるものであること（3～6）を指摘する。
　これを踏まえて、7～13段落では紙の地図と対比しながら、「データベース」としてのグーグルマップが可能にした検索機能とナビ機能の技術（7・8）が、地図の個人化（9～11）と情報の最適化による主体性の喪失（12～13）を引き起こし、地図が「見わたす」地図から「導く」地図へと変容したと分析する。
　そして、14～20段落で、その変容が「見たいものしか見ない」という態度を可能にした（14～16）と指摘した上で、グーグルマップが見えない「社会」を全体として見わたす欲望を失わせ、「いま・ここ・わたし」という自己の世界に閉じこもり、自己を絶対化してしまう欲望を増大させることで、「社会」に対する認識を変化させ（16～19）、わたしたちは地図としての「社会」全体を「見ない」ように誘導されていると結論している（20）。

▼キーワード　地図・「社会」・メディア・「見たいものしか見ない」
▼**中心段落**　19
▼**主題**　メディアとしてのグーグルマップ
▼論点　デジタル地図であるグーグルマップは社会に対するわたしたちの意識をどのように変容させるのか。
▼結論　「いま・ここ・わたし」を可視化するグーグルマップは、「社会」の全体を「見えない」ようにわたしたちを誘導している。
▼**要旨**　「フラットな地図のデータベース」であるグーグルマップは、検索機能とナビ機能によって、地図の個人化と情報の最適化による主体性の喪失を引き起こし、地図を「見わたす地図」から「導く地図」へと変容させた。その結果ユーザーは「見たいものしか見ない」という態度をとるようになる。メディアとしてのグーグルマップは「いま・ここ・わたし」の世界にわたしたちを閉じこめ、「社会」全体を「見ない」ように誘導している。（一九七字）

【脚問解答】

問1 グーグルマップのユーザーは、フラットに並べられた膨大な地図情報を自分の行動を基準にして選別するから。
問2 人びとの「身体の移動」という基本的な行動に役立つ技術。
問3 みんなが同じ視点から同じ地図をみるのではなく、ユーザーによって視点も地図も異なるという意味。
問4 一つの地図を他者と一緒に見て共有するのではなく、自分ひとりだけで自分専用の地図を見るという一対一の関係。
問5 地図全体を見るのではなく、地図に示された目的地への経路を見るだけの存在。
問6 地図は「社会」を可視化して全体を見ることを可能にするもの

だから。

問7 地図としての「社会」全体。

【読解 解答・解説】

1 自分で地図を読みこんで情報を主体的に選別するのではなく、検索機能やナビ機能によって示された情報に何も考えずに従うようになり、支配されること。

解説 「地図がユーザーを『導く』」とは地図が主体であり、ユーザーはそれに従う対象に過ぎないということを意味する。また、「導く」という語に注目すると、この前の一文に「地図に導かれるようにして最適な情報にジャンプする」とある。「ジャンプする」とは過程を省いて結果だけを受け取ることであり、コンピュータの検索機能やナビ機能によって示された情報を選別することなく、そのまま受け入れることである。「導く」の対比である「見わたす」＝情報を選別する主体的な行為の意味を解答に入れるとよい。

2 「いま・ここ・わたし」を絶対化して、自分と同じ意見の閉じられた世界をすべてだとして、異質な他者を見ようとせず、その存在を認めない態度。

解説 次の15段落で「見たいものしか見ない」という態度がウェブのユーザーに全般に当てはまる問題だと指摘した上で、17段落でそれが社会認識にかかわるものであるとして、18段落にその問題点が述べられている。この段落をまとめる形で解答を作成する。

3 「社会」はその全体を目で見ることはできないが、それを可視化し、再構成した地図を見ることで、抽象的な存在である「社会」を理解することができるということ。

解説 わたしたちは自分が属している「社会」の全体像を実際に見ることはできない。地図という形で見ることで、初めてその空間に自分を位置づけることができる。地図は現実を再構成した空間表現であるが、そこには人間がその「社会」の文化や制度をどのように捉えているのかが表れる。「社会」に対する様々なイメージが反映された地図を主体的に読むことで「社会」の全体像が見えてくる。

【読書案内】

『増補 地図の想像力』若林幹夫（河出文庫 二〇〇九年） 地図とは作製する人間や社会の世界像を表現したものであると同時に、人びとの意識を規定し、社会を形成するものでもあるという視点から、古代から現代までの多様な地図を読み解き、社会と人間の様様な関係のあり方を論じている。

『「地図感覚」から都市を読み解く』今《いま》和泉《いず》隆行《みたかゆき》（晶文社 二〇一九年） 「人が潜在的にもっている地理感覚や土地勘、経験を地図で引き出して読み解く」という地図感覚を身につける方法を様々な地図を例にしながら平易な語り口で説明している。基本見開きで左側に地図、右側にそこから読みとれる、人々の生活や都市の動きが解説されていて、地図を読む楽しさを感じることができる書物である。

【論の構成】

導入 1〜6 **グーグルマップの特徴** **グーグルマップは「フラットな地図のデータベース」である**

紙の地図 ⇔ グーグルマップ

自己の身体を離れて、未知の場所や「世界」や「社会」を全体として見わたすことを可能にしたもの
＝人びとの想像力を「ここではないどこか」へ拡張するメディア＝ **人びとの視野を外側へ開く**

あらゆる場所の地図情報がデータベース化され、選択肢としてフラットに並置
→自分の行動を基準にして地図情報を選択する。＝ **人びとの視野は内側へと閉ざされる**

展開 7〜13 **グーグルマップによる地図の変容** **グーグルマップは地図を「見わたす地図」から「導く地図」に変容させた**

紙の地図

①地図の受け手はみんな同じ視点から同じように地図を見わたす
②地図の受け手は地図の外側から地図全体を見わたす
③自分で地図を読み込んで、主体的に情報を選別する＝**見わたす**

→ グーグルマップ

「身体の移動」という基本的な行動に役立つ技術＝**検索機能とナビ機能**

①ユーザーは自分の視点から自分だけの地図を見る＝**地図の個人化**
②ユーザーは地図の中に居て、地図上に可視化された自分と経路だけを見て、追う＝**地図への従属化**
③自分の代わりにコンピュータが探索した最適な情報に従う＝**導く**

結論 14〜20 **グーグルマップによる支配** **グーグルマップはわたしたちに地図としての「社会」全体を「見ない」ように誘導する**

地図を見る主体を個人化し、地図を最適化するグーグルマップ
←**「見たいものしか見ない」という態度**を可能にする……ウェブのユーザー全般にあてはまる問題＝人間を内閉させる
＝「社会」の認識の問題＝「いま・ここ・わたし」を相対化できず「社会」全体を見ることができない
＝**検索機能やナビ機能が強化されたグーグルマップにわたしたちは支配され、「社会」全体を「見ない」ようにしている**

「誰か」の欲望を模倣する

（本文104ページ）

【解説　関　睦・三井智和】

【本文解説】

日常会話で「○○の欲望は底なしだ。」などという表現をよく耳にしないだろうか。そこには、欲望とは「自分の内側からひとりでにわいてくるもの」（これを「内発的」という）だとする考え方が無意識のうちに現れている。しかし本論はそのような考え方を真っ向から否定するのである。筆者が主張するように、欲望は「他者」の模倣であると考えることは、「私」という存在そのものにも疑問を突き付けることになるだろう。その延長線上に「社会」との接点を見出《い》だそうとする筆者の論旨をしっかりと読み取りたい。

【読解の視点】

本文は三箇所の一行空きによって、四つのパートに分かれていることに着目しよう。まず導入（1～4）では、私たちが持つ欲望が自発的なものではなく、他の人間の欲望やメディアからの情報を模倣した結果のものであることが論じられる。続けて5～8（展開一）では、他者の欲望を模倣する仕組みについて、ルネ・ジラールの「欲望の三角形」という概念を援用して説明される。ここでは、隣人や友人、特定の広告など「具体的な他者」「情報」の影響で欲望を抱いた場合も、本質的には私たちはそれら具体像の向こうに「社会」を想像し、その欲望を模倣しているということを押さえたい。その後、9～10（展開二）では、そうした根源的な模倣としての「社会化」が、私たちの存在上でどう機能しているかがまとめられる。

そして最後に、結論（11～12）において、「主体」という語が担う二重性に着目しつつ、展開後半の主題が変奏して繰り返される。

▼**キーワード**　欲望・従属・模倣・他者・主体・欲望の三角形

▼**中心段落**　10

▼**主題**　人間の欲望の構造について。

▼**論点**　人間はどのように欲望し、どのような存在となるのか。

▼**結論**　人間は他者の欲望を模倣することで社会的存在となる。

▼**要旨**　欲望とは内発的なものではなく、メディアの情報や、その欲望を媒介するだれかを同一化の対象として欲望したり、対抗的に乗り越えようとする対象として羨望したりすることで成立する。その時対象となるのは、メディアの向こう側に人々が見いだす「世間」や「社会」であり、私たちはそれらを模倣することで、生物学的なヒトから社会的な人間へと成長していく。欲望とは、そのように他者や社会的イメージを内面に取り込むことなのだ。　（二〇〇字）

【脚問解答】

問1　欲望は私自身のものではなく、他の人間の欲望やメディアの情報をなぞるところに成立すると考えること。

問2　身近な他者として具体的であると同時に、その集合体として想像される抽象的存在。

問3　社会を自らにとっての規範・規準とすると同時に、自己の意識や身体を社会に重ね、我がものとしていくこと。

問4　自分自身で独立して決定し、行動するという意味と、与えられた役割やルール、期待や規範に従属しながら、それを我が身に引き受けて、自分自身のものとして遂行するという意味。

【読解　解答・解説】

1　人々に欲望されるブランドやキャラクターは、それに結びつけられた特定の「誰か」を模倣や同一化、あるいは反発の対象として提示するとともに、その「誰か」をふくむ社会一般の欲望や価値観のあり方を象徴している。

解説　筆者が1段落で「カリスマやスター」に言及し、2段落冒頭で「同じことは」と同一の論理構成で「ブランドやキャラクター」について述べていることをしっかりとふまえよう。そのまとめとして4段落の最後の一文「人はモノを欲望すると同時に」以下に注目する。

2　他者への欲望という関係を我がこととして引き受け、他者や社会が欲望するイメージを模倣することの延長線上に、ヴァリエーションとしての「個性」を示していくこと。

解説　筆者が5段落以降「欲望の三角形」の図式を用い、そこに「他者」の先に見いだせる「社会」との接点を強調している点をしっかりとふまえた上で解答すること。欲望そのものが「私」自身の内発的なものではなく、「他者」＝「社会」に従属することをふまえ、「主体性」を位置づけつつ、その従属の延長線上に、偏差として個別性があることを押さえる（9）。

【読書案内】

『〈個人〉の行方――ルネ・ジラールと現代社会』西永良成《にしながよしなり》（大修館書店　二〇〇二年）　ルネ・ジラールの三つの理論の解説と、文学作品を用いた理論の考察からなり、「欲望の模倣」理論の考察には夏目《なつめ》漱石《そうせき》の『行人』が取り上げられている。従来『行人』は語り手である二郎の兄・一郎を中心に読まれてきたが、この作品にジラールの欲望の三角形理論を応用するならば、二人が一郎の妻・直に向ける欲望の相互媒介的関係の物語であり、人間そのものに備わった本能のように一般には信じられている恋情も、実は人間が自発的に抱く感情ではないと著者は言う。

『中学生からの大学講義2　考える方法』（ちくまプリマー新書　二〇一五年）　「社会とは何だろう――入門一歩前の社会学」と題した筆者の講義が採録されている。筆者は社会学を「ほかの人や物や記号に働きかけ、それを通じて作り出されるつながりについての学問」と定義している。社会を構成する「物」との関わり方により、他人との関わりにおいてどう行動するかが決まり、そこには「メディア」が介在することなど、個人と社会との関係について解説されている。社会学と高校までの社会科の関係や、社会学が世の中でどのように役立っているかなど、大学での学びを選択する上での参考にもなる。

【論の構成】

導入 1〜4 **「誰か」の欲望を模倣する**

人が何かに夢中になる、熱狂する、欲望する
- 〈一見〉人間の内側から湧き起こる 内発的なもの
- ⇔〈実際〉**他者を模倣**し、**模範**とする

例
- ・カリスマやスターと同じものを身につける ― 実際 → 自分の欲望ではなく、カリスマやスターの欲望への**従属**／**模倣**
- ・カリスマやスターに対する熱狂や欲望 ― 実際 → 友人や気になるタレント・芸能人の影響／メディアの情報の**なぞり**
- ・特定のブランドやキャラクターへの熱中 ― 実際 → タレント・芸能人からの影響／他人と「かぶる」のを避け、自分らしさを発揮するため

私たちは、**有意味な誰かの価値基準**に従って、何かを欲望する
＝欲望はまっすぐに特定のモノに向かうのではなく、**模倣（同一化）または対抗の対象となる「誰か」を媒介にしている**

展開一 5〜8 **三角形的欲望**

ルネ・ジラール「**欲望の三角形**」＝**私の欲望は** **他者やその欲望** **に従属している**

欲望の媒体
- ・**具体的な他者**＝彼方の存在（神や聖者）・身近な存在（隣人や友人、同僚）
- ・「**世間**」や「**社会**」＝メディアを介在して具体的な他者の向こうに見出だされる／想像される集合体

⇦ 具体的な他者・情報の影響で欲望を持つ私たち
実際 → そうした具体像の向こうの「**社会」の欲望を模倣**している＝**「社会」が欲望されている**

展開二 9〜10 **鑑／鏡**

社会的存在としての 人間 ……生物としてのヒトが他者を模倣して社会を自らの中に引き入れること＝ 社会化

→社会は人間にとって
- 〈鑑〉…規範となり、基準となるもの
- 〈鏡〉…自らの姿を重ね、同一化するもの

社会の欲望を引き入れることで人間自身も「**社会」を映す**「鏡」に→**止むことない反射**

結論 11〜12 **従属する主体、模倣する主体**

「**主体**」**の意味**
- 〈**日本語一般**〉自分自身で独立して決定し、行動する存在
- 〈**subject**／**sujet**〉「従属した」「臣下」の意＝与えられた諸条件の下で、それを我が身に引き受けて遂行する存在

→**欲望する主体**＝他者を欲望するという関係を引き受ける＝鏡に映しだされる想像された モデル に従属し、**その模倣を通じて自らを主体化してゆく**

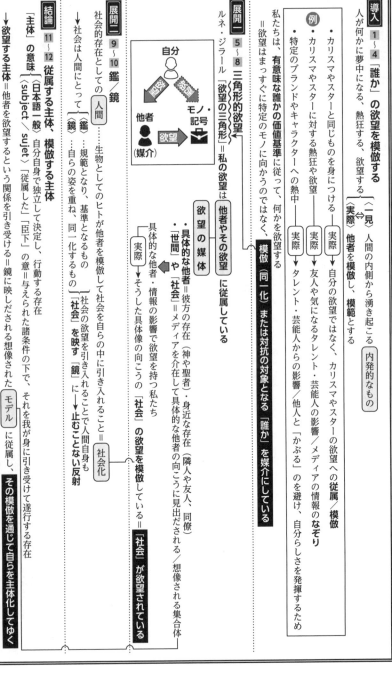

現実に嚙みつかれながら

（本文112ページ）

【解説　飯島弘一郎】

【本文解説】

この文章の「ジャンル」は何だろうか。筆者が目の当たりにした現実の場面が描かれているから「小説」ではない。明確な主張は見当たらないので、通常の意味では「評論」とは言い難い。「ルポルタージュ」ないし「ノンフィクション」に分類することも可能だが、「エッセイ」の一種だと考えることもできる。筆者・ブレイディみかこの文章はこうした境界性をもち、日本語表現の中でも特異な地位を占めている。

本文が描いているのは、英国の田舎町にある飲食店で筆者が目撃した数十分程度のできごとである。しかしその細緻な描写が浮き彫りにしているのは、登場人物の心情や情景の機微だけではなく、「現代社会の課題」という骨太のテーマなのだ。その意味で本文は、「評論」の延長線上のど真ん中に位置づけられる文章であると言えよう。

一般的な評論は「私はこう考える」と明確に述べ、時に読者に「こう考えよ」と強いてくる。読者の側によほど強力な論理武装がない限り、「まるめ込まれてしまう」ような感覚になることもある。多くの評論において筆者は読者の「上」にいる。しかし本文の筆者は常に読者の「横」に寄り添っている。それでいて、鋭い視点から現実に切り込み、読者に気づきを与え、思考を促す。本文を読む際には、「筆者は何を言いたいのか」を探す受け身の姿勢ではなく、筆者が提示する気づきを正確にキャッチするとともに、そこから先を自分なりに考えようとする積極的な姿勢でいたいものだ。

本文で筆者が明らかにするのは、イギリス社会に到来している（「格差社会」を超える）「階級社会」と、そこに複雑に絡み合う人種差別や薬物乱用などの諸問題である。これら一つ一つの「問題」や「課題」は、理論上は切り分けられるかもしれないが、現実においては渾然一体となっており、明快な処方箋があるわけではない。一人一人が、その場その場で、自分はどう判断し行動すべきか、自分の頭でよく考えなければいけないのである。だから筆者は「答え」を出さない。ただ現実を詳細に描くことに徹するのである。

BBCによれば、イギリスにおいては「労働者階級、中流階級、上流階級」という三区分はもはや過去のものであり、いまや七階級が存在するという。どの階級に属するかは職業と収入だけでなく、社交性や文化的嗜好によっても決まる。「裕福な白人／貧しい移民」という単純な構図も崩れており、白人の労働者階級が教育システムから取り残され、無気力になっているという現実もあるようだ（本文に登場するベガーの女性もその一人かもしれない）。

では翻って、日本の現状はどうか。一九七〇年代には「一億総中流」と言われ、実際多くの日本人が中流意識をもっていたが、「格差社会」が流行語となった二〇〇〇年代以降、貧困率が増加し、経済的な理由から結婚できない人や、心身の健康を維持できない人も増えている。日本もイギリスのような「階級社会」になっていくのだろうか。階級の固定化が社会全体にとって望ましいことではないのだとしたら、私たちにできることは何だろうか。筆者が促すように、現実の細部を観察することを通じて、自分のなすべきことを自ら見いだすことのできる思考力を養いたい。

【読解の視点】

1～5段落の導入部分はエピソードである。描かれた出来事を正確に理解するとともに、「このエピソードから分かることは何か」を考えながら読み進めよう。6～60段落でもエピソードが続くが、発言や行動の端々に登場人物や筆者の考えが見え隠れするようになる。「理屈」を押し通そうとする人物と、「理屈だけではない」と考える人物との対立かと思いきや、そうした対立構造だけでは割り切れないような「黒人女性」も登場する。こうしたエピソード全体が、61段落以降で述べられる「現実」の困難さを直接的に表している。

▼**キーワード**　ホームレス・依存症・階級の差・人種差別

▼**主題**　格差社会における弱者支援の理想と現実の問題について。

▼**論点**　階級化が進む社会における諸問題をどう考えるべきか。

▼**結論**　現実は複雑で厳しく、各自が熟考して判断・行動していかなければならない。

▼**要旨**　パブで見かけたベガーにサイモンは硬貨を渡したが、甥っ子は、ベガーに金銭を渡せば薬物依存を助長するとして反対する。ベガーに退店を促した黒人の女性店員は、人種差別的な捨て台詞を吐かれ、様々な感情が渦巻いたからだろうか、叩きつけるように硬貨を投げ与えた。聞けば店員もかつてはベガーだったという。ベガーはその金で酒を買い、悪びれる様子もなく筆者たちの脇を通り過ぎる。現実は厳しく、時に私たちに嚙みついてくる。（二〇〇字）

【脚問解答】

問1　ベガーの多くは薬物を買うために物乞いをしているため、金銭を渡してしまうと、彼らが依存症から立ち直る機会をかえって奪うことになりかねないから。

問2　発展途上国の子どもたちは金銭を欲しがりはするが、純粋な物乞いではなく、サービスや商品と引き換えであるため一種の路上商売である、ということ。

問3　ベガーに金銭を渡すべきではないこと。

【読解解答・解説】

1　サイモンの甥っ子がインテリ家庭で育ち、合理的な考えをもっているのに対し、サイモンは生粋の労働者階級であり、人生は理屈だけでは片付かず、現実的な好みやセンスも重要だと考えているから。

解説　「サイモン」と「甥っ子」の対立がどのような点で生じているかを正確に読み取る。二人は「理屈」にいかに重きをおくかを巡って意見が対立しており、その対立は生まれ育った階級の差に起因していると筆者は考えている。

2　ドラッグの金欲しさに物乞いをしていたこともあるが、今は社会復帰してパブで働いている。店にいた若いベガーに対しては、店内ではマニュアル通り退出を促したが、去り際に浴びせられた人種差別的な発言に感情を露わにしつつも、手持ちの金銭を与えた。人生経験が豊かで分別と激情の両面をもつ人物。

解説　「黒人女性」は本文のテーマを象徴するような人物である。貧困も安定も知っている。「どうすべきか」は分かっているが、時に「どうしたいか」が前面に出る。彼女は「善い人」でも「悪い人」でもない、「現実の人」なのである。

3　格差が拡大した階級社会において、最貧困層であるベガーに対し、一般人が金銭を渡してはならないことは理屈の上では正しいが、現場での人々の心情や判断は合理性だけには基づかないため、問題は複雑化し、解決困難な状態が続くということ。

解説　「ベガーの女性」は「まったく悪びれた様子もなく」ジンを飲んでいる。サイモンや黒人女性から得た金で買った酒だろう。やはり、サイモンの甥っ子が言う通り、理屈の上では「あんなことをするべきじゃなかった」のである。だが、サイモンも黒人女性も、それを理解した上でベガーに金銭を渡している。そこには貧困問題以外の様々な社会問題や人々の心情が複雑に絡み合っている。私たちは「現実に噛みつかれながら」生きていくしかないのである。

【読書案内】

『ぼくはイエローでホワイトで、ちょっとブルー』ブレイディみかこ（新潮文庫　二〇二一年）　イギリス在住の筆者が、地元の中学校に通う息子や友人たちの日常を活写するエッセイ集。イギリスでは、学校や市民生活の至るところに階級社会の「現実」が押し寄せている。格差・人種差別・暴力・ジェンダー……。教科書に書いてあるような整理された「社会問題」ではなく、「そこにあるいろいろなこと」と日々向き合い、奮闘する親子の記録が胸を打つ。二〇二一年九月には続編にして完結編の『ぼくはイエローでホワイトで、ちょっとブルー　2』も刊行された。

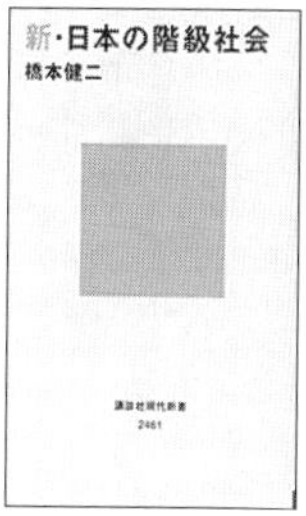

『新・日本の階級社会』橋本健二《はしもとけんじ》（講談社現代新書　二〇一八年）　イギリスと同様に、日本にも「階級社会」が到来しているのだろうか。本書は、膨大な社会調査データに基づき、日本の階級社会の現状を分析する。日本の階級は「資本家階級」「旧中間階級」「新中間階級」「労働者階級」の四つに分かれるとしたうえで、階級間の差が開きつつあること、労働者階級の下に「アンダークラス」と呼ばれる約九〇〇万人の新たな階級が生まれていることなどが説明されている。私たちの踏み出すべき第一歩は「知る」ことではないだろうか。

【論の構成】

導入 1～5 **エセックス州のパブで**

ベガーの若い女性（最貧困層）が金銭を求めてテーブルを回っている

展開 6～60 **ベガーの前の三人**

◆サイモン（労働者）
・甥っ子の合理的な説明は理解するものの、「人生は理屈だけではない」と考えている
・いつも「正しい」ことを言う甥っ子が気に入らない
→**〈硬貨を与える〉**

「金銭を渡すより相談センターやチャリティーに寄付すべき」

「リアルじゃねえ感じがするんだよな、おまえの言うことは」

◆サイモンの甥っ子（インテリ）
・ホームレス支援のボランティア団体に所属している
・合理的理由から、ベガーに金銭を渡すべきではないと主張する
→**〈ベガーに金銭を渡したサイモンや黒人女性を非難する〉**

「あなたはあんなことをするべきじゃなかった」

「私もあそこにいたことがあるのよ」

◆店員の黒人女性（最貧困層→労働者）
・仕事として（マニュアル通りに）ベガーに退店を促す
・人種差別的な捨て台詞を吐かれるも、「相談センターに行きなさい」と冷静に諭す
→**〈叩きつけるように硬貨を与える〉**

結び 61～64 **現実に噛みつかれながら**

結局、恵んでもらった金で酒を購入していたベガー

↓

「わたしたちは、ときにこうして真正面から現実に噛みつかれる」

＝甥っ子 **「リアリティ・バイツ」**

交換と贈与

（本文120ページ）
【解説　喜谷暢史】

【本文解説】

　ドイツの社会学者フェルディナント・テンニース（一八五五－一九三六年）が提唱した社会類型に「ゲゼルシャフト（利益社会）」と「ゲマインシャフト（共同社会）」という概念がある。「ゲゼルシャフト」とは人間がある特定の目的や利害を達成するため作為的に形成した集団、会社などで、「ゲマインシャフト」は地縁・血縁など自然発生した共同体である。前者は近代や都市に代表される形態といえよう。

　本文中で語られる「仕事上の知り合い」「ビジネスパートナー」「交換的な人間関係」とは、まさに「利益社会」にあたり、目的が達成されれば、自然と消滅する「ドライな関係」である。この「ギブ＆テイク」「ウィン－ウィン」の利害関係は持続すれば良いが、資本主義が高度化し、過度にその交換の論理が進行すると、人々はそこから疎外され、孤立する。手段として近づいてくる人間を、最終的には信頼できないのである。

　本文の典拠である『世界は贈与でできている――資本主義の「すきま」を埋める倫理学』は、タイトルが示すように「資本主義」＝「交換の論理」だけが加速する世界の「すきま」を、贈与で埋めることを提唱する。「お金で買うことのできないもの、およびその移動」にあたる贈与は、資本主義の中でこそその意味が際立つため、筆者は円滑な人間関係を保つために、経済システムの中での「交換と贈与」のマッシュアップ（混ぜ合わせ）を主張する。

　本文では「ギブ＆テイク」の限界が示されると同時に、「生きる意味」をもたらす贈与の可能性をも示唆されているのである。

【読解の視点】

　1～11段落で筆者は、誰とでも友人になれた子供時代と違い、大人の社会では利害が一致し、互いを目的達成のための手段と見なす「ビジネスパートナー」関係が中心になると問題提起する（導入）。

　12～22段落では、そうした打算によって物事を考える思考を「交換の論理」と呼び、交換が支配的になり贈与を失った社会では人は簡単に孤立すると分析を深める（展開一）。

　さらに、贈与を失った社会では誰かに頼るということが原理的にできなくなること、「皆が誰にも頼らない社会」とは「皆が誰からも頼りにされない社会」であると論を一層展開させ（展開二）、そのような社会が「社会」と呼べるのかと、中心的な論点を示す（23～32）。

　最後に、このような社会のあり方を私たちが「自由」と呼んできたと指摘し、その自由を支えるために「あらゆるものが金で買えるものでなければならない」という「資本主義」のシステムが発達したと議論の視野を広げる。そして、しかし資本主義が与えるそうした「自由」を享受するには「交換し続けることができる」人間＝ビジネスパートナーにとって価値のある人間であり続けねばならないという過酷な「条件」を示し、社会のあり方の再考へと読者を誘う結論としている（33～46）。

▼キーワード　交換の論理・自由・資本主義・商品

▼中心段落　11 23 29 32 44

▼主題　贈与を失った世界では誰かに援助を求められなくなる。

▼論点　誰もが誰にも依存せず頼りにされない世界は、「社会」と呼べるのか。

▼結論　交換の論理による「自由」は資本主義の徹底が前提である。

▼要旨　相手が割に合うかで判断する「交換の論理」では他人に対価

を求め打算的になる。贈与のない社会では信頼関係が存在せず、また誰かの援助を求められず、人々は孤立する。誰にも迷惑をかけられない、必要とされない社会を僕らは「自由」と呼んできた。資本主義はあらゆるものを商品へ変え「金で買えないもの」はない。全てが商品となるならば、購入が「選択」可能となり、交換し続けられるという条件下でのみ「自由」を手にする。（一九八字）

【脚問解答】

問1 相手が自分の役に立つなら助け、立たないなら縁を切る態度のこと。

問2 差し出した物の対価を求める貸し借りなしの打算的考えの人間。

問3 全てが等価交換で、相手を手段と扱い、それゆえ誰かを信頼できない社会。

問4 誰からも援助・支援を得られず、また他者を必要としない社会。

問5 資本主義はあらゆるものを商品に変える指向性を持つから。

問6 資本主義はあらゆるものを商品とするため、そこに選択する自由が生まれるから。

【読解 解答・解説】

1 大人のビジネスの世界では、互いを利益を生む手段としてしか見ていないので、子供時代のように、自分の興味関心だけで利害関係なしの関係を形成することは、難しくなるから。

解説 大人になると、資本主義の経済システムの中で、ビジネスの場面以外で、人間関係を形成しづらくなる。ビジネスの文脈とは、相手が求める対価を差し出し、双方が「ギブ＆テイク」「ウィン－ウィンの関係」を持つことである。そこには相手が差し出す対価以外に、関係を持つ要素は含まれず、他人との友情的なつながりは形成し得ない。

2 相手を手段としてしか考えない交換が支配的な世界には、信頼関係が存在せず、無償で何かを他人に与える贈与的な関係を築いてきた人のみ、孤立せず他者とのつながりや信頼関係を持ち得るということ。

解説 交換の論理を生きる人間は、他人を目的のための手段としてしか考えず、打算的にならざるを得ない。贈与とは「交換の論理」と対を為し、他者とのつながりや頼れる人間関係を生むものである。だからこそ、そこにしか信頼は生じないのである。

3 「金で買えないものはない」という資本主義の経済システムが徹底され、あらゆるものが商品となり、人々が等価交換し続けられるという条件。

解説 市場に自らの対価を差し出し、商品購入の利益を獲得できる人間であり続けることではじめて、あらゆるものを商品として選び、購入する自由を享受できる。この場合、誰にも頼られない世界を「自由」と呼び、資本主義の経済システムの中で、何でも自前で用意する（保険・貯蓄）ことによって「自由」が保証される。

【読書案内】

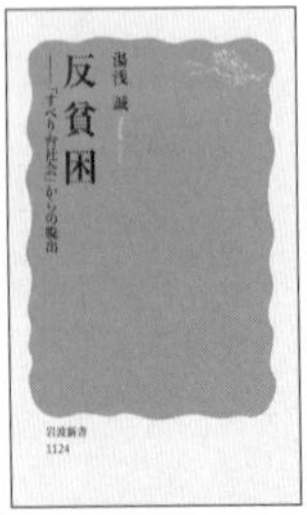

『反貧困――「すべり台社会」からの脱出』湯浅誠《ゆあさまこと》（岩波新書 二〇〇八年）「他人様に迷惑をかけてはいけない」そう教えられてきた五四歳の男性は、職を失い、収入を絶たれ、誰を頼ることもできず、母親を殺め自殺未遂を図る。「交換の論理」の行き着く先

として教材出典で挙げられたのが、本書が扱っている、この不幸な事例である。経済的、精神的、肉体的に追い詰められたとき、僕らは誰を頼りにすることができるのか。社会のセーフティーネットのあり方が模索されている。

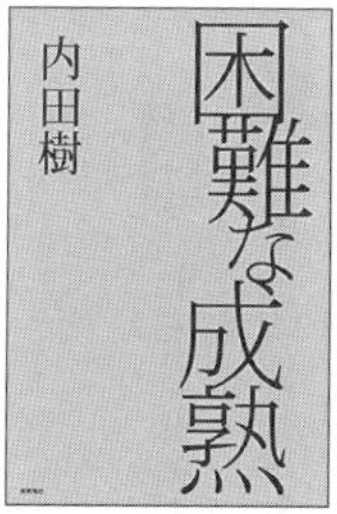

『困難な成熟』内田樹《うちだたつる》（夜間飛行 二〇一五年、二〇一七年文庫化） 贈与は「これは私宛の贈り物だ」と思う人が出現することで、生成される。そして贈与されたものに対して返礼（反対給付）せねばと思うところに、市民性成熟が伴う。人間は「もらいっぱなしでは悪い」と思うのである。内田は、このように経済活動を、「収奪と奪還」ではなく「贈与と嘉納」のシステムへと切り替えることによって、現況を改革しようと考えている。社会のあり方を再考するために、そのきっかけとなる一冊。

『ペイ・フォワード』キャサリン・ライアン・ハイド著 法村里絵訳（角川文庫 二〇〇二年） 二〇〇〇年に映画化も果たした小説作品。アルコール依存症の母親と、家庭内暴力を振るう父親のあいだに生まれ、貧しい生活を送る少年トレヴァーが始めた、「善意を他の人々に贈る」という行動が巻き起こす事件を描く。ファンタジックなヒューマンドラマであると同時に、「交換と贈与」の本質を語る作品にもなっており、教材の出典『世界は贈与でできている』でも、その内容について文化人類学的見地から精緻な読解がなされている。教材出典と合わせて読みたい。

【論の構成】

導入 1～11 **「助けてあげる。で、あなたは私に何をしてくれるの？」**

「ビジネスパートナー」＝利害が一致している限りでの関係・共通の目的を持った者同士の（一時的な）協力関係

→相手が使い物にならなくなった場合や目的を果たした後は、助ける義理はない、というドライな関係

＝

「ギブ&テイク」「ウィン―ウィンの関係」＝他人を「手段」として遇する態度

←**僕らは、自分のことを手段として扱おうとして近づいてくる人を信頼することができない**

展開一 12～22 **ギブ&テイクの限界点**

交換の論理＝他人を「手段」として扱う→贈与が無くなった世界には、信頼関係が存在しない＝**信頼は贈与の中からしか生じない**

交換的な人間関係しか構築してこなかった人はどうなるのか？→簡単に孤立・仕事を失うことがそのまま他者とのつながりの喪失

展開二 23～32 **交換のロジックの「速さ」**

経済的、精神的、肉体的に追い詰められたとき、僕らは誰かを頼り、頼られる

しかし→**交換の論理を採用している社会（贈与を失った社会）**では、誰かに向かって**「助けて。」と乞うことが原理的にできなくなる**

＝誰にも**迷惑**をかけない社会とは、定義上、自分の存在が**誰からも必要とされない社会**

「助けること」「支援すること」「頼られること」

論点 **誰にも依存されない主体だけからなる社会は、そもそも「社会」と呼べるのか**

結論 33～46 **「自由な社会」の正体**

誰にも頼ることのできない世界＝**誰からも頼りにされない世界**＝「自由」と呼んできた。

あらゆるものが自前で買える「商品」でなければならない……「金で買えないもの」はあってはならないという理念／すべてが「商品」となり「サービス」となり得る可能性 ｝**資本主義**＝**一つの人間観**

その**思想**はたしかに「自由」と相性がいい＝購入という「**選択**」が可能になり、選択可能性という「**自由**」を手にすることができる

ただし（条件）→**交換し続けること**ができるのであれば

国家権力とはなにか

（本文127ページ）

【解説　新井通郎・鏑木昌博】

【本文解説】

「国家権力」という言葉を、私たちは何気なく使う。「国家権力の行使」「国家権力の横暴」。しかし、そもそも「国家」とは何なのだろう。そして、その「国家」が有する「権力」とは？

本文は、「国家」を「国家」たらしめる原理を、「合法的に暴力を行使することができる」という国家権力の特徴に見出《い》だすものだ。自身に逆らおうとする者を、国家は暴力を持って脅し、縛る。ただ暴力で脅すだけならヤクザや暴力団と変わらないが、国家の暴力は「法」によって支えられており、私たち国民も、国家がそうした力を振るうことを了承している。世界のあらゆる組織の中で、国家だけが「合法的に」暴力を行使することが許されているのである。

ショッキングに聞こえるかもしれない。しかし、本当にショッキングなのは、このことから見えてくる「国家」の無限の循環運動にある。国家は暴力を組織化し、人々から税を徴収する。その税金によって国家は暴力組織を増強し、また人々から税金を集める。税金によって強化された暴力組織は、より強力に人々を法に従わせるだろう。暴力の行使で法を守り、そして法で暴力の行使を守るのだ。

国家と国家権力を支えるのは、このような永遠の堂々巡りだ。筆者は「国家権力の源泉」（一二九・3）と書く。しかし、むしろ筆者が言わんとしているのは、源泉など存在しないという事実だ。どこにも土台をもたない堂々巡りの運動だけが、国家の生命線なのである。

「国家」は目に見えず、その「運動」を捉えることは容易ではないが、それは私たち自身の形づくる機構であり、運動である。本文を通じて、国家のありように思いを向けてみよう。

【読解の視点】

まず1〜16段落で、「国家権力の源泉」とは何なのかが論じられる。ここでは、同じ「権力」を行使するにしても、会社や学校と違って国家は「暴力」をその権力の源にしているという点、およびその「暴力」の行使が「法」によって認められているという特殊性について押さえよう。

そして17〜30段落で、国家権力の特徴について、掘り下げて考察。17〜25段落では、その権力が維持される仕組みを説明する。ここでは、「組織化した暴力を用いて人々から税を徴収し、税を使って暴力組織を維持する」という「循環的な運動」が国家の基本的な運動であるという24段落の主張が軸となっている。26〜30段落では、歴史の中で国家形態が変化し、現代の国家は脱人格化されたが、国家権力の基本的な運動は残ったということが述べられる。

▼**キーワード**　国家権力・暴力・法・組織化・脱人格化・国民国家

▼**中心段落**　13　23

▼**主題**　国家の権力の源泉について。

▼**論点**　国家権力と暴力の関係。

▼**結論**　国家の基本は、暴力を組織化して税を徴収し、その税で暴力の組織化を維持して権力の源泉とするという循環運動にある。

▼**要旨**　国家権力は、暴力の行使をその源泉とする点と、かつその暴力が法によって認められているという点で他の権力と一線を画す。そして国家はその権力源泉の維持のために暴力を組織化し、組織した暴力を用いて税を徴収し、徴収した税を使って暴力の組織化を保つという循環的な運動を基本とする。そのような運動は、当初は具

体的な集団によって行われていたが、長い歴史の中で国家の脱人格化が進み、ただ循環運動だけが残るようになった。（二〇〇字）

【脚問解答】

問1 誰にたいしてでも発動できるということ。

問2 国家の存立。

問3 組織原理が具体的な人間関係によるのではなく、抽象的な役職と権限の体系に基礎を置くようになること。

【読解 解答・解説】

1 芸能における「家元制度」や、学問の世界における「学閥」など。

解説 「マックス・ウェーバーによる権力の定義」の要点は、「イヤなことをさせる力」である。また、設問中の「権力の『可能性』を支えるもの」とは、10段落で例示されている「権力源泉」のことである。したがって、10段落の「給料をあたえること」「昇進への希望」「『クビにするぞ』というおどし」「教師の権限」を簡潔に言い換えるとよい。いずれも、上位者が「イヤなことをさせる」ために必要な要素であるが、定義からイメージされるネガティブなものだけではなく、ポジティブなものも含まれることに注意する。もちろん、11段落に述べられている、国家の権力源泉としての「暴力」が、その最たるものである（なお、本文にはないが、芸能における家元制度、学問の世界における学閥なども、権力の可能性と関わっているものと言えよう）。

2 給料や昇進、懲戒といった会社の権力や、進級の可否といった教師の権限は、そのおよぶ範囲が限られているのに対し、国家の権力源泉たる「暴力」はあらゆる対象にいつでも行使することができるという点で、他の権力源泉とは決定的に異なっている。

解説 12段落に述べられているように、「会社」や「教師」の権力は、そのおよぶ範囲が限られている。それに対し、「暴力」は制限がない。そのさまを表現しているのが、「文脈自由に」（一三〇・1）、「あらゆる文脈をこえて」（同・4）といった語句である。それゆえに、「暴力の前では、他の権力源泉はほとんど機能することができない」（同・4）ということになり、暴力が他の権力源泉を無効化して至上のものとなるのである。

3 変わった点＝主権を構成するものと行使される者（支配するもの・される者）が、理念的に一致することが当然とみなされるようになった点。

変わらない点＝暴力にもとづいて税が徴収され、税によって暴力が維持され権力行使が行われるという運動。

解説 「変わった点」の解答を導き出す根拠は、27 28段落で述べられている、国家組織が、かつての人格的なつながりによってではなく、役職と権限によって組み立てられた機構となるにともない、脱人格化されて、人間による人間の支配というエレメントを稀薄にする、という内容である。

「変わらない点」の解答を導き出す根拠は、30段落で述べられている、集団が脱人格化されて支配というエレメントが稀薄になっても権力とその維持のしくみはそのまま残る、という内容である。

【読書案内】

『飢餓同盟』安部《あべ》公房《こうぼう》（新潮文庫 二〇〇六年、一九五四年初版）山間にある小地方都市を舞台に、疎外された者たちが集まり秘密結社「飢餓同盟」を結成する。権力への夢を地熱発電の開発に託すが、革

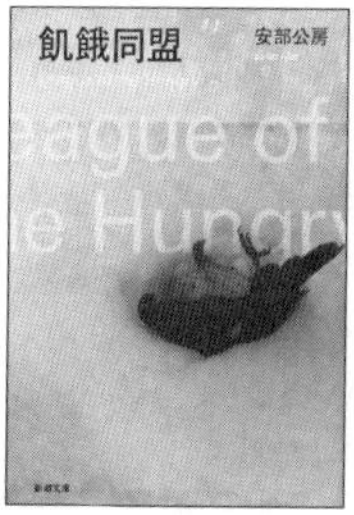

命は失敗に終わり、計画は町長らに横取りされてしまう。権力の前に崩れた野望の行き着くところはどこか。現代社会にはびこる矛盾に対する風刺が作品の中に渦巻いている。

『権利のための闘争』イェーリング／村上淳一《むらかみじゅんいち》訳（岩波文庫　一九八二年）

権利の侵害や圧迫を受けたとき、抗議闘争をすることは、損害の回復ではなく、人格の回復である。権利のための闘争は、国家における法の制定にも役に立つ。「権利＝法（レヒト）の目標は平和であり、そのための手段は闘争である。」という一文で始まる、世界的に親しまれる法学の入門書。

【論の構成】

考察一 1～16 **国家権力の源泉**

問題提起

・国家権力は何によって成立しているのか
・国家の命令や法に人びとを従わせることができるのはなぜか

↓

答 国家権力の源泉は**暴力の行使**にある

例 法に背いた人間の逮捕処罰

〈国家権力の権力源泉と他の権力源泉との比較〉

権力の及ぶ範囲

制限なし → **暴力**

⇕

範囲に制限あり → **暴力以外**（カネや特定の権限）

合法か否か

合法 → **国家権力の暴力**

⇕

非合法 → **ヤクザ・マフィアの暴力**

考察二 17～30 **国家権力の特徴**

国家権力の維持 → **暴力の組織化**が不可欠

背景 ①税の徴収……循環的運動
②公共事業

国家権力の**脱人格化**
〈昔〉人間同士の支配関係 —脱人格化→ 〈今〉役職と権限によってくみたてられた機構

⇐

支配関係の**脱人格化**
暴力を行使する側とされる側の一致（国民の住民）／集団の脱人格化

⇐

国家が脱人格化されても 国家権力 **は残る**＝ **暴力にもとづいてカネが徴収され、権力が行使されるという運動**

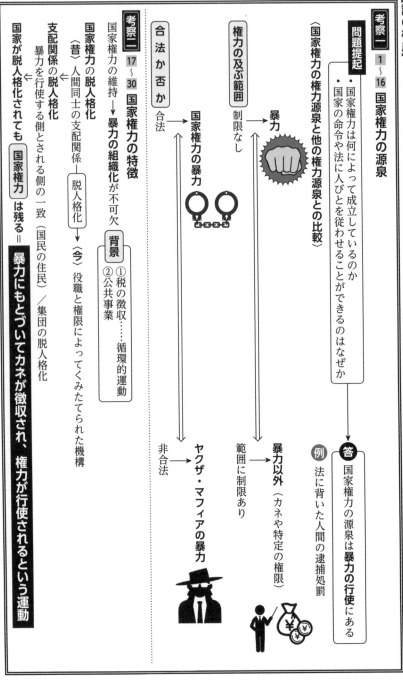

感性は磨けるか

（本文136ページ）

【解説　井戸　大】

【本文解説】

本文は「感性は感動しない」と題されたエッセイである。芸術作品とはどのようなもので、それを鑑賞するとはどういうことかについて述べられ、それらにとって最も重要な「感性」について論じられている。それを踏まえ、収録にあたって「感性は磨けるか」と改題した。

すぐれた作品とは見る側の気持ちを揺り動かすものであり、私たちはこのような現象を「感動」などと呼んでわかったつもりになっている。本文も同様だが、評論とは一般論や常識、思い込みに対して、（筆者の考える）真実を述べるものだ。ここでも、一般的にプラスのイメージをもつ「感動」を、筆者は「　」で強調して否定する。「感動」は、その重視の根本に、すぐれた感性によって作品の背後にある技術や歴史を読み解くことができる（ゆえに「感性を磨かなければならない」）という偏見があり、「諸悪の根源」だからである。知識や技術は鑑賞の助けでしかなく、それ自体が心動かすものではない。にもかかわらず、オーディオガイドなるものが発達し、作品を鑑賞するどころか、作品が知識や技術を確認するための「イラスト風情」になってしまっているのだと。

「感動」を知識や技術などに関わる共有できる基準に求めるとわかりやすいが、岡本太郎はそれを否定した。本来、このエッセイの冒頭では、シュールレアリストなどとの交流があった岡本太郎の、「感性をみがく」のは「おかしい」という文章が引用されている。シュールレアリスムは近代における理性主義に対して無意識や夢・幻想などを重視し、非現実を描くことで想像力の復権、理性と非理性の併存、人間の解放を目指したもので、その運動はしばしば過激な形で表現され、解釈が困難な前衛的な作品が多い。本文の12段落で示された作品のあり方に通底するものである。「かたまりとしての思考」（出典『感性は感動しない』所収）において「目の前にある絵は、『いまそこにある』としか言いようがない。『なんだ、この絵はヘタクソだから意味がないな』とか、『この絵は○○風だからモノマネでしかないよ』とか切り捨てず、私たちは、その絵がいま疑いようもなく自分の目の前にあり、それを否定することは絶対にできない、というところから出発しなければなりません。」と筆者は述べている。時にネガティブな感情さえもたらす作品は、その感情によって心の奥に眠っていたものを解放するきっかけにもなる。そのような感情はその人にしかわからず他人と共有できるものではない。感性とは自分だけの体験として見る人の心の自由にあり、その人がその人である以外に根拠を持たないものである以上、高められるものではない。つまりこれが「感性は磨けない」という理由なのである。

「絵を前に思いをめぐらす」（先掲書）において、筆者は「私たちは絵を教育によって『学んで』しまっていますから、『いや、そんなはずはない。これはなにかの気の迷いだ』とか『これほどの名画からなにも感じないはずはない。なにかしら学ばなければ』と勘違いをしてしまうのです。……そういう必要はまったくありません。誰かが描いた目の前の絵の存在を疑うことが許されないように、あなたがそう感じてしまっているという事実も、同じく決して拒めないあなたの存在の一部なのです。……唯一無二の存在と存在が交錯し、響き合うかだけですから、学習も価値もなにもないのです。『いい』と思ったら受けとめるしかないのです。」と述べる。そのとき、見る者は自分が受けてきた教育などの「汚れ」のままに受け止める。芸術体験は作り手の側にあるのではなく、あくまで見る側にある。その上で作品の「分際」によって見る者の生き方に影響がもたらされるのである。

　自分がなにものであるかを映す鏡である芸術作品を見ることは、普段は怖れていて見ようとしない、自分の心のなかを覗き込むということである。その時、感性はまるで自分の中の他者のように蠢いているのである。

【読解の視点】

　筆者はまず「よい絵（すぐれた美術作品）とは何か」と問いかける（1）。芸術が作品として成り立つ、唯一の根拠は見る人の心を動かすことであり、私たちはこの現象を「感動」などとひとくくりにし「感動」するために感性を磨こうと努力する。しかしそこには「感動するにはすぐれた感性が必要であり、その感性を通じて作品の技芸や歴史を読解できる」という偏見があると問題提起する（2〜7）。作品についての知識や技術に関わる、共有しやすい基準に頼ることによって、逆に作品に自分の感性が届かないこともあるのだ（8〜11）。

　12〜20段落では、岡本太郎の意見（11段落）を踏まえてそれまでの議論を展開させる。芸術における価値を共有できる基準が否定され、心揺さぶられるのは、個の体験でしかないと論じる。感性とは見る側の心の自由にあり、その人がその人であることに根拠を持つものなので（18）、高められるものではないと述べ、導入での問題提起に対する答えを示す。

　21段落目以降は結論部となる。結局のところ作品の技芸や歴史的文脈、作者の背景などは感性を呼び覚ます力とは関係がないことを再度強調しながら（21〜23）、芸術鑑賞とは「自分の心の中身」を覗き込むことであり、時として私たちそのものが壊れそうになるが、その時、感性は私たちの中で蠢めいている存在であるとまとめている（24〜27）。

▼**キーワード**　ポジティヴ・ネガティヴ・感動・感性・偏見
▼**中心段落**　13 14 16 26
▼**主題**　芸術鑑賞において必要とされる感性について。
▼**論点**　感性は磨くことができるのか。
▼**結論**　感性はその人がその人であることに根拠をおくものであり、磨けるものではない。
▼**要旨**　芸術が作品として成り立つ、唯一の根拠は見る人の心を動かすことであるが、これを「感動」とひとくくりにしてしまう。しかし「感動」は芸術作品にある技芸や歴史を読み解く感性によってもたらされるという偏見がある。芸術に心が揺さぶられることは理解や共有されるものではない。感性は見る側の心に自由にあり、その人がその人であること以外に根拠がない。芸術によって自分の心の中を垣間見るときに感性は蠢いているのである。　（一九九字）

【脚問解答】

問1　パッと見に判断しやすく、価値を共有できるものは、ネガティヴな感情などで心を揺り動かし、心の奥で押さえつけていたなにかに気付かせ、解放させるようなことができないから。
問2　その人がその人であるということが根拠である感性は見る側の心の自由にあるということ。
問3　受けてきた教育や慣習といった様々な背景によるもの。
問4　見事な技を持ち、様々な歴史的知識を踏まえている作品だからこそ、感性を呼び覚ます力がないことが強調されるから。

【読解 解答・解説】

1 感動という言葉は、その背景に芸術作品の技芸や歴史を勉強してすぐれた感性を磨かないと芸術作品を味わえないという偏見があり、芸術における諸悪の根源であることを強調するため。

（解説） 「　」は強調のために施される。それがどのようなことを強調しているのかまで言及したい。一般的に「感動」はポジティヴにとらえられるものだが、3段落では「諸悪の根源」と呼ばれ、5段落では「無理矢理」に「感動」しなければならないことが指摘され、7 8段落では「感性」を通じて「感動」することについての「偏見」が述べられている。その一連の内容をまとめる。

2 本来、作品に関する知識や技術などは鑑賞のための助けになるものだが、いまはそれが逆転し、知識や技術についての解説を人々が重視し、鑑賞の中心であるはずの絵画は解説を確認するためのものになってしまっているということ。

（解説） 「オーディオ・ガイドとやら」「イラスト風情」といった、マイナスのイメージを伴う表現がされていることに注目する。本来、「知識や技術は鑑賞の助け」、補助的な役割でしかないのに、美術館では「知識や技術」＝「解説」を流す「オーディオ・ガイド」を皆がつけている。「解説」を重視し、確認するために「肝心の絵」が存在するような状況を「イラスト風情」と揶揄したのである。

3 芸術作品は、ふだん見ないようにしている自分の心のなかを覗き込ませて、自分に揺さぶりをかけるものであり、それを感じることではじめて自分のなかで感性が蠢いていることをわかるから。

（解説） 「自分の心の中身」（26段落）は、普段は「心の奥底に眠り、ずっと押さえつけられていたなにか」（12段落）であり「そっと仕舞って」いる。芸術作品は容赦なくこれを露にしてしまうのである。芸術作品に心を動かされるということは、「自分の心のなかを覗き込んでいる」（24段落）ということである。そのとき「ゴツゴツとした感触がある。なにか軋轢が生じる。自分が壊れそうになる」のであり、こうしたときに初めて感性が蠢いているのを知るのであるから「事後的」と表現されているのである。

【読書案内】

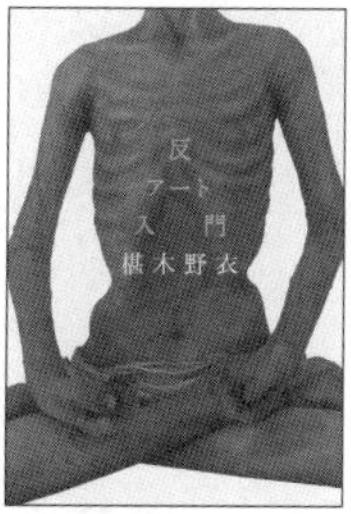

『反アート入門』椹木野衣（幻冬舎 二〇一〇年） 前近代においては世界の中心は神であり、神を頂点とした身分制度が確立されていたが、フランス革命を経て平等思想や民主主義が誕生すると、人々は身分に頼らず自分自身を証明しなければならなくなり、神と深く結びついていた諸芸術も、独立したジャンルとして存在理由を示さねばならなくなった。これが近代芸術の始まりである。アートの歴史を紹介するとともに、わかりやすく「近代」の概念を論じた名著。

『芸術人類学』中沢新一《なかざわしんいち》（みすず書房 二〇〇六年） 椹木野衣は、中沢新一が創設した芸術人類学研究所の一員でもある。旧石器時代から人類は、その発達した大脳によって、ラスコー洞窟の壁画のような作品を残してきた。人類の心の構造と芸術の関係を生き生きと語る一冊。

【論の構成】

導入 1〜11 **芸術と「感動」にまつわる偏見**

問題提起 **よい絵、すぐれた美術作品とは何か**

＝見る人の**心を動かす**もの

≠

「**感動**」＝諸悪の根源…「芸術に感動できる者はすぐれた感性の持ち主であり、作品に込められた**高い技芸や複雑な歴史**を読み解くすぐれた感性を持つ」＝**偏見**

→「**感性を磨かなければならない**」

知識や技術は鑑賞の助けに過ぎず、心が動かされるとは限らない

それなのに、これらに感動の源泉を求め、みなで価値を共有できる**わかりやすい基準**に頼りがちになる

岡本太郎→「うまい」＝「きれいだ」「ここちよい」

展開 12〜20 **芸術における感性**

芸術 ＝**ネガティヴな感情も含めて、心の奥底に眠り押さえつけていたなにかを解放するもの**

⇔

感性 ＝**見る側の心の自由の中にしか存在しない、「あなたがあなたであること」を根拠とするもの**

←＝「**感性は磨けない**」

結論 21〜27 **感性という他者**

見事な技を持ち歴史的な文脈を踏まえ、よく練られた作品＝**感性**を呼び覚ます力がなく、心を動かされない。

⇔

まったく教育を受けたことのない者が引いた素描の線＝猛烈に心を動かされる＝**感性**を通じて**自分の心のなか**を覗き込んでいる

自分の心の中身を知るのは怖い→そっと仕舞っておく

⇔

しかし芸術作品が心の蓋を開ける→「**ゴツゴツした感触**」「**なにか軋轢が生じる**」「**自分が壊れそうになる**」

＝**自分のなかで感性が蠢いている**

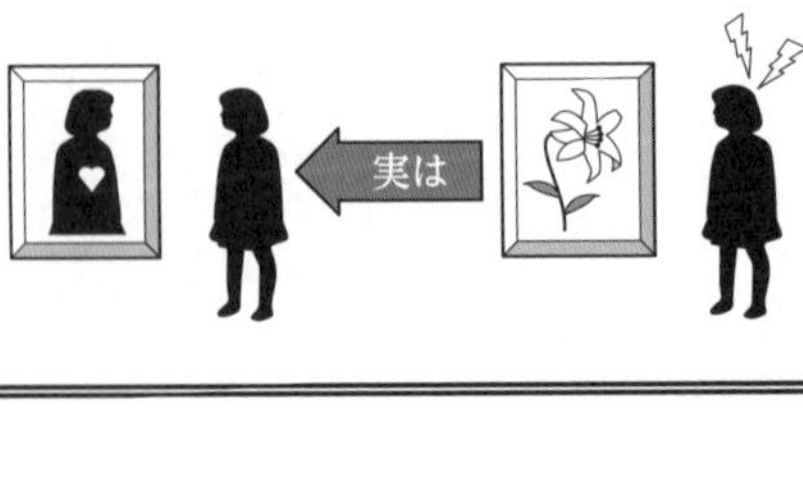

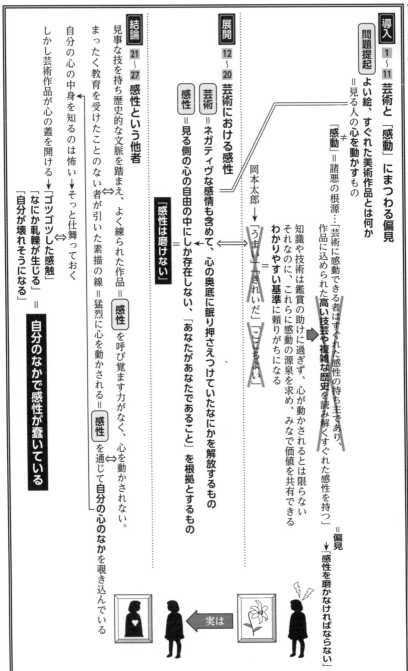

マンガの哲学

（本文143ページ）

【解説　嶋田直哉】

【本文解説】

本文でまず目を引くのは引用されているマンガだろう。われわれは四コママンガといえば起承転結の物語展開によって構成されていると考えている。しかし本文中に引用されるこれらのマンガにはそのような展開は一切なく、一読して虚を突かれたような感覚に陥る。このようなマンガ――吉田戦車『伝染《うつ》るんです。』全五巻（小学館　一九九〇－一九九四年）は一般には「不条理マンガ」と呼ばれている。つまりオチといった展開が一切用意されていないマンガなのだ。一九八〇年代末から一九九〇年代前半にかけてこのような傾向のマンガが大学生を中心とした若者の間で流行した。相原《あいはら》コージ『コージ苑《えん》』全三巻（小学館　一九八七－八九年）、榎本俊二《えのもとしゅんじ》『GOLDEN LUCKY』全一〇巻（講談社　一九九〇－九六年）など、それらは一読すればわかるように内容はナンセンスで、そこから物語らしきものを読みとることは困難である。また筆者である永井均は〈私〉そのものの存在を中心に数多くの論及がある哲学者である。「なぜ私は私であるのか？」というのが永井の論及の中心的なテーマなのだが、その論及の過程で『ウィトゲンシュタイン入門』（ちくま新書　一九九五年）などの仕事もある。本文はマンガへの言及という親しみやすい形こそ取っているが、筆者の〈私〉への問いの延長線上にあると言えるだろう。

【読解の視点】

[1][2]段落では、実際のマンガを提示しながらその面白さを探ろうとしている。そして[3]段落において「マンガという表現形式にともなう約束事」が面白さとして加わることを指摘している。[2]・[3]段落においては、「たしかに～、だが（しかし）～。」という譲歩の構文が多用されている。探求するように論旨を進めている点にも注意したい。[4][5]段落は「すっぱい」という言葉と〈すっぱさそのもの〉といった具体例を提示しながら、前期ウィトゲンシュタインの有名な言葉「語りえぬものについては沈黙しなければならない」と結びつけている。さらに[6][7]段落で「あ」という文字と〔あ〕という音について具体的に述べ、先述したウィトゲンシュタインの言葉の説明を補足しつつ、提示したマンガの奥深さを示している。[8]段落では、以降[9]～[11]の段落が後期ウィトゲンシュタインの思考「言語ゲーム」に沿ったものであることを示し、[9][10]段落では「とりかえしのつかないこと」と「ウカウカすること」の違いについて述べ、[11]段落では、ウィトゲンシュタインの「言語ゲーム」という用語を使ってその差異を明らかにしている。

▼キーワード　約束事・言葉・文字・音・意図的

▼中心段落　[7][11]

▼主題　言葉における「語りえぬもの」と「言語ゲーム」について。

▼論点　吉田戦車『伝染るんです。』からどのようなウィトゲンシュタイン的思考が読み取れるのか。

▼結論　吉田戦車『伝染るんです。』からは「語りえぬものについては沈黙しなければならない」といった前期ウィトゲンシュタインの思考と、「言語ゲーム」といった後期ウィトゲンシュタインの思考の二つを読み取ることが可能である。

▼要旨　吉田戦車『伝染るんです。』の面白さは、せりふも字で表現されているというマンガの表現形式の約束事を守りながら、文字と文字そのものがあらわす音の関係を「語りえない」点にまで言及し

た点と、「とりかえしのつかないこと」と「ウカウカすること」の共通する規則の存在および「言語ゲーム」という観点から考えたときの相違点を明らかにした点にあり、ともにウィトゲンシュタインの前期と後期の代表的な思想を連想させるのである。　（二〇〇字）

【脚問解答】

問1 マンガは、実際に発音されているせりふも字で書かれる、という約束事。

問2 ほんらい意図的にするはずのないことを、意図的にする、ということ。

問3 意図的に「ウカウカしよう」と思っても、自分の力だけでは実現できず、何かしらの出来事が生じてはじめて「ウカウカしていた」ことになるから。

【読解　解答・解説】

1　「すっぱい」という言葉は「すっぱいこと」、つまり実際のすっぱさそのものを指しているが、「実際のすっぱさそのもの」という言葉によって〈実際のすっぱさ〉が表現されている以上、その言葉と〈実際のすっぱさ〉との関係は語り得ないという構造。

解説　直前のウィトゲンシュタインの言葉「語りえぬものについては沈黙しなければならない」を具体的に説明している箇所をまとめて解答する。われわれは「すっぱい」という言葉から「すっぱいこと」を理解するが、しかし現実には言語表記としての「すっぱい」と、体験としての〈実際のすっぱさ〉の関係について説明することは不可能である。

2　「『あ』は〔あ〕と発音する」という表現は、確かに『あ』という文字が〔あ〕という音を指しているように考えられるのだが、しかしその音が既に『あ』という文字を使って表現されてしまっている以上、その文字とそれが表現する音との関係を書くことはできないから。

解説　一問目と同じくウィトゲンシュタイン「語りえぬものについては沈黙しなければならない」のもうひとつの具体例。筆者は前期ウィトゲンシュタインの思考の中核となる言葉について二つの例を挙げながら説明していることに注意したい。この論理的思考と対比するように後期ウィトゲンシュタインの「言語ゲーム」について解説を加えていく。

3　みずから意図して「とりかえしのつかないこと」をする人や、「ウカウカする」人はいないという共通の規則はあるが、「とりかえしのつかないこと」は、意図的にすることができる一方で、「ウカウカすること」は、意図的にしようとしても自分の力だけでは実現することができない、という差異。

解説　「とりかえしのつかないことをする」ことと「ウカウカする」ことの共通点（第9段落）を示し、その後、両者の差異が示されている第10段落をまとめる。ここでいう「言語ゲーム」とはその都度生産されていく言語的な意味作用のことであるが、本文ではそこまで解説されていないので、両者の差異を示すにとどめておく。

【読書案内】

『サルでも描けるまんが教室』全三巻　相原コージ・竹熊健太郎《たけくまけんたろう》（小学館　一九九〇～九二年）　マンガについてマンガで批評するメタ・マンガ批評。筆者の二人組が、ヒットするマンガの法則を研究し、実作「とんち番町」の執筆を始め、それ自体が実際に引用されている点がおもしろい。巨視的・社会学的な視点からマンガについての読者論、生成論、物語構造論などが、マンガによって展開される。第一巻冒頭の「まんがの一生」はわれわれの実生活とマンガの物質的な関係をわかりやすく説明している。

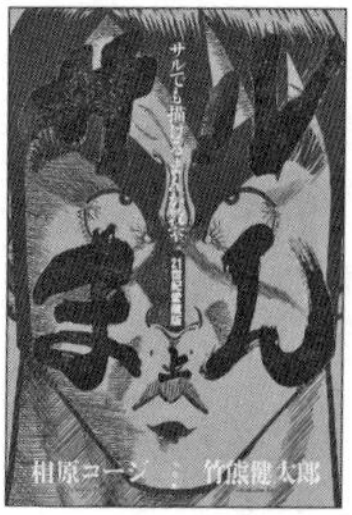

『漫画原論』四方《よも》田《た》犬彦《いぬひこ》（ちくま学芸文庫　一九九九年）　映画史、映像研究を中心とする筆者のマンガ論。コマ割り、オノマトペなどマンガをマンガとして成立させている法則を学術的に解説していく。ストーリー展開よりも、表現方法の分析に重点が置かれており、文章は硬質だが、日頃からマンガに親しんだ者なら、すんなりと読むことができるだろう。マンガ研究を志す場合の、最初の一冊としておすすめしたい。

『はじめてのウィトゲンシュタイン』古田《ふるた》徹也《てつや》（ＮＨＫ出版　二〇二〇年）　本文でも取り上げられた、難解な思想家であるウィトゲンシュタインの全体像を描いた好著。入門者にもわかりやすく解説してあり、「前期」「後期」と分かれるウィトゲンシュタインの思考が対比的に捉えられる構成となっている。特に「前期」を代表する『論理哲学論考』の「語りえぬもの」をめぐる解説は丁寧でわかりやすい。

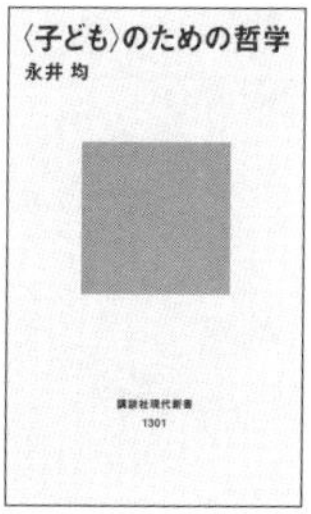

永井均『〈子ども〉のための哲学』（講談社現代新書　一九九六年）　筆者本人の思想を、自身の体験を通じて、わかりやすく解説している。「なぜぼくは存在するのか」「なぜ悪いことをしてはいけないのか」という大きな二つの問いに対して、ウィトゲンシュタイン、ニーチェといった思想家を引き合いに出しながら、かみ砕いて説明している。本格的な哲学入門というよりは、むしろ哲学的な思想へ近づくためのステップとなるだろう。

【論の構成】

展開一 1～3 **「おもしろさ」を考える**

吉田戦車『伝染るんです。』

「や」＝新しい字を発明する「おもしろさ」→新しい字の発音をその字を使ってあらわすことができない「ほんとうのおもしろさ」

疑問 ← それなら**「こじむい」**という新しい形容詞の発明でも同じように「おもしろい」はず

→「新しい字」ならではの、もうひとつの**「おもしろさ」**＝マンガという**表現形式**にともなう**約束事**

＝

（実際には発音されているのでなければならない）**せりふも字で書かれるという約束事**→普段は意識しない

展開二 4～7 **「語りえない」おもしろさ**

「こじむい」＝言葉の意味を知らないわれわれ→わからない

「すっぱい」＝言葉の意味を知っているわれわれ→「すっぱいことを意味する」という言い方ができる

「すっぱい」――**「すっぱいこと」**

言葉――**実際のすっぱさそのもの**←しかし―「実際のすっぱさそのもの」も**「言葉」**

言葉と「実際のすっぱさそのもの」との**関係＝語りえない＝「語りえぬものについては沈黙しなければならない」**（ウィトゲンシュタイン）

←**文字の読み方も同じ**……『**あ**』（**文字**）―〈**あ**〉（**音**）

関係→ 関係は「**書きえない**」

展開三 8～11 **マンガが示す「言語ゲーム」**

・「**新しい字を発明しました**」……前期ウィトゲンシュタイン『論理哲学論考』

・「**とりかえしのつかないことでもするかな**」
・「**さあ今日はウカウカするぞ**」
……後期ウィトゲンシュタイン『哲学探究』

二作品共通の**おかしさ**＝ほんらい**意図的にするはずがない**ことを**意図的にする**

しかし

「とりかえしのつかないこと」←**意図的に**できる

⇔

「ウカウカすること」←自分の力だけでは実現できない＝**意図的にウカウカすることは不可能**

マンガによって二つの行為の「言語ゲーム」（ウィトゲンシュタイン）の差異が明らかになる

日本文化の部分と全体

（本文149ページ）
【解説　鏑木昌博・川浦里美】

【本文解説】

筆者は日本文学・芸術・思想に精通した知的巨人というべき存在だった。本文は国内外の大学で教鞭《きょうべん》を執り、日本の文化について長年考え続けてきた筆者ならではの日本文化論である。「今」さえよければいいという現在主義、「ここ」を中心としてしか考えられない場所の感覚、それを「今＝ここ」文化として日本の文化を分析し、定義してみせた。日本文化と日本人について大きな枠組みからとらえられた議論となっている。こうした大きな枠組みからとらえる議論――「今＝ここ」文化が果たして当てはまるか――を、自分に照らして考える態度を身につけたい。

【読解の視点】

日本文化論である。[1]〜[3]段落は「『時間』の典型的な表象」（一四九・1）という言い方で、日本人の時間意識について述べている。[4][5]段落では、日本人の空間意識を問題にしている。[6]段落で、それをまとめる形で、日本特有の時間・空間感覚で世界の国々と関係する時、どのような限界が現れるかを明らかにしている。緻密《ちみつ》な論理を徐徐に積み上げていって、息もつかせぬ構成となっている。しかも、[7]・[8]段落で「夢幻能」を通じ「今＝ここ」文化を鮮やかに例示して終わる。筆者は欧文語独特の文脈表現（欧文脈）を用いて物事を論じる。ここでもその特徴がよく表れている。咀嚼《そしゃく》して味わいたい。

▼**キーワード**　部分と全体・日本文化・現在主義・共同体・集団主義・「今＝ここ」文化

▼**中心段落**　[7]

▼**主題**　日本人の「今＝ここ」文化について。

▼**論点**　日本文化の時間と空間のとらえ方はどのようなものか。

▼**結論**　部分が全体に先行する時間・空間意識を持つ日本人の心理的傾向をもとに、日本文化は「今＝ここ」文化というべき独自の伝統を作りあげてきたが、それは現在もなおあらゆる場面で生きている。

▼**要旨**　日本文化の「時間」の典型的な表象は「今」を重視する現在主義であり、「空間」においては「ここ」を中心とする共同体集団主義である。いずれも、部分が全体に先行する日本人の心理的傾向をもとにしており、「今」文化と「ここ」文化は出会い、融合し、一体化して、「今＝ここ」文化というべき独自の伝統を作り上げてきた。それは、古代、中世、近世を経て変わらずに受け継がれており、現在なおあらゆる場面において生きている。（一九九字）

【脚問解答】

問1　現在主義。

問2　始めも終わりもなく繰り返される時間。

問3　物事を、「今」という時間と、「ここ」という空間を中心としてとらえる、日本固有の文化のこと。

問4　劇中の時間・空間に観客自身の時間・空間を当てはめ、各自の「今＝ここ」の話として認識すること。

【読解　解答・解説】

1　「今」の出来事の意味はそれ自身で完結していて、その意味を汲《く》み尽くすのに、過去や未来の関係を明示する必要はなく、時間の全体を構造化して考えることがない日本人の時間意識のあり方のこと。

解説　日本人は「時間」についてどう感じ、どうとらえ、どう考えているかについての分析である。①段落目1行に続く文が最もよく説明しているので、答えとしてはここを抜き出せればよい。なお、続く②段落、③段落も同じように日本人の時間意識の問題について述べている。このことが、日本人の「心の問題」としてとらえられていることにも注意が必要である。

2　日本文化の中では、過去は「水に流す」ことができ、未来は思い患う必要がなく、過去の行為の結果責任や未来の予測よりも、行為がなされたその時の意図の善悪や、おわびしている時の「誠意」といった現在の「心の問題」が重要であるということ。

解説　日本文化の問題点について述べている。ここでは日常生活の習慣について考えられている。②段落の結論となっている文章だが、「結果責任」「意図の善悪」がどんなことを指しているのか、この段落から読み取って解答すること。

3　日本文化では、常に自分のいる場所＝「ここ」が中心であり、世界全体との関係の中で自国を位置づけるということができなかったということ。

解説　ここでは日本人の空間意識を問題にしている。④段落全体で何を問題にし、何を言おうとしているのか、しっかりつかみたい。まず、ムラ共同体の分析から、「ここ」「私の居る場所」が存在し、世界の中心となっているという日本文化の空間意識を説き起こす。その視点からは、全体の関係の中から部分を位置づけるという発想が生まれてこない、と論理を積み上げ、最後に歴史をあげて傍証している。

【読書案内】

『日本辺境論』内田樹《うちだたつる》（新潮新書　二〇〇九年）　本書では「部分が全体に先行する心理傾向」を表す「今＝ここ」文化が形成されるに至った背景とも言える興味深い日本人論が展開されている。日本人は、「とりあえず今ここでつよい権力を発揮しているものとの空間的な遠近によって自分が何ものであるか」を認識することで行動の仕方を決定し、常に「ここではないどこか、外部のどこか」に「世界の中心たる『絶対的価値体』」を置く「辺境人」である、と述べる。

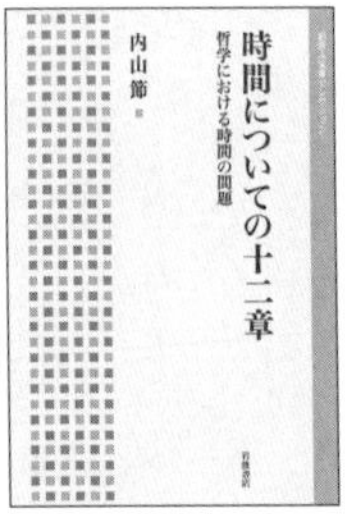

『時間についての十二章――哲学における時間の問題――』内山節《うちやまたかし》（岩波書店　二〇一一年）　長年東京から群馬県の山村に通いながら半農民の暮らしを続ける作者が時間と人間との関わりを論じる。都市の暮らしが客観的直線的時間に支配されているのに対し、山里にはその不可逆な時間だけでなく、昨年と同じ季節が、昨日と同じ一日が戻ってくる円環の回転運動をするもう一つの時間軸が存在しているという。近代社会が生み出した「疎外」の問題も、時間のあり方から解き明かす斬新な考察が展開されている。

【論の構成】

考察　日本文化における時間と空間

考察一　1〜3　時間意識

「時間」における心理的傾向の表現

「時間」の典型的な表象 ＝ **現在主義**

〈始めもなく、終わりもない時間の流れ〉

時間表象1　特定の方向へ向かう無限の直線＝「全体」

↕

時間全体を構造化せず、「**今**」だけで完結＝「**部分**」

時間表象2　無限に循環する円周＝「**全体**」

↕

出来事の一回性の否定が現在への注意の集中を強める＝過去、未来すべての現代化＝「**部分**」

日本文化の伝統が強調する現在集中主義＝**全体に対する部分重視傾向**の一つの表現

→部分が集まると全体が結果する

考察二　4〜6　空間意識

「空間」における心理的傾向の表現

＝ **共同体集団主義**

無限の広がり＝「**全体**」

↕

「私の居る場所」＝「**ここ**」＝「**部分**」

- ムラの集まりがクニを作る
- 「**ここ**」がまず存在し、その周辺に外側空間が広がる
- 「**ここ**」は、それぞれの属する集団領域であり伸縮、重層する
- 「**ここ**」から世界の全体を見る

「**部分**」**が**「**全体**」**に先行する**見方

結論　7〜8　部分が全体に先行する心理傾向

時間における表現＝現在主義　　**空間における表現＝共同体集団主義**

「**今**」文化　　融合　一体化　　「**ここ**」文化

「**今＝ここ**」文化

〈具体例〉夢幻能の舞台＝観客自身の劇→観客は「今＝ここ」文化を自ら定義する

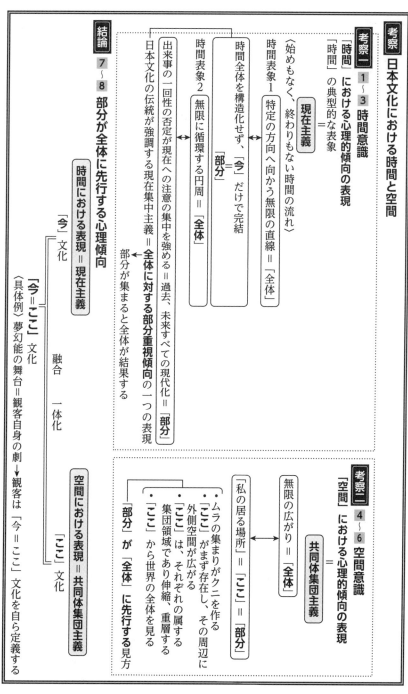

他者の言葉

（本文158ページ）

【解説　小嶋　毅・塚原政和】

【本文解説】

私たちの素朴な感覚では「世界」が先にあって、それに名前をつけるように「言葉」があると感じられている。だから、使用言語が違っても、同じもの・ことを感じているのだと。本文はそうした素朴な言語観を揺さぶり、言語によって「世界が切り取られる」、価値観を内面化している、とする。例えば日本語の「先輩」を英訳することを考えてみよう。辞書を引けば〈senior〉といった単語が出てくるが、果たして私たちが「先輩」という日本語に込めている儒教的な上下関係は「翻訳」されているだろうか？　こうした「言語のイデオロギー性」に対する認識をもとに、筆者の考察は「言語学的環境」そのものを反省的に問おうとするときの困難へと向かう。思考もまた言語によっておこなわれる以上、使用言語が抱え込んでいる世界観以外の世界を見たり語ったりすることは、「ほとんど不可能な企て」になる。自分のいる「世界」を「世界」にいながらにして見ることは困難である。

その一方でそうした「自分の世界」を飛び出して、「自分の世界」を「外側」から見ることでしか、人間は「自分」を「自分」として認識できない。筆者が最後に指摘しているのはそうした人間の「自己意識」が抱える「宿業」なのである。

【読解の視点】

まず1～6段落で「『英語』で日本社会について語ろうとする」経験を例にして、言語を使うことで私たちが特定の価値観や世界の切り取り方を内面化していることを説明する。続く7～9段落で、「感情」もまた言語による表出が先立つことを取り上げて、発語と価値観の関係性について語っている。10～16段落ではここまでの指摘を踏まえて、私たちの思考が言語によってどのように制約されているかを問うときにも、当のその言語を用いる他ないという「出口のない」状態をプラトンの洞窟の比喩を用いて説明し、最後に17 18段落において、そうした不可能に近い困難を引き受けることが、我々人間の「宿業」である、と人間の自己意識の特徴につながる部分を指摘している。

▼**キーワード**　身体化・記号化・内面化・言語学的環境・洞窟の比喩

▼**中心段落**　12

▼**主題**　ある言語学的環境のなかに生まれてくる私たちの思考や経験の様式は言語によって規定・制約されている。

▼**論点**　ある言語が言語化したことのない概念を、その言語で語ることが、極めて困難であるのは何故か。

▼**結論**　言語によって思考や経験の様式を深く規定されている私たちは、他の言語学的環境に引っぱり出されても、そこで表現されていることが「真実」であるかどうかを判定する権利を持たない。

▼**要旨**　私たちは言葉を習得・使用していく過程でその言葉を使っている社会に固有の発想法や世界の切り取り方を身体に刷り込んでいく。「すでに存在する言葉」の中に生まれてくる私たちは、言語によって思考や経験の様式を深く規定される。そのため他の言語学的環境に引っぱり出されても、そこにあることが「真実」であるかどうかを判定する権利を持たない。その一方で人間とはそうした環境に引き出される宿業を負っているものでもある。

（一九九字）

【脚問解答】

問1　「他者の言葉」を借りて語ることで、「他者の精神」を内面化するということ。

問2 私自身の思考を日本語がどのように制約しているか、という問いを、当の日本語を用いなければ問えないということ。

問3 自分が使っている言語以外の言語によって立ち現れる世界。

【読解 解答・解説】

1 英語を使うことは英語的な発想法や世界の切り取り方を身体に刷り込むことであるので、それ以外の切り取り方をしなければならない概念は見いだすことすら困難だといえるから。

解説 「世界の切り取り方」によって「世界の見え方」がまるで変わってしまう、という点を理解しておくことが重要になる。解答を作るだけなら直前の言葉を使えば良いが、文章全体の主張を理解するためにも言語と世界の関わりについて押さえておく。

2 言語を発語することで価値観や感情が内面化されるので、かつて自分に向けられた言葉と同じ言葉を引き継ぎ、発語することで、はじめて父母と同じ感情が内面に食い込んでくるから。

解説 一五九ページの末尾以降にあるように、「感情がまずあって、それが（言葉で）表出される」のではなく、「外形的な」「演技」を通じて感情が「内面に食い込んでくる」ということを踏まえる。

3 穴の中の影絵芝居しか見たことがない以上、陽光を見ても、そもそもそれが何なのかを理解するための知識がないから。

解説 目の前にあるものが何か、ということを考えるためには、目の前にあるものについての知識が不可欠である。この「洞窟の比喩」（一六一・5）はその直前の「『出口のない』ループ」（同・4）を説明するための比喩であることを理解しておく。

【読書案内】

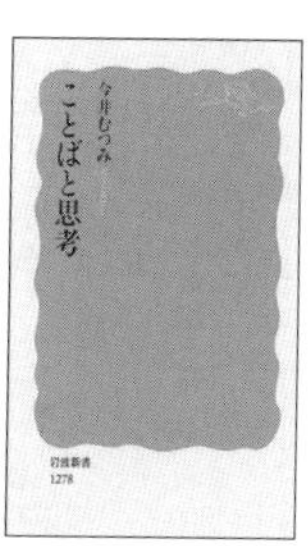

『ことばと思考』今井《いまい》むつみ（岩波新書 二〇一〇年） 異なる言語の話者の間では世界の認識や思考のあり方が異なるという仮説が正しいかどうかについて、各種の調査や実験によって検証した研究を紹介している。例えば、前・後・左・右という言葉で相対的に位置関係を表す日本語や英語等と、東・西・南・北という絶対的位置関係で空間を表す言語とでは、位置関係の把握が異なるという。外国語への習熟は母語とは異なる認識の枠組みを知ることに通じ、そこに多言語学習の意義があると筆者は強調している。

『ことばと文化』鈴木《すずき》孝夫《たかお》（岩波新書 一九七三年） ことばが文化的・社会的な構造によって規制されているということを明らかにした古典的著作。同じH_2Oについて、「氷」「水」「湯」と呼び分ける日本語と、「ice」「water」の二区分しか持たない英語、すべて「air」一語ですませるマレー語を話す人々との間には、おのずとH_2Oそのものに対する認識の仕方の違いがある。そのような例を豊富に示し、ことばの構造と文化の構造との関係について考察する。本書で日本語と対照されている言語は西欧語中心であるから、本書とあわせて田《た》中克彦《なかかつひこ》『ことばは国家を超える』（ちくま新書 二〇二一年）でウラル・アルタイ語族における日本語の位置なども考えてみたい。

【論の構成】

例示一 1〜3 **英語で日本社会について語ること**

私たちは定型的な言葉づかいで「欧米から見た日本社会についての固定観念」を語ってしまう→それが当然

考察 4〜6 **他者の言葉を借りて語ることが持つ意味**

「英語が使える」ということ＝**英語的な発想法や世界の切り取り方を身体に刷り込むこと**

→英語に堪能になるほど「英語の語彙にない概念」を語る意欲が減退→他者の言葉を借りて語ることは「他者の精神」を内面化すること

例示二 7〜9 **日常的に経験される「他者の言葉を借りて語ること」**

父母と同じ「苛立ち」の表情や怒号、言葉の表出→「怒りの感情」が**内面に食い込む**

ストックフレーズ→発語とその内的確信（**価値観の内面化**）は同時的に生起する

展開一（問題提起） 10〜13 **古典的な哲学的難問**

「ある言語のイデオロギー性が、話者の自由と主体性をどのように損なっているのかを、その当の言語を用いて、反省的に記述することは可能か？」

日本語話者である私…**思考や経験の様式を日本語によって深く規定されている**→**思考の制約を問うにも日本語が必要**＝**「出口のない」ループ**

展開二（説明） 14〜16 **「洞窟の比喩」**

私たちが真実の経験だと思っていること＝「**影絵芝居**」かもしれない

→**洞窟**（**私たちそれぞれの言語**）の外に引っぱり出されても、そこにあるのが「**陽光**」（**真実**）なのか、「**眩しい影絵芝居**」なのかを**判定する権利**を持たない

結論 17〜18 **人間が負う宿業**

「洞窟」から出なければ、**真偽の判定**や、**判定する権利の有無**について苦しむこともない

→しかし「**洞窟の外**」へ引き出される**宿業**を負い、その**苦痛を引き受けるもの**だけが「**人間**」と呼ばれる

国境を越えることば

（本文163ページ）

【解説　安達　洋・内田由美子】

【本文解説】

多和田葉子は、ドイツのベルリンに住み、ドイツ語で小説を書いて、現地の文学賞をいくつも受賞している作家である。一九九三年に小説『犬婿入り』で芥川賞を受賞して以来、広く知られるようになった。本文の「母語の外部に出る」という言葉は、ドイツ語と日本語という二つの言語を用いて小説を書くなかでの切実な経験に基づいた呼びかけである。母語を外側から見直すことは、自分自身（の文化）を他者の目で見直すことである。文化的な創造にかかわる大切なヒントが、ここには示されていると言うべきであろう。近年では日本語で書くアメリカ人作家のリービ英雄《ひでお》の思考が注目され、芥川賞を受賞したはじめての中国人作家・楊逸《ヤンイー》が話題になった。それ以前に日本文学は多くの在日朝鮮人の作家たちの仕事によって豊かにされて来た。「国境を越える」苦悩やためらいは、文学の普遍的なテーマのひとつである。

【読解の視点】

[1][2]段落で筆者の外国語による小説創作についての基本的な考え方が示される。[3]段落以下で、筆者は外国語学習における多くの日本人の権威主義的な態度を批判してゆく。[4]段落では、ある映画の中で、フランス語の家庭教師として現れた人物が、西アフリカ出身のアフリカ人であることを知って、逃げだしてしまう若い日本人女性のエピソードが示される。また、バブルの時代に海外の高級店に出入りした日本人の態度に現れた、「西洋」への劣等感や、「アジア」に日本を含めない日本人など、ヨーロッパ中心主義の具体例が列記される。[5]段落では、ヨーロッパ中心主義が決して乗り越えられたわけではないことを指摘し、飾りとして、またビジネスに役立つものとしての表面的な外国語学習のとらえ方を批判。[6]段落で、国の御都合主義にふりまわされない、本当の外国語学習の意味を考えていかねばならないとする。

▼キーワード　母語・階級意識・ヨーロッパ中心主義・ねじれた国粋主義

▼中心段落　[6]

▼主題　日本人の外国語学習の問題点。

▼論点　日本人にとって外国語はどのような意味をもつか。

▼結論　小説家にとっては、外国語を学ぶことは言語の新たな可能性を探るための方策だが、日本人は外国語とのつきあいを「上手」「下手」で計りがちだ。しかし、それは西洋語学習を通じて他者に対する文明的優位を示そうとする、潜在的劣等感の裏返しである。外国語をやることの意味を本気で考えなければならないだろう。

▼要旨　外国語を学ぶことは、小説家にとっては母語の外部に出ることによって言語の可能性を引き出すことである。多くの人が「上手」か「下手」かを価値の基準として外国語を学んでおり、日本人の場合、それが無意識のうちに抽象的な「西洋」を上部に仮定して、そこに権威を持たせることにつながってしまう。それは文化的な劣等感の裏返しであり、そういう発想の仕方自体が、かえって西洋中心主義にとらわれていることを示している。（一九七字）

【脚問解答】

問1　芸術表現それ自体を問題にするべきなのに、その手段となった日本語の「上手」「下手」の方を問題にしているから。

問2　何事についても、どちらが野蛮でどちらが文明であるかなどということを決めることは本来できず、革靴も足袋も歴史を持つ自立した文明の産物であるという点で対等であるということ。

【読解　解答・解説】

1　外国語を習い、留学することを「高級」と考えたり、抽象化された「西洋人」の偶像を、その「上手」「下手」の決定の権威として崇めるような考え方。

（解説）「それは家元制度的な発想と言うよりは、むしろ植民地的な発想だ」という文章の「それ」が指すものをたどってみる。そうすると、この一文を導いたのが、ある日本のマンガの中のフレンチ・レストランについての描写だということがわかるだろう。筆者はその文章の「高級」志向に憤りを覚えたのである。設問の文章の後ろの方を読んで行くと、「抽象化された『西洋人』を権威機関として崇めるということは」（一六五・3）という激しい批判的な表現が出て来る。論理的なことばの背後には、情動が動いている場合がある。本文はその読み取りやすい例と言えよう。自己の拠《よ》り所を持たず、外の権威にもたれかかる精神の弱さ、趣味のレベルにまで浸透した依存的な意識を筆者はたしなめている。外国語は、主体的に目的を持って学ぶべきものなのだ。

2　日本人は、日本を「野蛮」と決めつけたヨーロッパ中心主義を、「お金を持っているかどうか」ではなく「独自の文化・伝統を有しているかどうか」という点から乗り越えるべきだった。しかしバブルの熱狂はそうした考察を省略し、西洋も日本も「消費の文明」としか捉えなかったため、文化・伝統の観点から彼我を論じるチャンス自体を捨て去ってしまったから。

（解説）明治維新以来、アジアと太平洋を舞台とした大戦争を経て、なお日本人には、西洋へのコンプレックスがある。バブル時代の日本人の海外での購買行動には、「怨みを金で晴らす」ようなところがあったと筆者は言う。脚問2で見たように、本来文明としては日本と西洋は同等であり、また経済において対等または優位になった時点で、「ヨーロッパ中心主義を外から見て無力化するチャンス」（一六七・1）を持つことができるはずだった。それを消費的な世界としての同質性だけを唯一の基準として、むしろヨーロッパ的な価値観にべったりと同化してしまったために、ヨーロッパ中心主義的な価値観は温存され、日本人自身が自分を「アジア」の一部と見ないような発想までが、広まってしまった。筆者は日本人の行動様式の中に見られる、歴史を無化するようなスノビズム（俗物主義）を批判しているのである。

【読書案内】

『台湾生まれ　日本語育ち』温又柔《おんゆうじゅう》（白水Uブックス　二〇一八年）　台湾生まれの小説家によるエッセイ集。著者は一九八〇年に台湾・台北市で生まれ、三歳で日本に移住。以来、台湾語・中国語・日本語の三つの言語が入り混じった、まさに「国境を越えた」言語環境の中で育ったという。言語と言語の狭間で揺れ動きながら成長していく著者の姿が、穏やかでありながら真摯《しんし》な文章で語られる、味わい深い一冊。

【論の構成】

導入 1～2 **外国語で小説を書くということ**

小説創作……その言語に潜在している「**まだ誰も見たことのない姿**」を引き出すもの

＝**母語の外部**に出ることが有力な戦略になる

外国語での創作……外国語を使うことよりも、「偏見」と戦うことが難しい

＝外国語とのつきあいは「**上手**」「**下手**」**という基準**で計る人が多い

展開 3～5 **日本の外国語学習と階級意識**

日本人は **自分にとってのその外国語の意味** を考えないまま勉強 → 「**上手**」「**下手**」**だけが問題に**

語学力が**階級差別**の道具に使われてきた歴史的背景……外国語が話せる＝高級な人間＝「**西洋人**」**という偶像**

例 映画『車に轢かれた犬』

→日本人のフランス語に対する劣等感の表現＝**ヨーロッパ人の野蛮観**を受け入れてしまった日本人

→ **経済成長で劣等感を解消しようとする**

「**ヨーロッパ中心主義**」を外から見て無力化する機会を失う

〈反論〉今の日本人には西洋に対する劣等感はない！

→実際には「**ヨーロッパ中心主義**」と「**日本のねじれた国粋主義**」は**克服されていない**

例 「フランス語などは単なる『飾り』」「ビジネスに役立つ英語だけでいい」という方針に無反省に移行

結論 6 **外国語を学ぶ意味**

国の御都合主義にふりまわされ続けないために、外国語をやる意味について本気で考えねばならない

動物の言葉・人間の言葉

（本文169ページ）

【解説　長谷川泰永】

【本文の解説】

「人間とは何か」。この問いに対して、これまで多くの識者がさまざまな論を展開してきた。本文において、筆者は動物と人間の「言語」の違いに焦点を当て、人間存在の根源を照射しようとする。

ところで、動物が「本能」の赴くままに生きるとき、そこには迷いや不安はない。彼らの世界にはあらかじめ秩序が与えられている。それに対して人間は、その「本能」の導きを失い、混沌《こんとん》とした世界を生きることを強いられるようになり、「文化」という、恣意的な記号体系を創出することによって失った秩序を回復した。そして「言語」はその記号体系の中で、最も重要なものである。動物と人間の在り方の違いについては様々な説明の仕方があるが、文化記号論ではこのように説明する。

では「人間の言語」にはどのような特徴があるのか。言語哲学者N・チョムスキー（一九二八年－）は、人間には「言語使用の創造的」な能力があるとし、有限な言葉と文法を使用して「無限個の文を産み出す」ことができると説く。哲学者E・カッシーラー（一八七四－一九四五年）は、動物が扱う記号が「シグナル」のレベルにとどまるのに対し、人間の言葉は「シンボル」＝象徴としての機能を持つと考えた。

筆者はこのような先人たちの考えを踏まえつつ、分析哲学者L・ウィトゲンシュタインの「言語ゲーム」という言語理論を敷衍《ふえん》して言語についての考察を深めていく。ウィトゲンシュタインは「言語ゲーム」とは、子どもが言語を使用し始める際にとる言語形態のことである」と述べ、子どもは、あらかじめ言葉の用法や慣用を理解しているがゆえに言葉を使うのではなく、規則を意識することなく、言葉を「使用」していく中で、次第に共同体に支えられている言葉の用法や慣用、つまり言語の規則＝規範を身につけていくと説明している。本文でも筆者は、「子どもは、『ピー』という言葉の意味を、他の言葉を介してではなく、ひたすら現実に向き合うことによって学ばねばならない。」（一七三・11）、「子どもは初めての言葉の意味を、他の言葉によってではなく、状況の中でつかみ取っていくしかない。」（一七四・1）と述べているが、これはウィトゲンシュタインの考えを援用している。

さて、その考えを踏まえて筆者が焦点を当てているのが、言語を初めて習得する子どもが持つようになる、「教える者」の観点である。単に訓練によって言語を獲得するだけでなく、言語を「教えられる」過程で子ども自身が言語の規範の意味を学び、自分の言語使用と共同体の言語規範との一致不一致を評価する、「教える者」の観点を持つことで、共同体の「外なる」子どもは共同体の一員となることができる。刺激と反射という、運動＝感覚的次元で言語らしきものを習得する動物と、言語の「使用」を通じて共同体における規範を象徴的次元で身につける人間とは、大きくその性質を異にする。「言語」「社会」「文化」との関連で「人間」についての考察を深めたい。

【読解の視点】

1～4段落では、動物と人間の言葉の相違を指摘しつつも、「人間の言語」を、動物と同レベルの原初状態において考察することを示唆する。5～7段落では、言語の「用いられ方」ではなく「教えられ方」に注目するが、8～11段落では、言語習得の初期段階においては、子どもも動物と同様に訓練によって言語を習得するしかないと結論づける。しかし12〜18段落では、子どもは動物のように、たんに「因果的秩序」に基づく訓練によって言語を習得するのではなく、言語という規範とその規範の意味を学ぶことで、「教えられる者」であると同時に自分の言語活動を評価する「教える者」でもあるという、二重の観点を内面化するとして、動物と人間の違いを明確化している。

▼キーワード　言語・シンボル・文化・規範・意味

▼中心段落　16

▼主題　「人間の言語」の特徴。

▼論点　「人間の言語」と「動物の言語」との違いは何か。

▼結論　他の動物と異なり、人間だけが、言語を「教えられる」過程で共同体の言語規範を身につけると同時に、言語活動の正誤を評価する「教える者」という二重の観点を内面化することができる。

▼要旨　動物は、シグナルを発して一定の情報伝達をするので、言語を持っているとも言えるが、その言語は人間の言語と大きく性質が異なる。なぜなら、動物も初めて言語を習得する人間の子どもも、訓練によって言語を習得するが、その過程で人間の子どもは、「教えられる者」として言語という規範を理解すると同時に、言語活動の正誤を評価する「教える者」という二重の観点を内面化するが、動物はそのような観点を持ち得ないからである。（二〇〇字）

【脚問解答】

問1　無限の構文能力を示さないようなきわめて単純な言葉しか用いない人たちの共同体。

問2　「どのように言語が教えられるか。」という視点から見ることが必要だから。

問3　お湯が沸くという刺激に対し「ピー。」という鳴き声で反応するインコ。

問4　「教えられる者」の観点に「教える者」の観点が重なること。

【読解　解答・解説】

1　人間がいくつもの文を教わり、その中の語を組み合わせることで、人間が理解できる無数の文が作られることと、人間の言語だけが「シンボル」としての働きを持ち、その働きによって人間が状況を概念によって捉え、構造化できるという機能を持つということ。

解説　2段落の内容をまとめる。論点は二つ。一つ目は、「人間がもっている無限の構文能力」であり、二つ目は、人間の言語が「シンボル」としての働きを持つことである。「シンボル」は「象徴」すなわち「概念」であり、例えば人間はある状況を見てそれを「不平等」という「概念」で把握し、その状況のありさまを分析し、明示する。それを「構造化」と呼んでいる。

2　行動の規範とその規範が存在する理由や意味を理解させるようにするということ。

解説　14段落の内容をまとめる。本文に「教育は……『……べきだ』という規範を同時に教えることでもある。」（一七四・16）とあり、「賞罰を支えている理由の『意味空間』に子どもを住まわせること」（一七五・5）とある。つまり、部屋が整理されていないとき、条件反射的に掃除をさせるのではなく、「部屋はきれいであるべきだ」という規範とその理由や意味を子ども自身が理解し、その規範に基づき子どもに行動させることで、子どもに「成熟」をもたらすのである。

3　お湯が沸いたとき、因果的秩序に従い、お湯が沸くという刺激に対して「ピー。」という反応をするのではなく、周囲の人間にお湯が沸いたことを知らせるために「ピー。」と報告すべきだと考え、実際に「ピー。」という言葉を口にするということ。

解説 設問箇所の直後と、9 14をまとめる。インコの場合は訓練・調教によって、お湯が沸くという刺激（＝原因）がある場合、「ピー。」と鳴くという反応（＝結果）をするように条件付けられているだけである。それに対して、人間の場合は、「規範的実践」として「ピー。」と言う。では、ここで従うべき「規範」とは何か。それは「お湯が沸いたという事実を周りの人間に『ピー。』と言って『報告すべき』だ」というものである。そして「実践」とは、実際に「ピー。」と口にすることである。

【読書案内】

『言葉とは何か』丸山圭三郎《まるやまけいざぶろう》（ちくま学芸文庫　二〇〇八年）　近代言語学の父と呼ばれるF・ソシュールの原資料を精緻に読み解き、ソシュールが真に主張したかったことを解き明かそうとした、日本における言語学研究の第一人者である丸山圭三郎。その丸山が、「言葉とは何か」という根源的な問いに真正面から取り組んだ、言語学の入門書である。ソシュールは言語についての一般的な考えである、「言葉とは物や概念の呼び名である」という言語名称目録論を覆し、言葉の意味は、あらかじめ決定されているのではなく、一つの言語体系の中で、近接する言葉との恣意的に区切られた差異によって決定されており、私たち人間は、その言語を通して現実を分節化すると説いた。この言語に対する分析方法の転換を、「言語論的転回」と呼ぶが、そのソシュールの思想を中心に、言語の本質を、具体的な例を駆使し、平易な語り口で解き明かしている。

『ウィトゲンシュタイン入門』永井均《ながいひとし》（ちくま新書　一九九五年）「語りえないものについては沈黙しなければならない。」「主体は世界に属さない。それは世界の限界である。」「考えるな。見よ。」などの刺激的な言葉を残したウィトゲンシュタインは、二〇世紀の分析哲学に大きな影響を与えた哲学者である。彼は生涯を通じて言語に大きな関心を示し、言語について考え続けた。そのウィトゲンシュタインの言語論の中心テーマである、「写像」「文法」「言語ゲーム」「私的言語」等についてわかりやすい解説が施されている。特に**【本文の解説】**で紹介した「言語ゲーム」について詳細な説明がされている。言語の意味とは、その言葉の使用者の心象ではなく、言葉の「使用」において生まれる、というウィトゲンシュタインの言語観も、従来の言語観とは大きく異なるものであり、彼の言語観も「言語論的転回」をもたらしたと言える。言語に関する新しい地平を招いてくれる一冊である。

【論の構成】

導入 1〜4 ひとつの野蛮な疑問

動物
- 情報伝達→コミュニケーション→**言葉**を持つ
- ・定型化した反応
- ・シグナル（記号）
- → **単純な言葉**

⇕

人間
- 無限の構文能力
- シンボル→概念によって状況を構造化

＝

筆者
- 「人間の言語」を用いていると言いたい

動物と同程度の単純な言葉しか用いない共同体の言語は「人間の言語」？
＝**ひとつの野蛮な疑問**

展開一 5〜7 言語をとらえる視点

「言語の用いられ方」…動物＝人間 ⇔ 「言語の教えられ方」の違いに注目したい

展開二 8〜11 インコと子どもの言語習得

お湯が沸く
- インコに対して＝条件付け→「ピー。」と鳴く（調教）
- 子どもに対して＝状況を認知→「ピー。」と**報告すべきと考え、口にする**（**理想**）

⇕

実際
- いっさいの言葉を学んでいない子ども
- 言葉の意味を現実に向き合うことで学ぶ
- ←お湯が沸く→「ピー。」と言う→まねる
- →誉める→「ピー。」と言うようになる
- →条件付けではないか

結論 12〜18 「教えられる者」と「教える者」

- 調教 → 動物＝行動を制御する＝条件付け＝「因果的秩序」
- ⇔ 教える → 子ども（「外なる者」）＝こちら側の**文化**・**制度**・**共同体**に導き入れる
- →「**教えられた者**」が同時に「教える者」になる＝「**観点の二重化**（**複数化**）」
  - ＝自分の行動も評価できる
- → 規範と規範の理由・意味を理解＝「**意味的秩序**」の中に生きる→**規範的実践としての言語活動が可能となる**
  - ＝**成熟**

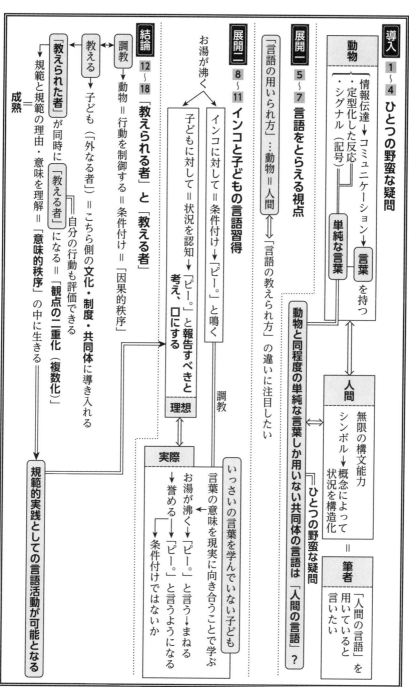

生き延びるための思想

（本文180ページ）

【解説　加々本裕紀・神徳圭二】

【本文解説】

本文の主眼は、女性がケアを押しつけられ、男性がケアの現場から逃れてきたことへの告発に置かれているわけではない。ケアが「権力関係の非対称のもとで、非暴力を学ぶ」実践であるならば、男女を問わずケアに参画（＝「ケアの脱ジェンダー化」）することによって、権力の非対称性を背景とした弱者への暴力を抑止し得る。この可能性にこそ、筆者は希望を見いだしているのであり、いきおい筆者の関心は暴力を受ける弱者の側にある。

弱者が「生き延びるため」にはいくつかの方針が考えられる。私たちは弱者に対して、現状に対する蜂起を求めたり、強者並みの権益を手にするために力をつけることを促したりする誘惑に駆られがちだ。しかしそれでは、力のある者が豊かになり、力のない者が貧しくなるという論理に絡め取られ、結局は優勝劣敗の構造を再生産することにつながる危険性もある。筆者はそのような立場は取らず、弱者が反撃に訴えることなく——そもそも反撃の手段のない弱者が——弱者のままでも「生き延びるための思想」を模索しようとしているのである。

貧困や格差・障害など弱者をめぐる問題群は今日の社会状況を反映して非常に重要なテーマであり、今後大学入試問題などで出題が予想される分野でもある。

なお、本文には続きがあり、筆者は、「ケアは相手に対する介入だけで成り立つものではなく、相手の自発性や自律性への尊重と配慮によっても成り立っている。『心にかける』と同時に、手出しをしないで『見守る』、その両者の組み合わせからなっている。」と述べている。「弱者」をありのままに捉え、「期待」「信頼」という眼差しで見守ることも、「弱者が弱者のままでいられる」重要な要素ではないだろうか。

全ての人間が「ケアされる」弱者になることが不可避である以上、弱者が弱者のままで尊重される社会でなければならない。そして、自分自身も、「強者」でいられる時間を終え、やがて「弱者」になった時のことに思いをはせる必要があるのではないだろうか。

【読解の視点】

1段落で女とケアの関係について問題提起し、女がケアを一手に担ってきたこと、権力の非対称な状況下でも、女が真摯にケアに取り組んできたことが述べられる（2〜6段落）。次に、ケア概念の提示や、男はケアを免責されてきたとの指摘がなされ、ケアにおけるジェンダーの非対称性が明示される（7〜9段落）。そして、男のケア参加の必要性について、弱者への暴力を抑止する観点から説明され（10〜13）、誰もが弱者になり得る時代における「生き延びるための思想」という命題が示される（14段落）。ケアをめぐる、権力とジェンダーの二つの非対称性を確実に読み取りたい。

▼**キーワード**　母性愛・本能・弱者・ケア・権力

▼**中心段落**　12

▼**主題**　ケアとジェンダーの関係性について。

▼**論点**　ケアにおけるジェンダーの非対称性の問題点は何か。

▼**結論**　ケアは非暴力を学ぶ実践であり、ケアが脱ジェンダー化されることで様々な暴力を抑止できる希望がわたしたちにもたらされる。

▼**要旨**　ケアにはジェンダーの非対称性があり、女はケアを担ってきたが男は免責されてきた。これは女の「愛」や「本能」によるので

はなく、女がケアを引き受けてきた歴史的経験によるものである。男のケア参加は、権力関係の非対称のもとで非暴力を学ぶためでもあり、権力差に由来する暴力を抑止する効果も期待できる。誰もが弱者の立場を経験しうる超高齢社会の今日、弱者が弱者のままでも「生き延びるための思想」が求められている。（一九八字）

【脚問解答】

問1 多くの女が要介護者を見捨てずにケアをし続けてきたということ。

問2 女がこれまでケアを強制的または自発的に引き受けてきた経験。

問3 人間の努力や働きかけでは暴力はなくならないという考え方を前に太刀打ちできず、無力感を覚えるということ。

問4 ケアの場から立ち去ることができる権利を行使せずに、弱者と同じ位置にとどまること。

【読解 解答・解説】

1 ネグレクトの末に子どもを餓死させた大阪市の母親の事件は、女がケアの現場で弱者に暴力をふるってしまったことを示すと同時に、反対にどれだけ多くの女が弱者を見捨てずに、かつ暴力を用いてこなかったのかという問いを導くということ。

解説 「問いを反転させる」とは、ある問い（問題事象）を考えつつ、その問いを反対の側面から分析し直すということ。本文4 5段落では、「ケアの現場で子どもを餓死させた（一人の）母親」という問題が、「ひるがえって、同じような状況にいながら」どれほど大勢の女たちが弱者を「見捨てずに」「虐待や暴力を行使せずにきたのだろうか」といった具合に、反対の観点から問い直されている。「ひるがえって」とは、「これまでの流れの向きを変えて」「反対の面にひっくり返して」の意。

2 男も女と同様にケアをする者としてケアに参画することによって、圧倒的な権力関係の非対称のもとで非暴力を学び、権力の非対称に由来する様々な暴力を抑止していく可能性を見出《い》だすことができるから。

解説 「ジェンダー」とは、社会的・文化的に作られた性差のこと。「ケアが脱ジェンダー化される」とは、「ケアは女が担うもの」というジェンダーを背景にした観念を越えること、つまり「ケアの現場に男女とも参画すること」を意味する。そして、「ケア」が「権力関係の非対称のもとで、非暴力を学ぶ」実践である以上、男女ともに非暴力を身につければ、様々な暴力を抑制することができる。11 12段落を中心に丁寧にまとめる必要がある。

3 弱者が強者から受けた暴力への反撃によって事態を克服しようとする思想ではなく、暴力への反撃の能力を欠いた弱者が、弱者のままであっても生きていくことのできるための思想が求められているということ。

解説 直前に「反撃する能力を欠いた者たち」＝「弱者」が「それでも『生き延びるための思想』」とあるから、この部分をまとめる。「それでも」は「弱者が弱者のままであっても」の意。なお、「『生き延びるための思想』こそが、求められている」とあるから、求められていない思想、つまり「暴力に対する反撃」を是とする思想を述べ、それを否定する形で求められている思想を述べると分かりやすい答案になる。

【読書案内】

『ケアとは何か　看護・福祉で大事なこと』村上靖彦《むらかみやすひこ》（中公新書　二〇二一年）　病や衰弱、死は誰にも避けられない。人間は弱い存在であり、生まれる時も死ぬ時も、誰かに依存せずには生きていけない。ケアは、人間の弱さを前提に生を肯定し、支える営みである。著者は、医療・福祉の現場での取材をもとに、「弱さを抱える人とかかわる実践」であるケアの本質を論じる。昨今、増加傾向にあると言われるヤングケアラー（十八歳未満の介護者等）の問題や貧困、さらにはコロナ禍で見えてきた新たな課題にも触れ、医療と福祉を横断する目線で「当事者主体の支援」を模索する。「人間の弱さ」を実感する機会がまだ少ないであろう高校生にこそ読んでほしい一冊。

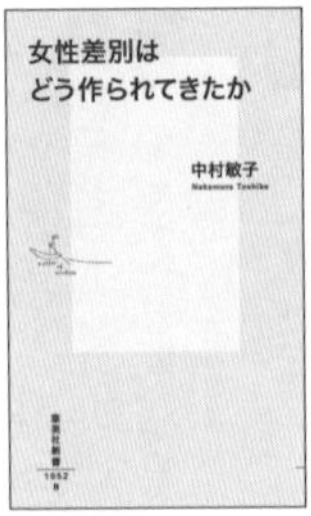

『女性差別はどう作られてきたか』中《なか》村敏子《むらとしこ》（集英社新書　二〇二一年）　ジェンダーやフェミニズムなどの社会理念が世界的に公認される中、日本のジェンダーギャップ指数は全世界の下位に位置し、特に主要七か国においては最下位である。今なお残る女性への不平等の意識はどこから生まれてくるのか。長年ホッブズや福沢諭吉《ふくざわゆきち》研究に携わってきた著者が、西洋と日本それぞれの思想史をたどりながら「家父長制」の流れと関連させて、女性差別の問題を分かり易く読み解いた一冊である。

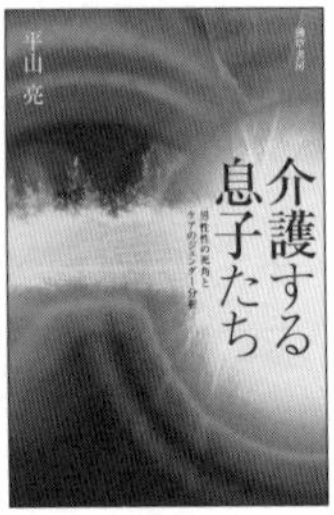

『介護する息子たち　男性性の死角とケアのジェンダー分析』平山亮《ひらやまりょう》（勁草書房　二〇一七年）　介護の現場でのルポルタージュを思わせる題名だが、内容は、介護する息子（＝男性）たちの姿を切り口に、従来の「男らしさ」の虚構を解明するジェンダー論である。「男は強くあるもので誰にも依存しないもの」という虚構は「弱者が弱者のまま存在すること」の否定を助長していると筆者は分析する。「弱者」を周縁に追いやる「非対称で不平等なジェンダー関係」の打開には、誰もが生を維持するために不可欠な依存から目をそらさず、男性性の「虚構」を是正することが必要だという論は、まさに、「弱者が弱者のままで生き延びる」社会の在り方を提示している。

『ケアするのは誰か　新しい民主主義のかたちへ』ジョアン・C・トロント著　岡野八代《おかのやよ》訳・著（白澤社　二〇二〇年）　米国と日本、二人のフェミニスト政治学者は、弱者に押しつけてきたケアの責任配分こそを民主主義の中心に据え、「共にケアする」社会を目指すべきだと訴える。脆弱《ぜいじゃく》な人間の生に無知・無関心な政治は、ケアが必要な人、ケアをする人たちの声にいまだ応えきれていない。誰もが、広い意味でのケアの営みに支えられ、社会の核にあるとされてきた経済や政治も、そのような営みに依存していることを本書は示している。

【論の構成】

導入 1 **ケアと女**

問題提起 弱者をその傍らで支えるのはつねに女だったのはなぜか

意見提示 女は「ケアする者」だったからだ

展開 2〜9 **ケアをめぐる二つの非対称性**

権力の非対称性

権力大 ケアする者 強者 ＞ **権力小** ケアされる者 弱者

権力（**ネグレクト、虐待、暴力**）**を行使できる**

権力小 → **依存せずには生きていけない**

ケア＝非暴力を学ぶ実践 ｛ **権力を行使せずにいることは努力が必要**

← にもかかわらず

多くの女は見捨てずにケアしてきた……「母性愛」「本能」

問いの反転

「ケアの現場で子どもを餓死させた母親」と同じ状況にいながら、どれだけの女が見捨てずにとどまったのか。ネグレクトや虐待や暴力を行使せずにきたのだろうか。

例 大阪市の二児置き去り餓死事件

ケアする者 は、ケア関係から **退出できる**（ネグレクト）

規範 → **ジェンダーの非対称性**

女 **強制** 「**ケアする者**」……**退出できない**
「自然」や「本能」のせいではなく、「ケア」を強制的・自発的に引き受けてきた歴史的経験から、「非暴力」「責任」を学んできた

男 **免責** 「**ケアをネグレクトする**（**してよい**）**者**」
「非暴力」「責任」を学ぶ社会的経験が欠けている

小結論 10〜13 **ケアの意味と脱ジェンダー化**

「**男にもケアへの参加を**」
圧倒的な権力関係の非対称のもとで、非暴力を学ぶため

← **ケアの脱ジェンダー化**
運命論を否定し、暴力を抑止できる可能性＝希望

ケアする者 強者 ＞ **ケアされる者** 弱者

← **ケアされる者** を抱え込むことで二次的に弱者になる

男にも強者になる道ではなく、弱者としての分かち合いを選択してほしい

← **誰もが弱者になり得る超高齢化社会**
生まれ落ちる時も、死ぬ時も「ケアされる者」の立場に立たない者は誰ひとりいない

大結論 14 **生き延びるための思想**

暴力への反撃「暴力の連鎖」ではなく、**弱者が弱者のままでも「生き延びるための思想」**が求められている

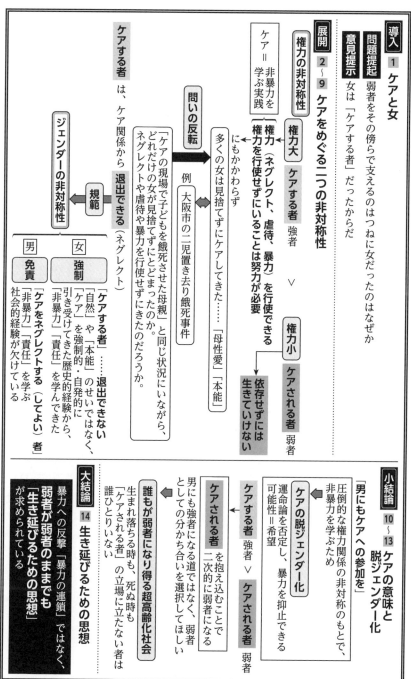

現代文明へのレクイエム——松に聞け

（本文186ページ）

【解説　岩間輝生】

【本文解説】

思想史という学問がある。過去の思想を吟味・解釈しながら、そうした営みのなかに、現代社会の構造を見とおす生き生きとした知を再生しようとする営為である。藤田省三は、制度や機構のなかに囲いこまれ、時として瀕死状態に追い込まれようとする精神の独立と自由を救い出し、人間の自立の根拠として育てあげることを生涯の課題とした類いまれな思想史家・思索者であり、その師・丸山眞男《まるやままさお》とともに、戦後の思想をもっとも高い水準に押しあげた。その筆者が晩年の思索のなかで、人間の自由をむしばむ病として批判してやまなかった要因が、「他者」とまっとうに向きあわない尊大さと、自己にのみ関心を集中するナルシズムであった。「他者」とは、異質の思考をもつ人間たちや独自の生命体である海や山、自然のことでもある。ナルシズムとは、異質の人や物との対面を避け、自己満足に惑溺することである。自分を超えた全体的他者としての物事に対面して、苦痛を伴うそれとの交渉を厭《いと》わない精神は、支配性や領域感や侵略性とは逆の「自由」をしっかりと基礎づける——。こうした意味の「自由」が根絶やしとなった「荒れ地」が現代日本であり、そうした立場から現代文明を批判している。

　自分を超えた存在への恐れは、人間を謙虚にし、それを失うことは人間を傲慢《ごうまん》にする。筆者がそこに人間性の危機を見ていることを理解したい。本文ではまず、「山」（自然）が持っていた「両義性」から説き起こす。乗鞍岳自動車道路開発によって失われたものは、実は人間の「両義的感受能力」だった。そのことを、開発によって犠牲となった「ハイマツ」の風雪に耐える柔軟な強さに象徴させる。筆者は犠牲になった「ハイマツ」の生き方に学ぶことで、便宜を求めて自然の利用と破壊を進行させてきた現代文明のあり方を省みようとする。そしてそこに人間社会の蘇生《そせい》の道が開けてくるのではないか、と呼びかけているのである。

【読解の視点】

1・2段落は、問題提起の段落。山が恐れ・困難と同時にわたしたちの生存を保証する両義性を持つ存在であったこと（1段落）を押さえよう。2段落では、開発のため山の歴史が終わり、人間の両義的存在に対する感受能力が消滅したが、回復の第一歩はどこから始まるか、と問いかける。3～5段落は、ハイマツの調査に注目し、過酷な条件の中で粘り強く成長する胸を衝《つ》く生き方を見る。6段落では、高度成長のなかで失われたものの大きさを読み取ることが重要だ。7段落は、筆者の主張が最も強く表現された結論部。危機からの再生の鍵はどこにあるのかをつかみたい。

▼**キーワード**　開発・山・両義性・単元化・隠された次元

▼**中心段落**　7

▼**主題**　現代文明の危機からの再生。

▼**論点**　開発によって何が失われたか。

▼**結論**　開発によって失われたものを回復するために、犠牲になったハイマツの生き方に学べ。

▼**要旨**　乗鞍岳開発によって失われたものは、目に見える自然だけではなく、人間の感覚や精神的なもの、厳しさと優しさの両義的共在に対する感得能力であった。現代文明は、人間の便宜や享楽を求め

て開発をおし進め、自然と人間の関わりと社会のありかたを変容させてきた。この危機から回復と蘇生の道を歩み出す一歩は、過酷な環境の中で厳しさに耐え、粘り強い生き方をする開発の犠牲となったハイマツの生き方に学ぶことからはじまる。（一九八字）

【脚問解答】

問1 墓場であり他界であると同時に、社会の保護者であり発生の源泉でもあるということ。

問2 他者の生存条件に注意を集中することがないから。

問3 外面的に目立つ特徴ではなく、内部に積み重ねられた特徴であり、注意深い目にしか現れない性質。

問4 一面的・一義的。

問5 「便宜」や労苦のコストを払うことのない、一面的・一義的な「享楽」のために、両義性への認識を失って開発を進める態度。

【読解 解答・解説】

1 乗鞍岳に恐れと恵みを同時に感じるのではなく、「楽しい遊園地」の延長物としてのみとらえるように、外界や他者を、厳しさと優しさの両義性をもつ存在として受け入れる能力が人間にはなくなってしまったということ。

解説 「両義性」を受け入れる「受容器」が「損傷を蒙《こうむ》っている」という筆者の主張を本文に即しながらおさえていきたい。1段落で述べているように、山に象徴される自然は、人間に恩恵を与えるとともに、予測できない危険をはらんだ畏怖の対象でもあった。人間は、こうした矛盾対立した要素が同時に存在する自然に対して、複雑な豊かさをもった存在として対処してきたのであり、そこに自然と共生できる柔軟な文明が成立した。対象の複雑な性質を、その豊かさと深さそのままで感受する感覚が「両義的能力」である。

2 自動車道の開発の犠牲となったハイマツを一本一本集めて樹齢と幹の直径と年輪幅を計測することは、その死を無駄にしないための犠牲者の解剖と死を悼む葬儀のようだということ。

解説 伐採されたハイマツ一本一本を調べることは、生命の歴史を復元し、その木々の生命を絶った伐採の後始末をすることである。それを筆者は死者の生前を悼みしのぶ葬儀のようだ、としている。

3 犠牲をつぶさに見取るという、犠牲者への愛に支えられた行為が、「浅ましい人間」からの脱出と回復、蘇りと再生を可能にする鍵となる、という意味。

解説 「レクイエム」とは、脚注にあるように「鎮魂歌（＝死者のために歌われる歌）」のことであり、ここでは開発の犠牲を「つぶさに見取る」ことである。レトリカルな言いまわしであるが、7段落を丁寧に読み解けば意味がわかるはずだ。快楽追求の果てに生じたハイマツの死は、自然破壊にとどまらず、社会関係全体に広がった人間の思考や感受性の変容である。消費と快楽とを目的とし、動力ともした機械的功利性追求の社会が、そのなかで生きる人間の感受性や思考力を単純化し、一面化したのである。事物の深みを、その複雑さのままに理解しようとする両義的な感受性は、いま、死滅に瀕《ひん》している。しかし、危機は新たな認識のチャンスであってみれば、こうした変化の作り出した犠牲者のありようを愛と痛みから徹底的に理解しようとする行為こそ、犠牲者への真の鎮魂であるとともに、人間社会の蘇生への道を開いていくのである。

【読書案内】

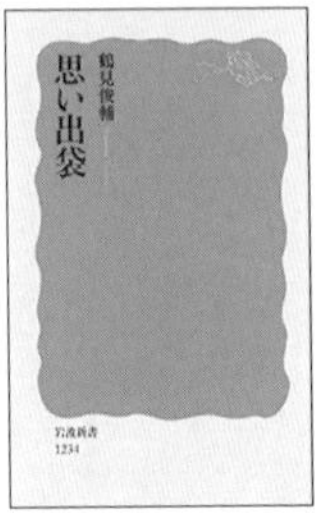

『思い出袋』鶴見俊輔《つるみしゅんすけ》（岩波新書　二〇一〇年）　外国語を訳した意味不明な漢語ではなく日常的な日本語を用いて、物事の根源を考える哲学的思考を日本文化のなかに定着させようとした鶴見俊輔は、丸山・藤田と並んで、戦後思想のもう一つの頂点を形作る。自己の人生を回顧した短文の集積であるが、そこで紹介される数々のエピソードに、静かに差しだすような手つきで思想的な考察が添えられており、その一つひとつが、きちんと考えれば大きな主題につながる「考えるヒント」となっている。平明達意でありながら思想的な深さをもったその文章は、現代口語文の模範といってもよい。むずかしいことを、やさしく平易におもしろく述べているからだし、対等な人間である読者に対する敬意があるからだ。その文章を読むと、閉鎖された密室から外に出て、さわやかな風のなかで呼吸しているような気がする。民主主義とは、人びとの感覚や思考を、自由に解放するものなのだ。

『精神史的考察』藤田省三（平凡社ライブラリー　二〇〇三年）　子どもの遊びである「隠れんぼう」や、軍記物語、現代史、二十世紀の思想、現代社会のあり方など、多くの主題を対象としながら、ますます強化されていく機構や制度の中で圧殺されて「物」と化していくだろう人間精神を救済する可能性を探る。人間の自由がおびやかされているという強いモチーフと、多様な知の領域を縦横に行き来し統合する学殖の深さが、見事な精神史として結実した。大学入試問題の素材として多用されたが、そうした知名度とはうらはらに、きちんと読まれていない。物事をきちんと考えてみようとする若い人にとって、格好の思考のモデルとなるだろう。

【論の構成】

導入 1〜2 **失われた感受性**

・かつての「山」……恐れと敬意の対象＝他界であると同時に保護者という「**両義性**」を持つ

・現在の「山」……「**観光施設**」

＝**厳しさと優しさの両義的共在に対する感得能力の消滅**

＝

人間の感覚の世界の構造的な終焉＝**問題提起** **自らの営みを省察し、感受性の構造的回復への第一歩を踏み出すべき**

展開一 3〜5 **複数の「わたし」**

「ハイマツ」……高山地帯固有の松＝厳しく過酷な自然に「**従いつつ逆らう**」生き方をする生命

開発が犠牲にしたハイマツの精密な調査観察 ← 計測結果が物語る松の生き方＝**精進の厳しさと柔軟な我慢強さ**

展開二 6 **高度成長の所産としての乗鞍岳の自動車道路**

人間 ……一斉に「便宜」を求めて、異常な膨張過程に「参加」する
一面的な「享楽」を求めて乗鞍岳へ向かう

⇔

ハイマツ……厳しさと軟らかさ
辛苦さと素直さ
遅々たる速度と長年の持続
→ **両義性**を内蔵した存在

結論 7 **感受性の回復のために**

人間の自己中心的開発がもたらした「**破壊**」→危機は**認識**のチャンス

← **ハイマツの調査観察のように犠牲者をつぶさに見取るという認識行為だけが、蘇りと再生を可能にする**

＝**認識としてのレクイエム＝辛うじて蘇生への鍵を包蔵**

失明の時代

（本文193ページ）
【解説　岩間輝生】

【本文解説】

本文は薬害をあつかった映画に触発されたエッセーとして書かれているが、その射程は遠く深い。薬害を生みだした社会の分析としては二〇世紀の「日本資本主義分析」となっているし、それを大きく包む二〇世紀の構造分析でもある。さらに、それを支えたものが「近代科学」である以上、「科学批判」でもある。

私たちが生きている社会はどのような社会なのか。社会には多様な制度や機構があり、そのなかで私たちの生活が営まれているが、生きていることが端的に歓びとなるような社会であるかどうか。必要を超えて、生それ自体が意味をもちうる社会であるかどうか。不幸に見舞われたとき、傍らに配慮と同情をもって支えてくれる友人がいるか。見知らぬ他者に対して、自分がそうなりうるか。それは、私たちの人生にとって決定的な意味をもつ。制度のひとつである資本主義を考えてみよう。いまや地球全体を覆い尽くした資本主義だが、その中には利潤を貪るような資本主義もあれば、民衆の福祉を重視する資本主義もある。では、日本の資本主義はどうか。戦後有数の公害である水俣病では、四二人の死者を出すまで、加害企業も政府も無責任を貫きとおした。フクシマ「原発」事故では、巨大津波が予想されていたにもかかわらず、企業も政府も有効な対処をしなかった。そしてクロロキン薬害。これらの事例には、同型のパターンがある。生産第一、利潤第一、予測されるリスクへの鈍感さ、組織のなかに埋没した不作為。「他者の苦痛に声を与えたいという願いこそ、あらゆる真理の条件である」（アドルノ『否定弁証法』）。日本社会は、「真理」に立脚しているだろうか。

【読解の視点】

1段落で問題提起、戦争の遺産を潜めながら高度成長する日本社会を分析する（2〜5）。高度成長を支える価値観に論及し（6〜8）、その病因を、信頼関係の破壊（9 10）と人間を対象化する思考（11）に求め、総動員・全体主義的思考として結ぶ（12）。

▼**キーワード**　高度成長社会・二〇世紀・対象化・全体主義的思考

▼**中心段落**　5・10・11

▼**主題**　高度成長社会の全体主義がもたらす人間破壊について。

▼**論点**　二〇世紀型社会の終着点である現代社会の病理。

▼**結論**　生産のみを重視する社会は人間を破壊し、未来を閉ざす。

▼**要旨**　クロロキン薬害には、戦争を引きずりながら飛躍した日本の高度成長社会の病理が集約されている。中味を問わずに生産と消費による利潤を至上価値とする社会は、人間の生活と身体を壊すことで、社会の基盤である人間相互の信頼関係を破壊して、社会を相互不信のみが増殖する荒地に変える。そこに見られるのは、人間を徹底して対象化し手段とする全体主義であり、その結果の「失明」状態のなかで、社会は、未来を見失うのだ。（一九六字）

【脚問解答】

問1　戦争の遺産が変身して残る、未だ「戦中」でもある社会史。

問2　過剰な生産（錠剤数）と消費（投薬）が常態とみなされること。

問3　不適切行為の過剰と、予想されるリスクの意図的な無視。

問4　中味を問わず、たえず何事かを行うことを肯定する姿勢。

問5　物事の徹底的な対象化による支配統制の上に存立する社会。

問6 社会を構成する人間のいのちと生活。

【読解 解答・解説】

1 測定、計算による予測の合理性を徹底した社会が、測定不能という逆の事態を引きおこしたから。

解説 「これが……」（一九五・14）以下を押さえる。究極の破壊兵器として作られた原爆が、その破壊力ゆえにヒロシマ・ナガサキの後は使用不可能となったことなど、「両極の反転」というパラドックスが、現代社会ではしばしば生じる。例を探してみるとよい。

2 他者に苦痛を与え、自分を含む社会関係を破壊して平然としていられる「身体的振るまい」が横行し、他者への想像力と未来への構想力を欠いた社会のあり方のこと。

解説 「身体的振るまい」という表現が用いられているのは、社会の根底を支えるものは、制度ではなく相互の配慮・友情と筆者が考えているから。「自己意識」とは、自己を批判的に考察する能力。自分を突き放して「否定的」にみる力こそ人間の偉大さとするヘーゲルによる。

3 人間とその社会を徹底的に対象化し操作する思考にとって、「隙間」や「余白」は計算できず操作利用できない「過剰」であり、根絶させるべきものと見なされる。

解説 現代社会での理性は、目的に適合する「手段」のみを考える道具となる。それゆえに、目的の価値判断を喪失した理性による「進歩」は新たな「野蛮」を作りだす（アドルノ）。ここに「全体主義的思考」が現れてくる。絶滅収容所に送るユダヤ人の数を「荷物何個」と言い表したナチズムを思いおこそう。

4〈要約〉……「要旨」の項目を参照。

〈表題の意味〉……生産利潤第一主義の作りだしたクロロキン薬害の被害者の症状に、社会の基礎である人間の生命、身体を破壊しつつ、未来への構想なく暴走する現代の状況を重ねている。（七九字）

【読書案内】

『苦海浄土 わが水俣病』石《いし》牟《む》礼《れ》道子《みちこ》（講談社文庫 二〇〇四年） クロロキン薬害と同じく、戦後日本の高度経済成長の影で、その「負債」を一身に背負わされた「水俣病」の被害者たち。著者は彼・彼女らの苦痛にただただ寄り添い、その慟哭を克明に伝える。「他者の苦痛に声を与えたい」という願いの、もっとも痛切な形がここにある。

『沈黙の春』レイチェル・カーソン（新潮文庫 一九七四年） 農作物をより効率的に、大量に「生産」するために、飛行機を使って大量に薬品を散布し、害虫や害獣とされた生き物を根こそぎ駆除していく。そのような行為が自然環境にどれほど致命的な影響を及ぼすかを論じた、自然保護思想の記念碑的名著。戦時の技術が姿を変えて社会に溶け込んでいくことへの警鐘と、全体主義的な「根絶の思想」に対する静かな怒りの声が、本書にも響いている。

【論の構成】

導入 **1** **映画『薬に病む――クロロキン網膜症』が提示するもの**

画面に映しだされる一個の錠剤＝**クロロキン製剤**

→**問題提起** クロロキンは一体どのようにして、日本社会に生活する人たちの身体のなかに浸透していったのか。

展開一 **2**～**5** **高度成長社会とクロロキン薬害**

クロロキンが辿る「**戦後史**」……一九三四年にドイツで合成開発→一九四五年にアメリカで抗マラリア剤として再発明

→腎炎の特効薬として戦後の日本社会で流通＝「**市民社会**」**に潜む戦時体制の遺産**

高度成長期の日本医療産業によって大量生産・投与→**網膜障害の副作用が発覚**→その後も一三年に渡り継続使用

患者の症状 服用中止後も「**成長**」し続ける視野狭窄＝計量と計算を規準とする測定社会が産み落とす**測定不能**の事態

展開二 **6**～**8** **高度成長社会に遍在する体質**

クロロキン薬害が示すもの＝**高度成長社会**における「行為」のあり方＝**中身を問わずに何事かを行い、何かをつくりだすことそれ自体を肯定する社会体質**

高度成長社会
- 正負問わず間断なく物を生みだしつづける＝「**経済成長**」→**クロロキン薬害**＝「**行為**」**の集積**
- つくらない・生みださない・差し控える＝「**無為**」

結論 **9**～**13** **現代の全体主義的思考**

現代の経済社会が帯びる身体的振るまい＝「**信用**」**の暴力的な毀損**＝物事を徹底的に**対象化**する思考の帰結

人間を**対象**とみなし、隙間や余白を余さず患部とみなして薬品を大量投下＝二〇世紀の思考法＝**全体主義的思考法**

↓働きたいのに働けない薬害被害者の姿＝**未来を食い潰した負債を、もっとも脆弱な人々の苦難で決済し進行する社会**

空虚な承認ゲーム

（本文202ページ）

【解説　安達　洋・山田聡子】

【本文解説】

二〇世紀後半、フランスの思想家リオタール（一九二四―九八年）が「大きな物語の危機」（『ポストモダンの条件』一九七九年）で先陣を切って後、わが国でもポストモダン論議が盛んとなった。そうした状況の中でフランシス・フクヤマ『歴史の終わり』（一九八九年）に触発された様々な議論の沸騰があった。その中でも浅田彰《あさだあきら》『歴史の終わりを越えて』（一九九四年）は特に注目されたと言ってよいが、その延長線上に、東浩紀《あずまひろき》の『動物化するポストモダン』（二〇〇一年）が、わが国の正面切ってのポストモダン論として衝撃的に現れた。それは、〈対立・闘争〉という歴史が終われば人間は、人生の共有の価値目標を見失って動物化するという、ロシアの哲学者コジェーヴの考えからの発想と言われるが、本教材は、それに反論するものである。人はポストモダンの多様化社会で、自己承認には他者を頼れず、誰にも認められない中、一人になって動物化する。そう主張する東に対し、筆者は、それでも人間は自分を承認してくれる他者を求めずにはいられないとして、人々が身近な集団に認められようとする要請について説いている。

宗教による絶対的価値観が希薄化した現代は、「認められるためには何をしたらいいのか」の判断基準が不明瞭になったといえる。個々が自由な価値観を持ち、核家族化、単身世帯化が進み、地域や職場でのコミュニティも薄れ、身近な人の承認さえも得ることが難しい。その結果「承認への欲望」がかつてないほどに高まり、同時に「承認不安」も強くなった。筆者は、人々が欲する承認は「見知らぬ他者」からのものではなく「身近な他者」によるものであると述べている。そこから、現代特有の心の病の構造や、「いいね！」（承認）を過剰に欲しがる現代人の心理について考察する文章である。

【読解の視点】

まず[1][2]段落で、日本において社会共通の価値観が崩れはじめた一九七〇年第以降を「虚構の時代」と定義する（導入）。それをうけて、[3]～[7]段落で、シニシズム（「大きな物語」のフェイクを信じようとする精神）について説明し、[8]段落でシニシズム時代の終焉《しゅうえん》に伴い人間は動物化したとする意見を紹介する。

ここで筆者は、〈人間は本当に他者の承認を求めていないのか〉という問題を提起している。その問題に対して、「確かに～。しかし（逆接）～。」という譲歩構文を用いて、予想される反論をあげながら筆者の意見を述べていることに注意しよう。大多数の人間は他者の承認を必要としており、それを「身近な小集団」に求める。世の中には多様な価値観が存在するため、その価値観に意味を見いだせなくなることもあるが、それでも仲間の承認は維持したいと考える。それを、筆者は「空虚な承認ゲーム」と名付ける（[9]～[15]段落）。

続く[16]～[19]段落で承認への欲望は自由への欲望と対立し心身の疲弊を招くことを述べた後、[20]～[25]段落では、近代以前から現代までの時代に沿って、個人の葛藤が「社会」に対してではなく、「身近な人間の承認」との間に生まれるようになったことを説明する。

最後に[26]段落で、コミュニケーションを介した「身近な集団の承認」の重要性が増したために「空虚な承認ゲーム」が蔓延《まんえん》したとまとめる（結論）。

▼キーワード　大きな物語・シニシズム・動物化・小集団の価値観・

自由

▼**中心段落** 26

▼**主題** 現代の「空虚な承認ゲーム」蔓延。

▼**論点** 現代人はなぜ「身近な人間の承認」を必要とするのか。

▼**結論** 現代人は、社会共通の価値観や自己欺瞞を失う中で、「社会の承認」でなく「身近な承認」を重視して、「空虚な承認ゲーム」を行っている。

▼**要旨** かつてのシニカルな民衆と違い、社会共通の価値観を持たず、それを信じる自己欺瞞もない現代人は、意味への渇望を人間関係の中に満たせず、また他者の承認も求めず、自分だけで欲求を満たす動物化を招くとされるが、大多数の人間はやはり小集団で他者の承認を求め、「空虚な承認ゲーム」が蔓延する。それは「自由社会の到来」によって「社会の承認」が不確実となり、小集団による「身近な人間の承認」が重要になったからでもある。（二〇〇字）

【脚問解答】

問1 個人が生きる意味を見いだすための社会共通の価値観。

問2 他者の承認を求めることもなく、自分だけで欲求を満たすこと。

問3 小集団の価値観に準じた行為。

問4 一九世紀末まで根強く残っていた伝統的な道徳観。

【読解 解答・解説】

1 空虚で形式化された行為であるという点では「シニシズム」と同じだが、虚構としての社会に共通の価値観がない上、それをあえて信じようと偽る意識も個人に存在しないので、ただ身近な小集団の承認を維持することだけが目的になっている、といった行為。

解説 直前の「それ」に注意して、14段落から考える。「シニシズム」については、社会に共通の価値観があり、しかもそれを信じるふりをするという論旨が前の4〜6段落において述べられていたことを踏まえ、しかし「空虚な承認ゲーム」においては、もはやそうした傾向はなくなってしまっているということに注意してまとめる。

2 思うままに行動したい、感じたままに発言したいという自然な感情を、「本音を出したら嫌われる」という不安のために抑圧し、完全に満足した思いを味わえずにいること。

解説 指示語の指示内容が問われているが、単なる語句を受けているのではないことに注意して、16段落から考える。単に自分の自然な感情を抑圧しての自己不全感を答えるだけでは不十分。その感じが、「本音」でいくと嫌われるのだという不安から出ていることを明示しておきたい。重要語「承認不安」（二一七ページ）のところでも触れたが、これが現代の精神疾患に連動するという点でも、しっかりまとめておきたい。

3 近代以前の西欧社会では、キリスト教の価値観に反する個人の自由は存在し得なかったが、一八世紀以降になって、市民革命と資本主義の発展にともない、個人が自由に生きる条件が整ったこと。

解説 直前に「ここ」とあることに注意して、21段落から考える。近代以前には考えられなかったキリスト教の価値観への反抗は、市民革命と資本主義の発展とによって個人の自由が獲得された一八世紀以来、社会的承認も得られてたやすくなったという歴史的背景を読み取ってまとめる。近代以前と一八世紀以降との明確な対比をきちんと表現しておきたい。

4 多くの人間が自分の感情や思考を表出したり行動したりする自由を抑え、身近な人々の承認を維持するために彼らに同調しようとした結果、自由と承認の葛藤は、個人の自由と社会の承認の間のものではなく身近な人間の承認との間のものになった、ということ。

解説 直後に「このため」とあることに注目。問われている「結果」は、当然この語の後ろに出てくるはずである。かつて「社会」において考えられていた「自由と承認の葛藤」が、「身近な人間」において考えられねばならなくなった経緯を押さえる。「自由」の抑圧が、いまや社会との間ではなく、身近な人間との間に行われているということを読み取る。

【読書案内】

『友だち地獄――「空気を読む」世代のサバイバル』土井《どい》隆義《たかよし》（ちくま新書　二〇〇八年） 現代の若者は、その場の空気を読み、対立や葛藤を避けながらコミュニケーションに気をつかい過ぎるなど、他者からの承認をとても重要視する傾向にある。筆者は、このような対立や葛藤を避ける若者の人間関係を「優しい関係」と呼び、リストカットやひきこもり、ケータイによるつながりを取り上げながら、その背景を考察している。

『「承認欲求」の呪縛』太田肇《おおたはじめ》（新潮選書　二〇一九年） 誰にでも「周囲から認められたい」「自分を価値ある存在と認めたい」という承認欲求がある。これは人間の根源的で非常に強い欲求であり、あらゆる行動はこの承認欲求に基づいている。ＳＮＳで「いいね！」をもらうことに全身全霊を傾けてしまったり、仕事で頑張り過ぎたりしてしまうのも、すべての原因は「承認欲求」の呪縛にある。誰しもがもつ欲求の本質を深く探り、上手にコントロールする方法を示している。

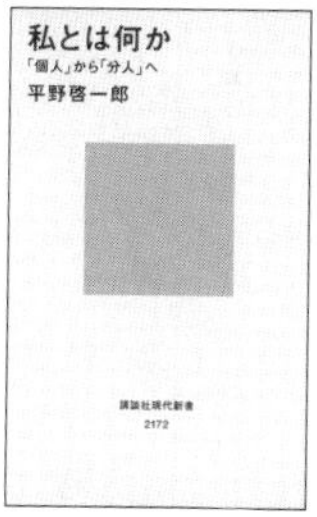

『私とは何か』平野《ひらの》啓一郎《けいいちろう》（講談社現代新書　二〇一二年） 分人主義とは、「一人の人間の中には、いくつもの人格（分人）があり、その複数の人格の集合体が一人の人間である」という考え方である。「本当の自分は一つ＝個人」という考え方ではなく、「いくつもの人格の集合体＝自分（分人）」という考え方ができれば、自分に肯定的になれるはずである。様々なコミュニティに多重参加する中で自分らしさを見つけることに悩む現代人に対して、新しい人間観を呈している。

【論の構成】

導入 1 2

1970年代以降……日本で社会共通の価値観が壊れはじめる→**「虚構の時代」**＝**「大きな物語がフェイクとしてしか機能しない時代」**

展開一 3〜15

「大きな物語（宗教やイデオロギー）**」**が信用を失い、社会共通の価値観がゆらぐ

フェイク（偽物）を捏造し、信じようとする＝**シニシズム**　例 二〇世紀のイデオロギー崇拝

↓

しかし

↓

シニシズム時代の終焉＝**「動物化」**――**他者の承認を求めることもなく、自分だけで欲求を満たす**

筆者**「だが人間は、本当に他者の承認を求めていないのか。」**

大多数の人間は、身近な人間関係や少人数のなかで承認を求めている

←小集団の価値観は絶対ではない・世の中には多様な価値観が存在する

←自分の属する少集団の価値観に意味が見いだせなくなる ↕ but 仲間の承認だけは維持したい

「空虚な承認ゲーム」

承認への欲望―**自由への欲望**

バランスが崩れた場合
うつ病や心身病

展開二 16〜19

本音を出したら嫌われるかもしれない→本当の自分を**抑圧**→**自由への欲望**

まとめ 20〜25

近代以前 キリスト教価値観……個人の自由は存在しない

一八世紀以降 市民革命と資本主義発展／社会の承認（伝統的価値観）⇧**葛藤**⇩個人の自由

現在 自由の到来⇕他人から認められる行為の基準が見えにくい／個人の自由⇧**葛藤**⇩身近な人間の承認

結論 26

「空虚な承認ゲーム」の蔓延←コミュニケーションを介した**「身近な人間の承認」の重要性が増している**から

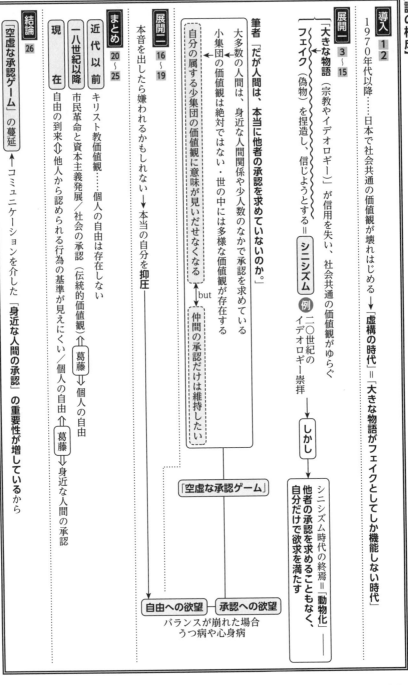

現代における人間と政治

（本文210ページ）
【解説　岩間輝生】

【本文の解説】

丸山眞男は膨大な死者の犠牲によって可能となった「戦後民主主義」のもっとも深く透徹した思索者・ラディカルな民主主義者として、その死後も多大な影響を与え続けている思想史学者であるが、ある場所で、次のように述べている。大衆国家を基盤とした全体主義はかならず民主主義というエネルギーから大衆の自発的参加というチャンスを奪い取って、その集団的圧力によって個人の固有権である基本的人権を押しつぶしていく。その手段が、むき出しの暴力とテクノロジーとマスメディアの利用による宣伝・教育・マスイベントである。前者において、敵と名指された犠牲者に迫害を集中して大衆の喝采を受け、後者にあって、個々の精神内部にまで画一的な価値観を浸透させる。それゆえに、まず、他者の自由を守ること、事態の悪化の端緒で抵抗することが必要だと。なぜなら、他者とは言語、文化、価値観、信条を異にするから「他者」であるが、その自由を守ることが自分自身の自由を守ることになる。他者にとっては、私たちが他者であるからだ。また、どんなささやかなことであっても、できるだけ多くの人がそれをするかしないかは大きな違いを生んでいく、そうした行動が必要なときが事態の始まり（端緒）だ、と。全体主義とは、人びとが多様であってこそ豊かな意味をもちうる社会を、特定の価値観によって画一的に支配統制し、個人の自発性・能動性を奪い去り、指令で動く機械のような受動性に落としこむ政治体制である。丸山眞男は、自由と平等、人権の擁護という民主主義の価値観に立って、全体主義化の危機に警鐘を鳴らしつづけた。チャップリンの映画『独裁者』の感想という形をとりながら、この文章は全体主義支配の様相を鮮明に分析している。チャップリンは、戦後、アメリカで荒れ狂った「赤狩り」に追われて、全体主義に立ち向かったはずのアメリカを立ち去った。政治が少数者の権利を擁護するという前提に立ち、メディアが少数意見を報道してこそメディアたりうるという自覚をもち、ネットを検索する人びとが異なる意見に耳を傾けるというリテラシーを持たないかぎり、また社会全体として、自己の属する集団や社会を特別視することなく、その暗部を直視する批判精神を持たないかぎり、全体主義の芽は、どこにでも、どの時代にでも、根を下ろす日常的な危険なのだ。

【読解の視点】

まず筆者は導入としてチャップリンの映画『独裁者』のセリフ「What time is it?」を引用し、映画が問うているのは現代がどのような「時代」であるかということだと問題提起する（1）。

第2段落では、その問いに対して「現代とは『逆さの時代』である」と答え、それは「人間と社会の関係そのものが根本的に倒錯した時代」、人間が作り出した制度に人間が支配される「自己疎外」の局面であると説明する。そして、第3段落ではそれまでの議論の小結論として「手段と目的の転倒」を再強調し、最後に第4段落で、冒頭の問題提起を掘り下げて「逆さの世界にあっては、自分たちが転倒していることに住人たちが気づけない」という更なる問題点を指摘し、チャップリンの映画が孕《はら》んでいる現代的課題の切実さを改めて認識する結びとしている。

▼**主題**　チャップリンの映画が描き出す、現代という時代のあり方に

▼**中心段落**　4

▼**キーワード**　倒錯・自己疎外・自己目的化

ついて。

▼論点　現代社会は、目的と手段、制度と人間の立場が転倒した「逆さの時代」と言えるのではないか。

▼結論　現代という「逆さの時代」にあっては、私たち自身が自身と社会との関係の倒錯に気づくことができなくなっている。

▼要旨　『独裁者』で問題とされているのは、人間と社会関係が根本的に倒錯している「逆さの時代」である。そのような時代と社会にあっては、人間が機構に吸収される「自己疎外」が社会構造となり、その果てに「政治権力の自己目的化」である独裁者が君臨する。現代にあっても怖ろしいことは、日常生活での常識や判断が自覚できないうちに変質し、抑圧体制の道具にされていくことであり、その描出が『独裁者』を比類のないものとしている。（二〇〇字）

【脚問解答】

問1　人間と社会の関係が転倒した「逆さの時代」。

問2　宣伝と広告に左右されて、自主・自由な判断力を喪失しているという点で同一であること。

問3　床屋の「普通」は、彼を待ち構えていた倒錯した世界においては「異常」なものであったということを強調している。

【読解　解答・解説】

1　全体主義として倒錯した支配が貫徹する社会では、個人の自発性、創意による新しい価値の生産は抑圧排除されるから、体制によって正当化された価値のお祭り的演出が絶対的価値と見なされること。

解説　論旨の集約として置かれた「まとめ文」の意味を問う問。制服で統一された大群衆が壮大な競技場に集められ、無数のサーチライトが闇夜を切り裂き、計算された遠近法の焦点に設定された壇上に独裁者が光をあびて登壇する。片手をあげ旗をうちふりながら、人びとは歓呼の声をあげる。爆音を響かせて戦闘機が通過する。やがて、独裁者の演説が拡声器を通じて会場全体に響きわたる。たいまつ行進、民族衣装に着飾った女たちの行進、一糸乱れぬ兵士の行進、戦車の行進。たしかに、こうした演出のなかで、正常心を保つのはむずかしいだろう。現代でも、ある種の政治体制では、こうしたメガイベントが好まれる。オリンピックなどはその典型であって、開催に要した莫大《ばくだい》な費用が押しつけられることも忘れて、人びとは国旗を打ち振り、反対意見は炎上する。祝祭国家である。

2　政治とは人びとの安全と幸福をまもり、生きるに値する社会を実現するための手段に過ぎないのに、そのために付託された権力の増大・支配の強化を絶対目的とした結果、自由に自己の人生のあり方を選択し、自発的な創意によって生を充実させる権利と能力をもっているはずの人間を貨幣経済や政治体制維持の道具とすること。

解説　論旨を支えるキーワードの意味を問う問。手段と目的とが転倒し、手段そのものが目的となってしまうことを「自己目的化」という。人間の豊かな生活のためにあるはずの政治が、人間をその維持のための「道具」にするとき、そして人間自身が政治体制に奉仕することに喜びさえ感じるようになるとき、「人間の自己疎外」は生じる。自己の内実はますます貧しくなり、それを吸収した組織はますます巨大化した偉容を誇る。そのうえに、マスメディアの徹底した宣伝効果に支えられて、神話的にまで肥大した虚像が「独裁者」である。チャップリンは映画『独裁者』で、その実体の卑小さを痛烈に風刺したのである。

3　情報操作の影響によって日常的常識が「異常」なものに変質して

いるにもかかわらず、それが「異常」であることに気づかぬまま「正常」を笑う現代人のあり方のこと。

解説 結論部から全文の論旨を押さえる問題。日常感覚とは、直接に確かめられる日常に根をおくものであるから、思想や解釈に関わらず安定した現実と思われている。しかし、身の回りも含めて総体的に転倒している場合、そうした事態は、極めて正常、普通と思われてくる。だれでも同じように考え、行動しているようにみえるからであり、異議を申し立てる者は収容所か精神病院にいるからである。床屋が正常なら、トメニア国全体が異常であるが、トメニア国が正常とみなされるなら、床屋は異常である。床屋を笑うなら、私たちはトメニア国の暴力と野蛮を肯定していることになるだろう。知らずしらず変化している場合、私たちはその変化に気づかない。まさに「日常」感覚であるがゆえに、徐々に変質するからである。「日常感覚の分裂」とは、情報操作に大きく影響されながら、日常的常識が「異常」に変質していくことであり、ここでは「正常」が「異常」であり、逆に「異常」が「正常」という転倒がなされる。しかも、当然の「現実」だと思っているから、破局にいたるまでそれに気がつかない。「痛苦感」は、そこに生じる。

現代社会では、ある種の独裁国家を除き、メディアの権力による統制は表面に現れないし、情報源も多様化している。しかし、ならば日常にまで異常が浸透する危険はないと言えるだろうか。ネットに関しては、情報の多様化・情報量の増大化にもかかわらず、先入観を固定し増幅するという認知バイアスが指摘されている。不都合な情報はフェイクとみなして無視した結果、妄想の世界に没入するという現象は、目新しいものではない。好悪で選択された情報で支えられた偏見が、日常的現実として現れる。バーチャルな世界に感覚や認識を遮断され、にせの現実に容易に誘いこまれる。日常感覚、常識の変質の危機は、いっそう深刻となっている。発展的学習として扱いたいテーマである。

【読書案内】

『日本の思想』丸山眞男（岩波新書　一九六一年） 日本思想の伝統の特色を犀利《さいり》鮮明に描いた戦後を代表する名著である。日本の思想には基軸となる伝統がないという著者の主張に賛成できない立場であっても、ここから出発するしかないという意味で画期的な著作。評論文としての明晰《めいせき》さは群を抜いている。

『チャップリン自伝　上・下』チャップリン（新潮文庫　二〇一六年） ロンドンでサーカス芸人の子として生まれたチャップリンが、世界的な喜劇王となるまでの自伝。『独裁者』についても記述がある。この映画は全体主義の猛威におびえる人びとの不安を背景に大成功を収めるが、公開直後（一九四〇年）、映画好きのヒトラーが設置した総統官邸の映写室で上映されたという記録が残っている。ナチの支配者たちは不愉快に思ったか、それとも大笑いしたか、どちらだろう。状況的には、ヒトラーも見たように思われるが、残念ながらその反応を伝える記録は残っていない。

【論の構成】

導入 1 **"What time is it?"**

チャップリンの映画『独裁者』……**"What time is it?"**というセリフが二度登場→**ただのセリフではない？**

問題提起❶ **「現代とはどのような『時代《タイム》』なのか」という問い**

展開 2～3 **「逆さの時代」**

「現代」は「**逆さの時代**」＝人間と社会の関係そのものが根本的に**倒錯**した時代

テクノロジーによって現代生活に浸透した「**人間の自己疎外**」

＝「自由な選択」を「奪われる」段階を越え、「自由な選択」それ自体が**宣伝と広告によって造出**される

現代における**プロデュース**＝価値の「**生産**」ではなく「**演出**」→独裁者＝最大の「**演出**」者

政治権力の自己目的化←チャップリン：政治による「**演出**」を逆用することで復讐

発展 4 **「逆さ」なのはどちら？**

"What time is it?"→現代が「逆さの時代」であることを提示しているだけではない

問題提起❷ **「逆さの世界」の住人は、「逆さ」を「逆さ」として意識できない！**

「床屋」の「**普通**」＝トメニヤ国の「**異常**」

映画を見て笑う「私達」→どちらの立場から、どちらの倒錯を笑っているのか？

自分たち自身の日常の倒錯に気づいていない私達の問題を提示

現代社会はどこに向かうか

（本文216ページ）
【解説　岩間輝生】

【本文の解説】

どのような学問でもその創世期には、巨匠というべき存在がいる。深く鮮烈な問題意識を粘り強く持ちつづけ、様々な領域を横断して、明晰《めいせき》に統合された知の領域を打ち立てた人びとである。社会学は「越境する知」といわれるが、マルクス、ウェーバー、デュルケム、ジンメル、といった人びとがそれである。現代日本の社会学にあって、見田宗介（筆名・真木悠介《まきゆうすけ》）は「巨匠」と呼ばれるにふさわしい存在である。人間の生に意味があるか、また、他者を侵さず自分の生を充足し輝かせるためにどうしたらよいか。人間が少年時にしか持ちえない単純素朴でありながら深い問題意識を手放さず、論理と実証という科学の方法に厳密に従って、考察を深め拡げてきた希有の存在である。近代以前の感性と思考をすくい上げ、数量化された近代人の知を相対化し（『気流の鳴る音』）、現代社会がどうして抑圧構造を持つのか、その解放の道筋はなにか、理論的に、また個人に即して解明し（『現代社会の存立構造』『現代社会の理論』『まなざしの地獄』）、人間という個体が様々な生の共生体であることの考察から愛とエゴイズムの統合を模索し（『自我の起原』）、さらに、無限の高度成長を必然とする時間意識のなかで貧困化する生をいかに豊穣《ほうじょう》化するか、歴史意識の起源に遡って論究する（『時間の比較社会学』）など、その社会学の世界の拡がりと深さを示す仕事は枚挙に暇がないが、筆者の思想の根幹は、単なる学説紹介に終わらない鮮烈な問題意識に貫かれた『社会学入門』にもみることができる。

本文は著作集『現代社会の理論』から構成した。危機を前に、よりよい未来を求めて、いきいきと働く透徹した知の運動を感じとることができよう。このような過去を呵責《かしゃく》なく批判し、未来へ大胆な転回をはかる知性こそ、若い学習者に求めたいことである。少年時の疑問を離さず、知の世界に大胆に踏み入ること。見知らぬ野原を探検した、あのときの少年・少女であり続けること。時代の水準を超える知恵は、そこに始まる。

【読解の視点】

1～7段落で、近代までの人類が「加速度的な進歩」がいつまでも続くことを自明視していたことを確認しながら、実際には人類は「ロジスティックス曲線」が示すところの安定平衡期に至ろうとしていることを指摘し、それが「現代の本質」であると問題提起する（導入）。続く8～9段落では、近代の「加速度的な進歩」を支えていたのが〈情報化／消費化資本主義〉のシステムであり、それがグローバルな仕組みによって本来は有限の環境を無限の資源採取／廃棄物排出に利用することを可能にしていたことが説明される。しかし、9段落目の結びを受ける形で、10・11段落では「グローバル・システム」が、そのグローバル性ゆえに、「地球」という環境が結局は「有限」の閉域であることを人類に突きつける円環的な帰結に至ったことを論じる。

そして12～18段落で、しかし人類は再び世界の真実に立ち向かい、近代の人びとがそうしたように、新しい局面を生きるための新しいシステムの構築を目指さねばならないと思考を未来へと向け、その挑戦が希望に満ちたものでもあると鼓舞し、結論とする。

▼中心段落　16
▼キーワード　情報化・消費・生産・資本主義
▼主題　資本主義の限界と、新しい社会システムの構築について。

▼**論点**　無限の経済成長を前提とした近代社会のシステムが限界を迎えたとき、社会はどこに向かうべきか。

▼**結論**　地球が有限であるという真実をいまいちど直視して、新たな社会システムと思想を構想することが現代の課題である。

▼**要旨**　加速度的に高度成長するという歴史感覚の変質は、近代に頂点に達した爆発期がおわり、安定平衡期を迎えているのが「現代」であることを示している。情報操作によって欲望を開発し、無限の生産と消費のサイクルを作りあげてきた資本主義は、地球に未開の地を残さないまでに浸透するとともに、地球の有限性に直面した。有限であるという真実をいまいちど直視して、新たな社会システムと思想を構想することが現代の課題である。（一九七字）

【脚問解答】

問1　生物学でいう生命曲線を単に応用した図解ではなく、現代社会の状況が作りだした「構造」そのものであるということ。

問2　生産力の上昇による大量生産が消費能力の限界に達して、利潤を求めて駆動する資本の活動が危機に瀕《ひん》するということ。

問3　生産消費のサイクルが地球規模に展開したがゆえに、もはや未開発地域は存在しなくなり、地球それ自体の有限性に直面するということ。

問4　無限と思われた自然資源を採取し、科学技術を応用して製品に変換することで高度の消費文明を作りあげてきた「近代」の人びとにとっては、加速する「無限」の成長進歩のなかで地球の「有限」性は忘却されていたが、「高度成長」の限界に達して、あたかも「新しい」発見であるかのように、その有限性が意識されるようになったこと。

問5　現世の苦悩と貧しさのなかで幻想された、究極的に満たされた世界としての「天国」を、どのように人びとが思い描いたかの歴史はあるが、「天国」そのものは、歴史上実現されることがこれまでもこれからもないということ。

【読解　解答・解説】

1　「高度成長」という強迫的な願望に突き動かされた「近代」の生活、文明、思想から脱却して、「変化の小さい安定平衡期」に向けて、生産と消費のシステム、生活のスタイル、価値観と文化、社会組織の全面にわたる変革が求められている時代が「現代」である、ということ。

解説　文章末尾と呼応し、論旨の中心であることを示している。文章は織物（テキスト）であるから、前後の呼応関係をつかんでいくことが大切だ。

2　球面を運動するかぎり際限のない「無限」であるが、どこまで行っても球面から離脱できないという意味では「有限」である幾何学上の球面の性質と同じく、グローバルに拡大した生産・消費のサイクルが、「無限」運動のはてに生産・消費の両面で資源・環境の限界に直面するということ。

解説　論点の中心を問う問。気候変動の危機、プラごみなどの廃棄物による汚染、危険のつきまとう原発など、危機を示すシグナルは日常的に、そこにある。リスクが日常化した「リスク社会」が、「有限」を「無限」に踏みこえていくことで、人間自身が生みだした危機に瀕する社会が、私たちの生きる現実である。本文の問題意識が支える論点の中心を示している。書き手の問題意識と論点をつかむことが読解の出発点である。地球に逃げ場はない、のである。

3　かつて地球の「無限」性に畏怖と戦慄を抱きながらも「近代」のシステムを構築していった人びとのように、今度は地球の「有限」性に対する畏怖心を覚えながらも、自然や地球上の他地域からの資源収奪的ではない消費形式に支えられた新たな生活スタイルを実現していかねばならないという苦悩と、その苦悩を克服する歓喜が私たちを待っている時代。

解説　本文全体を踏まえて結論部を要約する問いだが、「この新しい戦慄と畏怖と苦悩と歓喜」の内実を押さえていれば、各自の関心にそって自由に要約整理することを許容したい。自分に引きつけた奔放な書きようもあるだろうし、それを読むことは指導者の喜びでもあるだろう。「ああ、たれか来てわたくしにいへ、億の巨匠が並んでうまれ、しかも互いに相犯さない、明るい世界はかならず来ると」（宮澤賢治《みやざわけんじ》）。「人間は新たなことを創《はじ》めるために生まれた」（アレント）。若い人びとに送ることばだ。

【読書案内】

『二十一世紀の資本主義論』岩井克人《いわいかつひと》（ちくま学芸文庫　二〇〇六年）　遠く離れた土地の産出品を持ってきては高く売る遠隔貿易、労働生産性と実質賃金率の差異で利益を出す産業資本主義、そして、商品が持つ「情報」という差異そのものから利潤を生み出す現代資本主義――。「資本主義」は常に「差異」を利潤の源泉としてきたと著者は言う。そして、そのようにして無限に利潤を生み出していくように見えた資本主義も、その脆弱性をあらわにし始めているとも。〈情報化／消費化資本主義〉の限界点を認識する際の参考になる一冊。同時に、著者ならではの優雅なレトリックの妙味を味わいたい。

『人新世の「資本論」』斎藤幸平《さいとうこうへい》（集英社新書　二〇二〇年）　深い問題意識と透徹した論理につらぬかれた筆者・見田宗介の著作は、**【本文解説】**に紹介した。ここでは筆者と同種の問題意識によって若い学者が書いた本書を紹介しよう。炭素ガスによる地球温暖化現象は全世界で異様な自然災害を引きおこしているが、その根底にあるのは、低賃金で労働を搾取し、資源を根こそぎ収奪するグローバル資本主義の無窮運動である。資本に食い尽くされた人びとと自然の荒廃を直視し、収奪を前提とするのではない共生・共助の世界に向けて、新たな思想と行動とを作りあげる必要がある。本書は、マルクスの資本論の斬新な読みとりをとおして、以上の論旨を、原理的かつ具体的に論じている。現代の切実な課題とマルクスの思想が切り結ぶ思想劇ともいうべく、再三の読みにたえる好著である。本書にならって、貴方もマルクスを読もう。深く考えるということがどういうことか、わかるだろう。

【論の構成】

導入 **1**〜**7** **「近代」から「現代」へ――人類がたどる「ロジスティックス曲線」**

一九七〇年代までの人びとの歴史意識……**「加速度的な進歩」**→いつまでも続くものではない

◆ロジスティックス曲線……ある環境における生物種がたどる繁栄の経緯を示す図

エネルギー消費は加速度的に増大

↓ 現代では

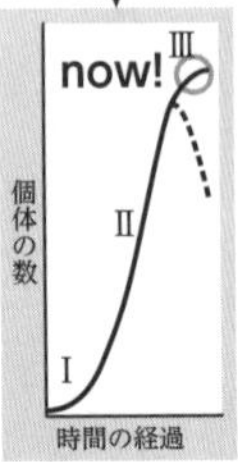

展開 **8**〜**11** **〈情報化／消費化資本主義〉の限界**

進歩を支えていたメカニズム＝**〈情報化／消費化資本主義〉**……商品の**情報化**によって**消費市場**を **無限** に創出

- グローバルな仕組みで世界中から資源を調達
- 廃棄物は自国の「**域外**」に排出

→ **しかしグローバルであるがゆえの「最終的」な有限性を露呈**

グローバル・システム＝障壁のない「球」＝地球に「**域外**」はない

結論 **12**〜**18** **新たな思想に向かって**

自然
- 成長期の生物にとっては「**征服**」すべき「**無限**」の環境容量
- 成長後の変曲ゾーンにある人間にとっては「**共生**」すべき「**有限**」の環境容量

かつて人びとの生と思考を「**世界の無限性**」へと導いた **「交易と都市と貨幣のシステム」**

今再び「世界の有限性」を再認識させる＝「戦慄」

人間は再び世界の**真実**に立ち向かわねばならない
- **健康な生を万人に保障する科学技術の展開**
- **他の生命との自由な交響を可能にする社会の思想とシステムの構築**
- **「存在すること」の奇跡と輝きを感受する力の解放**

困難な課題―**しかしそれを乗り越えようとする「戦慄と畏怖と苦悩と歓喜」に充ちた経験＝「現代」**

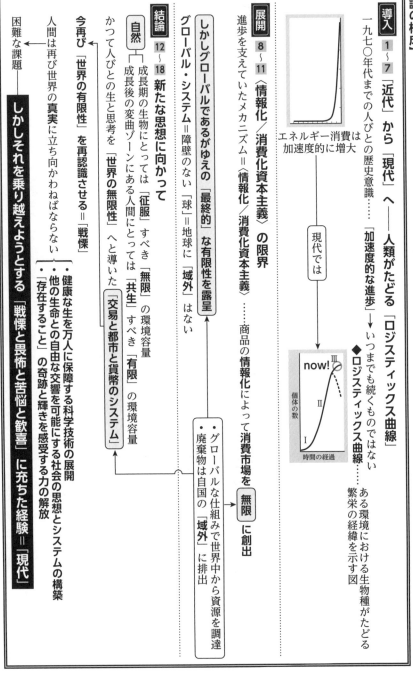

「解答編」執筆者一覧（五十音順）

朝妻　秀　：北海道小樽潮陵高等学校
安達　洋　：洛南高等学校・附属中学校
新井通郎　：東京都立墨田川高等学校
飯島弘一郎：京都市立堀川高等学校
井戸　大　：桐光学園中学校・高等学校
岩間輝生　：元東京都立高校教諭
内田由美子：筑陽学園中学校・高等学校
太田瑞穂　：東京都立西高等学校
加々本裕紀：東京都立小山台高等学校
鏑木昌博　：大阪教育大学附属高等学校平野校舎
神徳圭二　：灘中学校・高等学校
川浦里美　：愛知県立一宮高等学校
喜谷暢史　：法政大学第二中・高等学校
黒田あつ子：愛知県立明和高等学校
小嶋　毅　：神奈川県立藤沢清流高等学校
境野哲夫　：巣鴨中学校・高等学校
坂口浩一　：東京都立小山台高等学校
嶋田直哉　：明治大学
関　　睦　：日本大学櫻丘高等学校
関口隆一　：筑波大学附属駒場中学校・高等学校
瀬崎圭二　：同志社大学
塚原政和　：日本大学第二中学校・高等学校
長谷川達哉：中央大学附属中学校高等学校
長谷川泰永：愛知県立一宮工科高等学校
三井智和　：北海道浜頓別高等学校
山田聡子　：宮崎県立宮崎北高等学校
鐙水浩二　：山形県立西高等学校

編集協力・図解製作

atelier PLAN